教学设计理论研究的深度积淀与教学改革实践的凝练升华

- 初步的理论总结
- 务实的实践探索
- 典型的学科案例

核心素养
落地呼唤
新课型

主编 盛群力

浙江科学技术出版社·杭州

版权所有　侵权必究

图书在版编目（CIP）数据

核心素养落地呼唤新课型 / 盛群力主编. — 杭州：浙江科学技术出版社，2025. 7. — ISBN 978-7-5739-1773-7

Ⅰ. G42

中国国家版本馆CIP数据核字第2025NV2789号

书　　名	核心素养落地呼唤新课型	
主　　编	盛群力	
出版发行	浙江科学技术出版社	
	杭州市拱墅区环城北路177号　邮政编码：310006	
	编辑部电话：0571-85066396	
	销售部电话：0571-85064207	
排　　版	杭州万方图书有限公司	
印　　刷	杭州杭新印务有限公司	
开　　本	710 mm×1000 mm　1/16	印　张　19.75
字　　数	280千字	
版　　次	2025年7月第1版	印　次　2025年7月第1次印刷
书　　号	ISBN 978-7-5739-1773-7	定　价　60.00元

责任编辑　曹梦洁　　　　　　　　责任校对　张　宁
责任美编　金　晖　　　　　　　　责任印务　叶文炀

如发现印、装问题，请与承印厂联系。电话：0571-87640154

《核心素养落地呼唤新课型》编委会

主　　编　盛群力

副 主 编　陈森燕　龚钧煜　张　伊　陶　瑛

参编人员（按姓氏笔画排序）

　　　　　　王史思　王春燕　邢志英　刘浩静　李嫣红

　　　　　　何亚男　张　伊　陈森燕　林　蒙　周玲萍

　　　　　　娄佳佳　徐华美　陶　瑛　龚钧煜　盛群力

　　　　　　蒋　媛　楼倚春

前 言

《核心素养落地呼唤新课型》是我们对教学设计理论研究以及教学改革实践的总结材料。最初的一篇相关论文是我与杭州市萧山信息港小学校长倪鉴合作撰写的，发表在《数字教育》2021年第2期"特稿"上，题目是《人工智能时代的课堂教学革新》。其实这篇文章是2020年撰写的。萧山信息港小学作为浙江大学教育学院实验学校，我作为浙江大学教育学院派遣的首席专家，双方已经开始了合作探索。虽然ChatGPT还没有面世，但当时人工智能研究已经出现了新一波高潮的苗头。我们在文章中是这样描述的：

人工智能技术以及相关的一系列科技革命成果，都是先进生产力的代表。技术是人创造的，技术是为人服务的，当机器能够做人能做的事情，尤其是做人脑能做的事情之后，那么人去干什么呢？当然不是去做机器本来就会做的事情，而是要腾出精力来做机器还不会做的事情，或者与机器协同互补更快更好地做事情。技术本身不是目的，而是实现学生全面发展的助推器、加速器。课堂教学的创新，不仅仅是由于技术本身的神奇妙用，更是因为技术进步推动了学习与教学要素的转变。谈人工智能时代的课堂教学革新，一定要有超越技术的视野，眼睛不是只盯在白板、一体机、微视频、无线环境、平板电脑、移动教学设施、应答器、慕课等方面。

所以，人工智能时代的课堂教学革新要更加重视完整理解"学习"的含义，确保通过课堂教学促使学习完整地发生，教师要做好选择、组织和整合这三项工作，要理直气壮地提出"学教统一"，调动师生两个方面的积极性。教学的空间和时间会有较大的变化，将更加适合学生个性化和差异化发展的需要。课程内容也将实现翻转，在学习任务的类别上，要重视"为什么"知识的内化和外化，在动力、策略和原理上下功夫；要依据不同的知识类型（学习目标）来开展有针对性的教学，同时也倡导依据不同学习任务类型，扶放有度地提供指导，培养学生的自我调节、自主发展能力；要依据学习目标达成度开展评估，同时开展形成性评估和自我评估。

2022年3月11日，我在《浙江教育报》"前沿观察"专栏发表了《学习科学与教学设计赋能教师实现减负提质》一文，文章分为多个部分：什么是学习？学生如何学习？"学习好习惯"有哪些？教师为何要会用知识分类？教师如何提高教学效能？投入程度大，会带来什么？教师如何自编"考试大纲"？文章中写道：

依据学习目标到达度开展评估，学习任务类型与掌握水平矩阵表是教师手中的武器。参考国际上公认的学习目标分类学，我们建议可以采用了解、理解和应用（细分为基本应用和综合应用）三种掌握水平：（1）了解——学生知道某一知识"是什么"（事实与概念）、"如何做"（程序/规则/步骤）和"为什么"（策略、动力与原理），知识呈现的方式可以是口头的、文本的、动作的，包括文字、符号、图示等；（2）理解——学生对已了解的知识能独立确定其意义，具体分为解释、举例、分类、总结、推断、比较与说明（论证）；（3）应用——学生能根据具体情况（即知道在什么条件下等）运用已理解的知识解决相同情境或变式情境中的特定问题。将了解、理解和应用三种掌握水平与三类知识

("是什么"的知识、"如何做"的知识、"为什么"的知识）加以匹配，可以构成一个矩阵表，用以指导备课和上课。

2022年3月19日，我将一篇新论文提交给了一家期刊的编辑审读。有点苦恼的是，接连有两家期刊审定稿件新意不够而未能采用。明明我自己觉得论文很有新意，为什么别人不认可呢？问题出在哪里？好在有一家期刊编辑部审核后接收了这篇稿件，并且建议将原本给编辑部的2000字补充说明直接加到稿件中去，使之论证更加充实。这篇文章就是《知识领域分类再探讨及其教学应用价值》，发表在《现代远程教育研究》2022年第5期上。我不妨将该论文的摘要抄录如下：

"知识领域分类"是教学设计研究的一项基础性工作。国际上近50年来对知识领域分类的探索已形成诸多经典研究成果，如加涅的5种学习结果分类、布卢姆的6层次认知目标分类、梅里尔的学业水平与内容类别二维分类等。然而，这些知识领域分类框架在指导核心素养于课堂教学中的落地上仍然面临一些瓶颈。为此，在综合吸收和借鉴已有知识分类框架、学习科学与教学设计相关研究成果的基础上，可将知识领域划分为"是什么"知识、"如何做"知识和"为什么"知识这3种类型，具体再细分为事实、概念、程序（规则/步骤）、原理、策略和动力6种知识。其中，事实和概念属于"是什么"知识，程序（规则/步骤）属于"如何做"知识，原理、策略和动力属于"为什么"知识。由此形成的学习过程循环可表征为"（动力与策略）+事实—概念—程序—原理+（动力与策略）"。核心素养在课堂教学中的落地，就是要将以事实教学为主转向以概念教学为主，然后进阶到程序教学、原理教学、策略教学，同时确保有动力成分。对知识领域分类的探讨有助于教师明了教学目标的设置依据，在课堂上实现减负提质，选择合理的教学策略与评估方式，以及促进其提升最重要的教育专业能力。

这篇论文的关键词是知识领域分类、学习结果、学习迁移、高阶能力、核心素养。这说明论文的核心观点：梳理好知识分类的工作，是为了对课型做出新的划分；倡导新课型，是为了落实核心素养，实现学习迁移。

2022年7月8日，我在《浙江教育报》"前沿观察"专栏发表了一篇题为《核心素养落地呼唤新课型》的文章。然后，大概在2022年10月，我们对当前教学改革的几个问题进行思考与整理后，通过杭州蔚来文化科技公司"群力说书"栏目开展了面向更加广泛地区的教师，尤其是偏远和农村学校教师的一场直播，直播题目就是《核心素养落地呼唤新课型》。第二天，我就收到了《中国电化教育》期刊编辑的约稿，稿件《核心素养落地呼唤新课型》在该刊2023年第2期上刊登。文章发表后，被中国人民大学报刊复印资料《中小学教育》全文转载；在《中国电化教育》官方公众号上，这篇论文也是当年阅读量最多的。

记述以上这些印记说明了我们对新课型的研究引起了大家的关注。但这不是某一天突发的灵感，也不是仅仅靠坐在书桌前查阅文献撰写的论文，而是努力直面教学改革实际，在人工智能到来的时代，在减负增效的大潮中，在发展学生核心素养和实现学习迁移的视野下，我们对教学理论和实践的思考与探索。

新课型或者说新课型教学是对课做出的一种新分类，这种分类建立在知识类别或者能力类别的基础上。通过分析国际教学设计和学习科学的研究，我们将知识分为事实、概念、规则、原理、策略和动机六种，因此也就有了5+1六种课型。这就是事实课、概念课、规则课、原理课、策略课和动机课。事实是不能迁移的，不算高阶能力或者素养。事实课不能作为主要课型，甚至我们主张在教概念时要厘清事实。概念以上的其他五种课型都是能够迁移的，属于高阶能力或者素养。

为什么要做这样的分类？一是因为教育科学研究的新进展；二是因为培养高阶能力或者核心素养的要求；三是因为中考和高考改革（如取消考试大纲等）倒逼着课堂发生转型。我们认为，概念课是核心素养落地的真实起点。教概念是首要任务，教策略是优先选择。只有这样，我们才能在落实核心素养和减轻学业负担上走得顺畅舒心。

本书第一编"理论探讨"中第一章"新课型教学设计探讨"就是我们对教学设计理论研究的一种新的提炼尝试，其他几章和教学案例是对新课型教学设计的实践尝试和学科应用。本书第二编"实践应用"分为三章。第二章"小学单元教学设计模板研究"是杭州市饮马井巷小学"教学案"几次迭代升级的总结材料，从整个研究和实践经历的变化中可以看到，教学案的设计确实有新意并且体现了新课型的理念；第三章是舟山市普陀小学在"小学新单元教学设计研究"中进行的改革尝试，他们在单元教学设计上有一些重要的突破，包括有单元导学课（种子课）、单元精教课、单元实践课和单元总结课等。第四章是杭州市萧山信息港小学在"小学智慧问学课堂"研究中的总结材料，也将高阶能力和核心素养落地置于中心地位。本书第三编"学科案例"主要收录了语文、数学、音乐、美术等学科10篇教学设计。这些教学设计由一线教师撰写，都是在新课型教学改革探索中有直接尝试和体验的，都努力突出单元视角下如何教概念、教规则和教程序。

本书第一章由浙江大学教育学院盛群力撰写；第二章由杭州市饮马井巷小学龚钧煜、陶瑛撰写，林蒙、邢志英、徐华美、蒋媛等人参与研究；第三章由舟山市普陀小学张伊撰写，王春燕、刘浩静、王史思、周玲萍等人参与研究；第四章由杭州市萧山信息港小学陈淼燕撰写，李嫣红、楼倚春、娄佳佳、何亚男等人参与研究。

本书是关于新课型教学研究的初步总结。我们将继续努力把这项探索往前推进，争取在未来几年中能将新课型教学理论更加完整地予以呈现，惠及更多的教师，助力建设教育强国的事业。

2024年1月杭州

目 录

第一编 理论探讨 1

第一章 新课型教学设计探讨 2
一、新课型的划分依据：知识分类探讨 3
二、学习迁移靠什么：策略性知识的价值 14
三、依据知识类型，划分课型 25
四、教策略用策略，解决复杂问题 29
五、新课型怎样在单元教学中落地 35
六、优化课堂教学结构 48
七、结语 69

第二编 实践应用 73

第二章 小学单元教学设计模板研究 74
一、问题提出 74
二、研究设计 76
三、实践操作 81
四、研究成效 112
五、结语 115

第三章 小学新单元教学设计研究 116
一、问题提出 116
二、核心概念界定 118

  三、实践操作　　　　　　　　　　　　　119
  四、研究成效　　　　　　　　　　　　　141

第四章　小学智慧问学课堂研究　　　　　149
  一、问题提出　　　　　　　　　　　　　149
  二、研究设计　　　　　　　　　　　　　153
  三、实践应用　　　　　　　　　　　　　157
  四、研究成效　　　　　　　　　　　　　191
  五、畅想展望　　　　　　　　　　　　　194

第三编　学科案例　　　　　　　　　　　　199

小学语文《海底世界》教学设计　　　　　　200
小学语文《产品发布会》教学设计　　　　　214
小学语文《普罗米修斯》教学设计　　　　　227
小学语文《八角楼上》教学设计　　　　　　243
小学语文《盘古开天地》教学设计　　　　　248
小学数学《百分数的认识》教学设计　　　　253
小学美术《溪涧一角》教学设计　　　　　　257
小学音乐《钟声叮叮当》教学设计　　　　　267
小学数学《探秘圆周率》教学设计 *　　　　276
小学音乐《春天举行音乐会》教学设计　　　295

第一编 理论探讨

第一章
新课型教学设计探讨

当今教育要培养的人同50年以前或者30年以前大不一样了,至少体现在三个方面,即掌握知能、理解意义和实现迁移(或者是表层学习—深度学习—迁移学习),这是一个逐级攀登的过程。很显然,最终的目的是不管处于哪一个年龄阶段,不管学习什么学科,都要求学以致用、善于迁移。

图1是由美国课程再设计中心主任查尔斯·费德尔(Charles Fadel)等人提出来的成才(成长)模型。在由专长和迁移构成的矩阵图中,传统的成长曲线是一条抛物线,虽然拐点在不同的年代有不同的要求,但是其本质是"学习为了准备",学习就是补短,只有学好了本领,才能在社会上立足。当代的成长曲线彻底改样了,是一条弯弯曲曲的"折线",即学即用。即使一个小朋友还在幼儿园,也要把学到的本领施展出来。学以致用、学会迁移、学海无涯、学而不厌,这是当代教育的精粹。

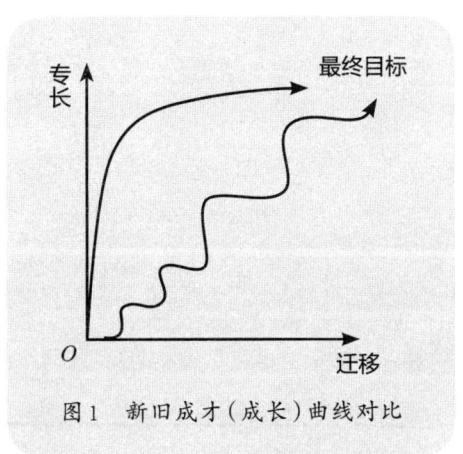

图1 新旧成才(成长)曲线对比

发展中国特色社会主义高质量教育,提出了新目标、研制了新课标、编写了新教材、实行了新考试(包括高考和中考取消考试大纲和编制样卷），这对各级各类学校的课堂教学改革提出了新要求。新目标、新课标、新教材、新考试如何推动教师在课堂上实施新教学实践？我们认为需要确立"新课型"。"课型"这一概念是对授课的类别所做出的概括，其指明了课的特征与功能。以往对课的分类主要体现为三种视角：①指向学科类别，如语文课、数学课、科学课；②指向教学任务，如新授课、复习课、练习课、考试课；③指向学科能力，如听力课、写作课、言语交际课、阅读课。我们探讨一种新的课型划分，主要着眼于知识类别的差异。依据知识类别对课做出分类，有助于学科教学指向核心素养、高阶能力和必备品格。本章将讨论依据知识类型划分课型，讨论教策略和用策略将使得学生在解决问题和实现知识迁移时越来越聪明，讨论新课型怎样通过单元教学设计予以贯彻。

一、新课型的划分依据：知识分类探讨

1. 加涅的分类

大概在 20 世纪 70—80 年代，教学设计这一学科的创立者罗伯特·加涅（Robert Gagne）划分了五种学习结果——言语信息、智力技能（区分/辨别、概念、规则、高级规则/问题解决）、认知策略、态度与心理动作。加涅认为，智力技能与认知策略的差别在于，前者是用来应对外部世界的，后者则是用来指导自我的。运用认知策略本身也需要概念和规则，只不过，认知策略是帮助学习者自身来选择概念和规则的。所以，这样来看，加涅的"认知策略"其实是"元认知策略"，不应该归属到"认知"领域，而是属于自我发展领域或者元认知领域。

2. 费德尔的分类

美国课程再设计中心主任查尔斯·费德尔带领团队在研究"四个维

度教育"(图2)和"翻转课程"(图3)中也对知识领域做出了新的分类。他们认为,21世纪人才培养由四个维度构成,即知识、技能、品格和元学习,其中元学习包括了成长心态和元认知。目前的课程内容像一个金字塔形状,其中"数据""信息""知识"和"理解"占据了绝大部分比例,这些内容已经可以由检索平台和人工智能代劳了,实际上在课堂上学习的必要性大大降低了,而"专长"和"迁移"类内容在课程中所占比例太低,实在无法承担起培养高阶能力和核心素养的重担。因此,不仅课堂要翻转,课程更要翻转,要将原先的金字塔倒过来,把更多的内容比例留给"专长"和"迁移",让"专长"和"迁移"交替迭代,为实现教育目标服务。

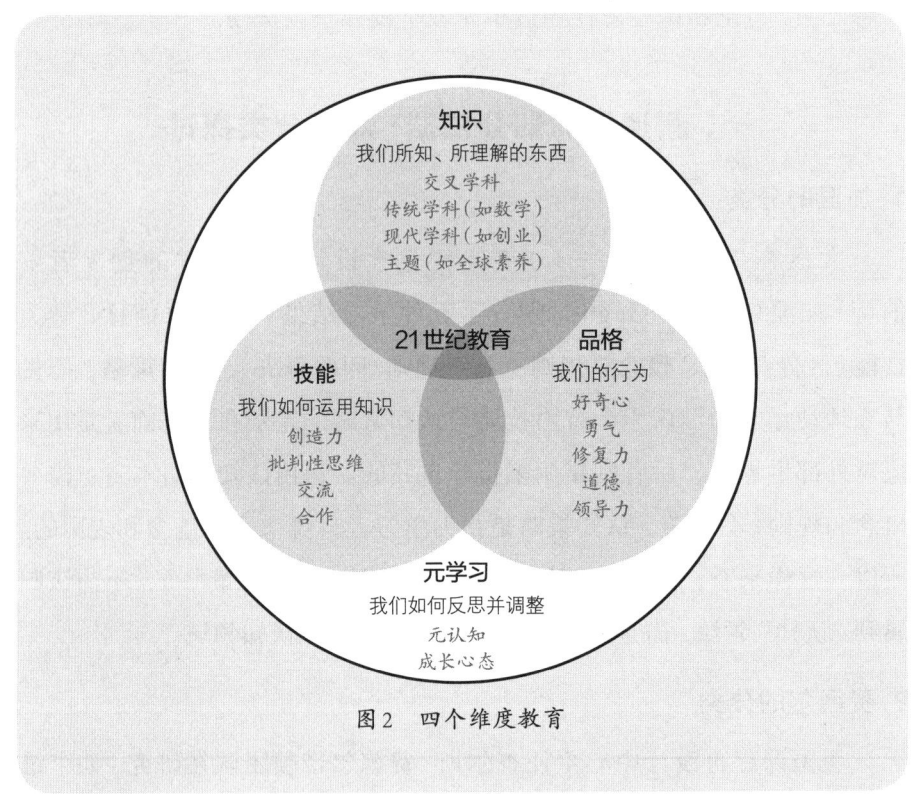

图2 四个维度教育

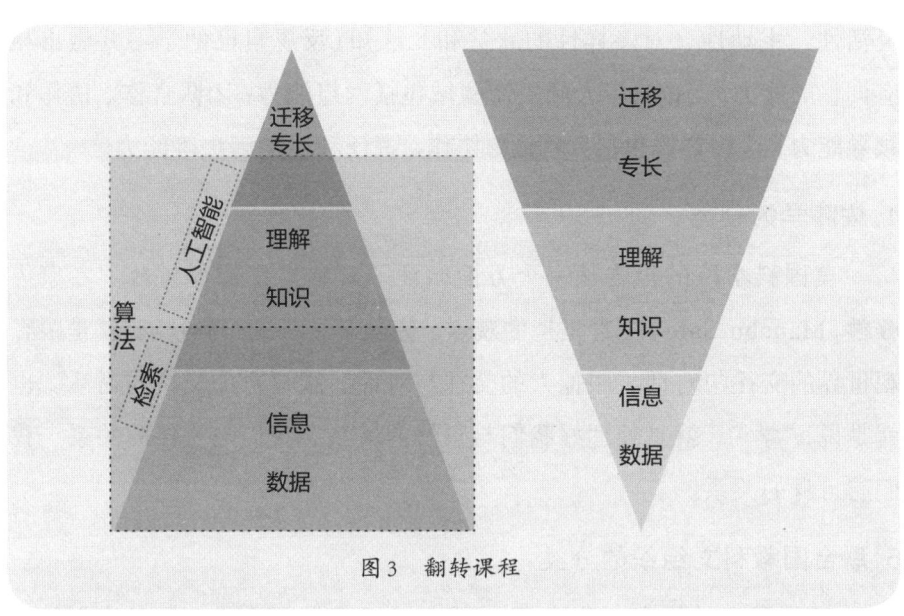

图3　翻转课程

3. 美国科学院的分类

2012年美国科学院发布的《面向生活和劳动的教育》报告中，突出了新时期人才的三种品质——认知发展、自我发展和人际发展（图4）。认知领域包括以下能力集群：认知过程和策略、知识和创造力，这些集群包括如批判性思维、信息素养、推理、论证、创新等能力。自我领域包括以下能力集群：智力开放、职业道德和认真负责，以及积极的核心自我评价，这些集群包括如

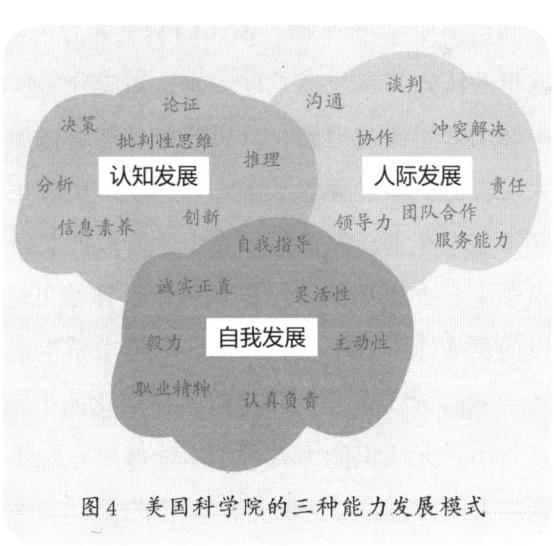

图4　美国科学院的三种能力发展模式

灵活性、主动性、对多样性的欣赏和元认知(反思自己的学习并做出相应调整的能力)等能力。人际关系领域包括两组能力：团队合作、协作和领导能力，这些集群包括如沟通、协作、责任和冲突解决等能力。

4.佐藤学的分类

美国科学院的报告从一个方面印证了日本当代课程与教学专家佐藤学(Manabu Sato)一直坚持的观点。佐藤学主张的"学习"，就是跟客观世界的交往与对话，跟他人的交往与对话，跟自身的交往与对话。也就是说，"学习"就是处理好我们与自然的关系、我们与伙伴的关系、我们与自身的关系。

5.联合国教科文组织的分类

不学习，无教育。联合国教科文组织倡导要在"全民教育"的基础上，继续向"普惠学习"迈进。2013年2月，联合国教科文组织发布一份报告《走向普惠学习：孩子应该学习什么》，报告中确定了与学习结果相关的最重要的七个领域(图5)。很显然，如社交与情绪、主动学习与认知这两个学习领域，是我们基础教育的短板。关于主动学习与认知，这里的认知其实包括了许多元认知成分，如在小学阶段的"批判性思考"中要求学生通过理解、分析或推理能够做出判断。元认知能力，即一个人对自己认知过程的了解，如问题解决的策略、推论、概括以及利用已知事实来产生新知识等。在中学阶段的关键决策条目中，元认知能力要求学生会查找证据、权衡利弊以及评估可能的问题解决方案；在中学阶段的灵活性条目中，元认知能力要求学生能够以一种心理弹性和实现成功承诺的方式来分析和应对不断变化的生活环境；在中学阶段的创造性条目中，元认识能力要求学生能够以意想不到的方式观察环境并找到满意结果的方法，做到审美和实用兼顾。

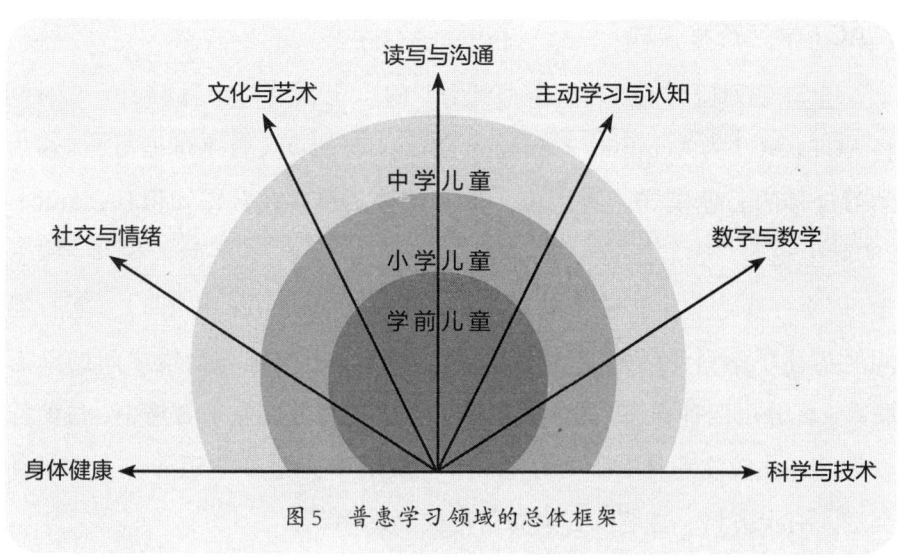

图5 普惠学习领域的总体框架

6.KUD模式

美国和加拿大在学校改革中,开始倡导一种KUD模式(KUD为Know,Understand,Do的英文首字母缩写),即了解—理解—应用,围绕着概念开展学习(图6)。"概念"处于正中央;"了解"位于右侧,针对的是内容学习标准,涉及主题和事实;"理解"位于上端,针对的是大概念,涉及概括和原理;"应用"位于左侧,针对的是能力学习标准,涉及技能、策略和过程。很显然,这里的"应用"(Do)实际上就是"迁移"(Transfer)。

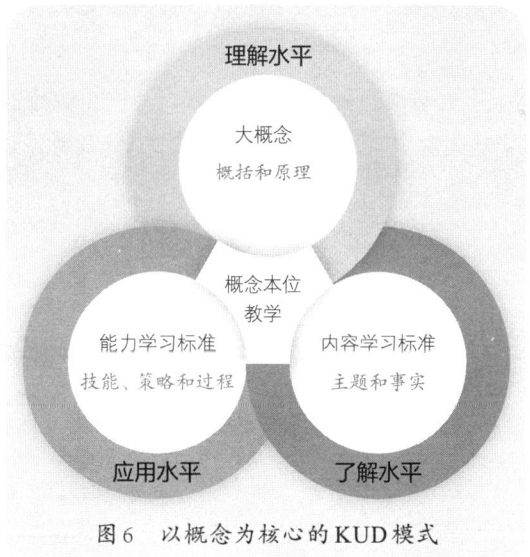

图6 以概念为核心的KUD模式

7. ACT学习迁移模式

全球系列研讨会"理解学习迁移"的思想领袖斯特恩（Julie Stern）将ACT（ACT为Acquire，Connect，Transfer的英文首字母缩写）描述为学习迁移的心理模式。她认为，学习迁移是建立在获得知识（Acquire）（实际上这是"表层学习"）和联系知识（Connect）（实际上这是"深度学习"）的基础上，然后才能进入迁移知识（Transfer）（图7）。斯特恩同时描述了学科学习与真实世界以及相似情境与相异情境之间的动态联系，区分出四种样态（图8）。以往的教学往往落在左下方格中，目前的教学已经比较注意往右下方格移动。但是，如何进一步迈入左上方格甚至进入右上方格，这是核心素养落地要做的事情。

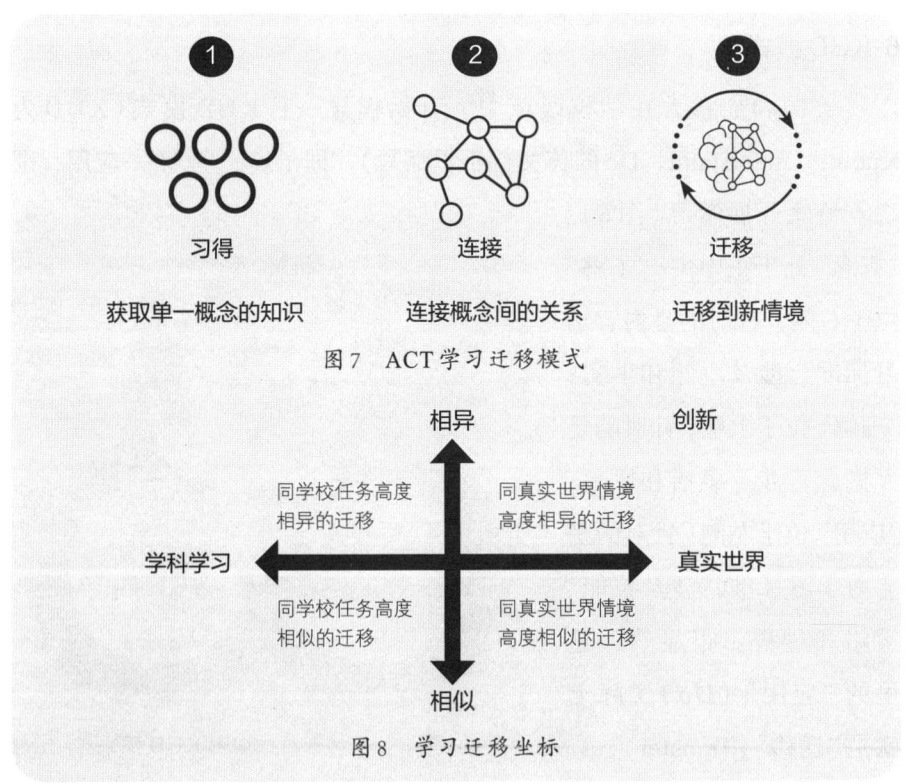

图7　ACT学习迁移模式

图8　学习迁移坐标

8.OECD学习罗盘分类

经济合作与发展组织（OECD）提出的"学习罗盘2030"框架研究也十分重视知识分类（图9、图10）。这项研究对核心知识、技能、态度、价值观做出了界定，以上成分构成了"素养"或者说是"能力"。同时该研究特别提出了"变革素养"以便能塑造更好的未来，这就是创造新价值，学会破难题和勇于担责任，实际上这是"关键能力"（或者说是"核心素养"）的2.0版。

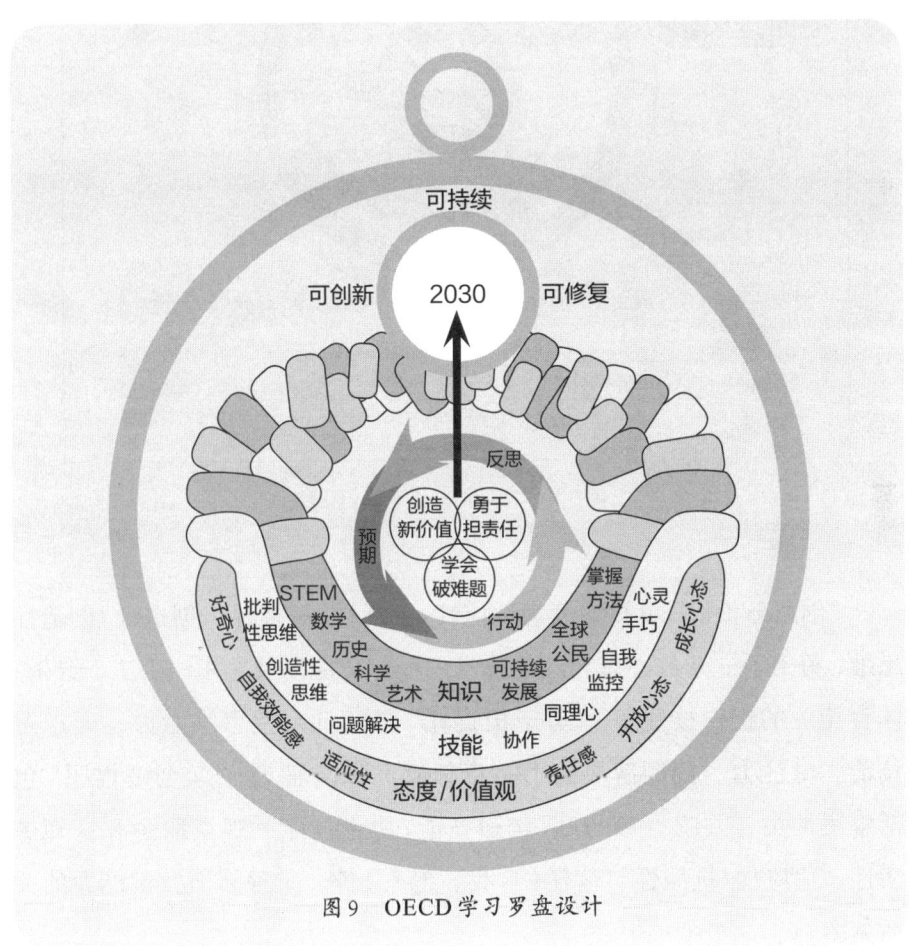

图9　OECD学习罗盘设计

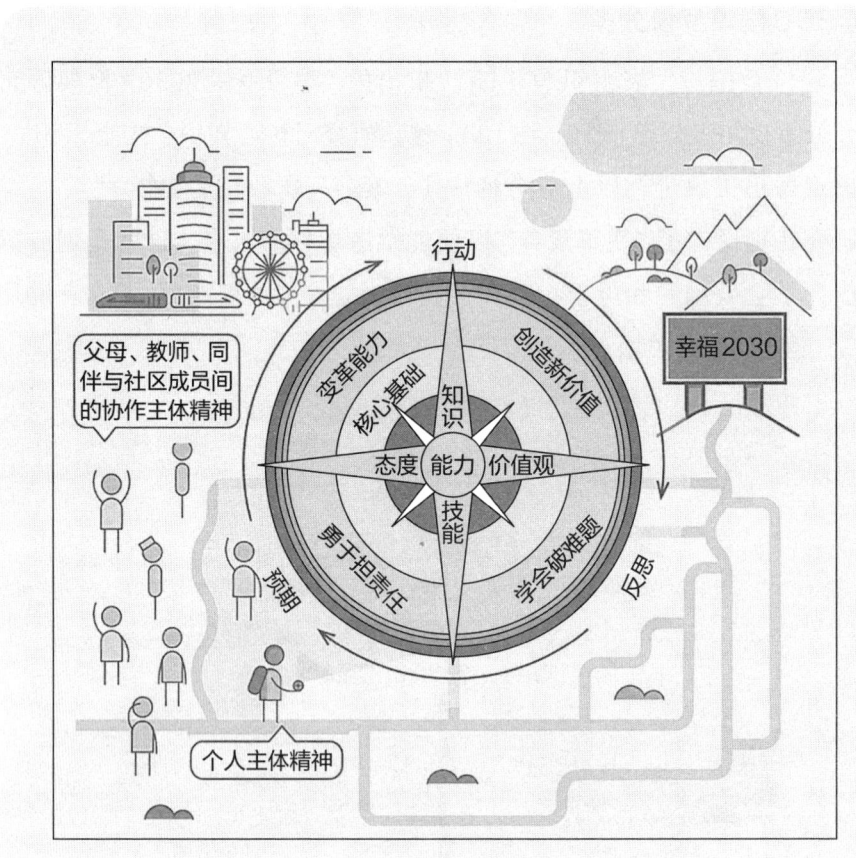

图10　OECD学习罗盘2030

"创造新价值"可被解读为适应性/灵活性/敏捷性、创造性/创造性思维、好奇心、开放心态和通信技术的操作技能以及艺术、手工、音乐、体育相关的操作技能等;"勇于担责任"包括批判性思维能力、元学习技能、专注力、问题解决能力、责任感和风险管理;"学会破难题"包括解决冲突、共鸣、参与度/沟通技能/协作技能、观点取舍和认知灵活性、适应性/抗压性、信任(自我、他人)等。三种新旧关键能力的关系见图11。

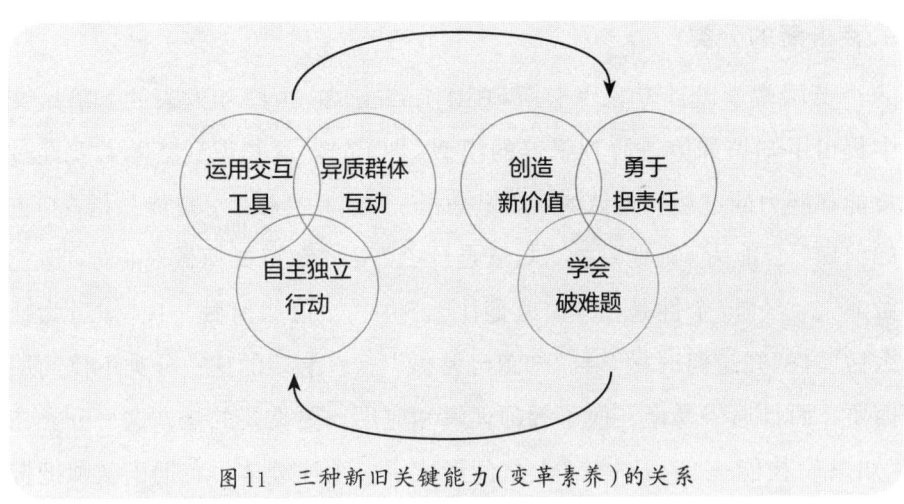

图11 三种新旧关键能力（变革素养）的关系

表1呈现了创造新价值、学会破难题、勇于担责任这三项变革能力的作用及其包含的主要品质。这三项变革能力具有变革性，一是因为它们能帮助学生发展和反思自己的观点，二是有助于学生学习如何创造并致力于不断变化的未来世界。并且，这三项变革能力可以在各种环境和情况下使用，能帮助学生适应未来的复杂性和不确定性，即使是人工智能也无法胜任这些能力。本特利（Bentley）认为，它们属于更高水平的能力，可以帮助学生适应一系列不同的情况和经历。从这个意义上讲，它们具有高度的可移植性，且可以终身使用。

表1 关键能力2.0版：三种变革能力

变革能力	作用	包含的主要品质
创造新价值	促进包容性增长和可持续发展	好奇心、开放心态、创造性、合作能力、适应能力
学会破难题	平衡竞争、矛盾、冲突的需要	认知灵活性、观点捕捉能力、预判能力、解决复杂问题或冲突的能力
勇于担责任	考虑行动的伦理道德规范	道德准则、诚信、同情心、尊重他人、自我调节能力、反思能力、批判性思维

9. 卢卡斯的分类

英国教学设计专家卢卡斯（Bill Lucas）在 2017 年发表的一篇论文中提出了知识如何进阶到素养的模型（图 12）。从知识到素养需要经过技能和能力的过渡。他认为：知识是指"知道是什么"，技能是指"知道如何做"，能力/特性是指"知道是什么"+"知道如何做"+"知道能做成"，习惯/个性是指"知道是什么"+"知道如何做"+"知道为什么做"+"知道何时做"+"知道经常做"。卢卡斯的这一分类不仅简明扼要，而且通俗易懂，便于教师理解和应用。更重要的是，这一分类在"知识—技能—能力—素养"之间形成了一个连续体，有助于教师把握核心素养，并同日常的学科教学建立起关系。卢卡斯提供的模式是线性表征的，实际上也可以采用俄罗斯套娃的方式来表征，或者采用同心圆逐渐扩展或者螺旋上升的方式来表征。

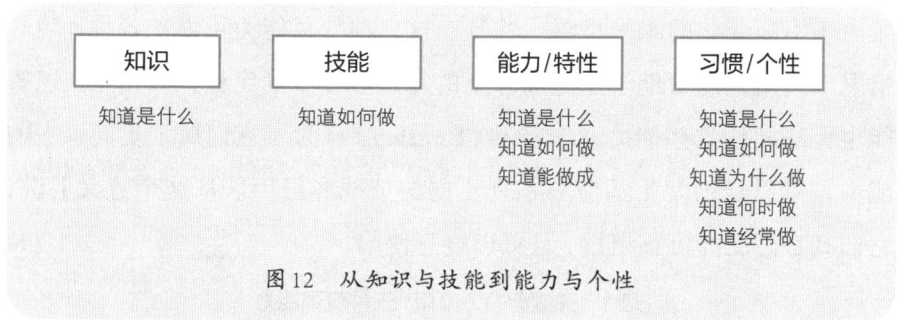

图 12　从知识与技能到能力与个性

10. 新三维教学目标（能力/品质/素养）

研究者一般都承认有元认知能力，即学习者对认知能力的自我调控。此外，显然还应该有元情感能力（学习者对情感态度的自我调控）和元动作能力（学习者对动作表现的自我调控）。尽管我们平时不太谈元情感能力和元动作能力，但它们确实是存在的。我们知道，每一个人都会根据学习或工作甚至生活中的任务要求，对自己的认知、情感等内部心理结构的变化和外部行为表现做出自我调控。这种最佳状态的学习或工作或生活品质,也就是元学习、元工作和元生活能力,可简称为行为自我调控能力。

我们可以将三维教学目标界定为学习者的情感(想要学)、认知(学得懂)和动作(能表现)三者经自我调控统整后得到的学习结果(图13)。情感、认知和动作领域的学习受制于学习者的自我调控能力。也就是说,自我调控能力决定了学习者在完成情感任务、认知任务和动作任务中是否能够权衡利弊关系,表现出合适的行为,这是学习者发挥"主体"能力的标志。但是,我们也不能否认,自我调控能力也是一种学习的客体,是培育的对象。所以,这种情形下,需要通过情感、认知和动作领域的活动来提升自我调控能力。

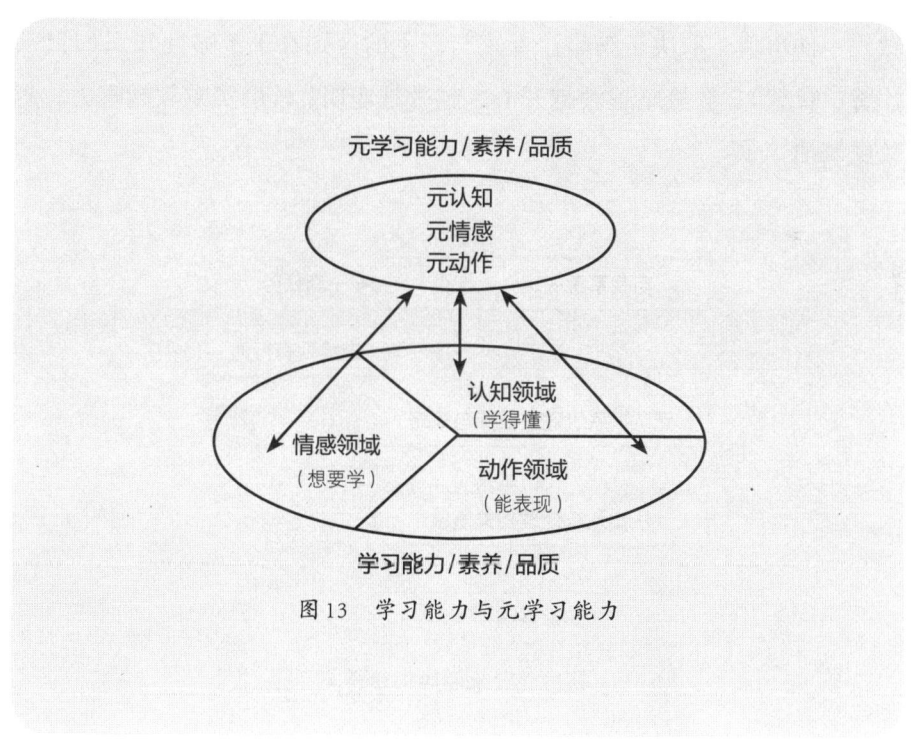

图13　学习能力与元学习能力

二、学习迁移靠什么:策略性知识的价值

1. 马扎诺的行为模型

我们经常说,要像专家一样解决问题,要像数学家那样思考数学,要像历史学家那样沉浸在历史时光隧道中……问题是我们要了解专家解决问题究竟靠什么?根据马扎诺(Robert J. Marzano)的"人的行为模式"四成分观点(图14),做不做一件事情取决于"自我系统",诸如价值观、使命感、理想与信念、人生观、情感与态度等;接下来怎么做好一件事情靠的是元认知系统,即既能确定目标、找准方向、明确任务、选择路线、适时启动、执行力强,又能随时监控与调整,多加反思。因此,专家解决问题不是笼统地说靠"图式",而是具备解决问题的"策略"(元认知)。所以,可以这样说:做不做一件事情,取决于三观;做好一件事情,取决于策略。专家与新手的区别在于策略性知识(计谋、才智、智慧)。教策略越教越开心,越教越聪明;教事实越教越吃力,越教越笨拙。

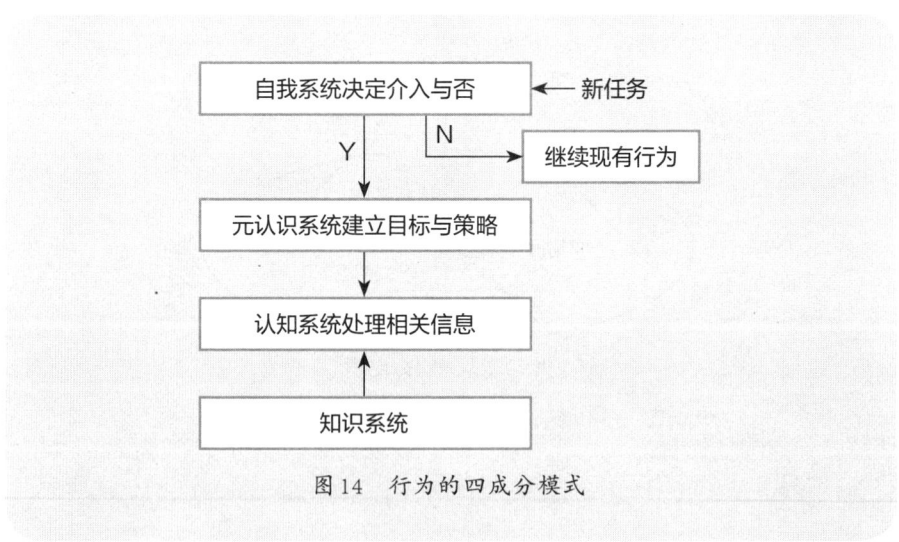

图14 行为的四成分模式

2.专家型学习者模型

著名教学设计专家艾特莫(Peg Ertmer)在分析专家型学习者的特征时,提出了专家型学习者是元认知知识和元认知监控的结合(图15)。元认知知识是相对稳定的,是学习者已经拥有的,其主要包括学习者对任务要求的把握。例如,这一任务是什么?有什么重要特征?需要集体完成还是个人完成?有什么样的输入和输出特征?元认知知识还包括了个人资源,这就是学习者要知道自己在学习中有什么优势和劣势。任务要求和个人资源要互相匹配。匹配了,完成任务就有保障;不匹配,完成任务就有风险或者夭折。元认知监控是实时的、动态的,包括学习者对学习活动的计划、检查(落实)和反思。

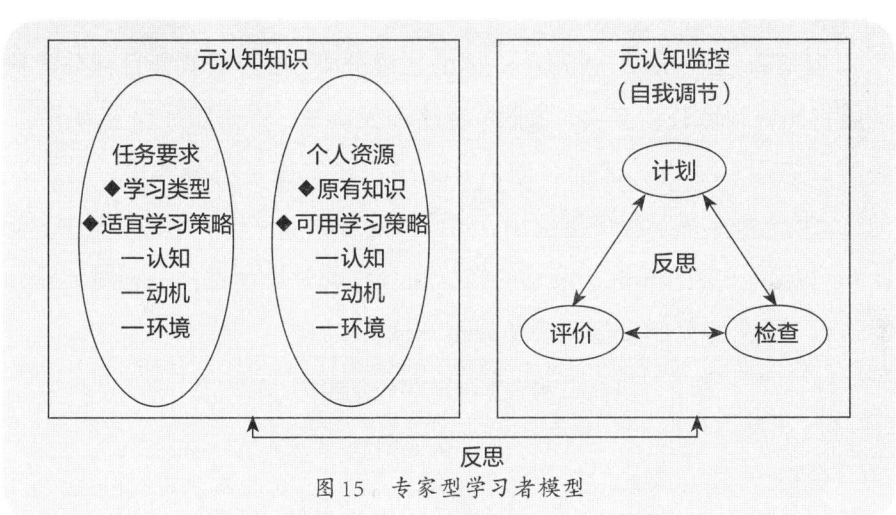

图15 专家型学习者模型

艾特莫的分类非常有启发,实际上它强调了策略性知识的重要性。元认知知识和元认知监控都属于策略性知识。不过,根据其他的研究,实际上还需要增加交往领域的策略性知识。所以,我们可以将专家型学习者模型修改为由知己、知事和知人组成的循环圈,同时配以计划—实施—反思的动态运作(图16)。

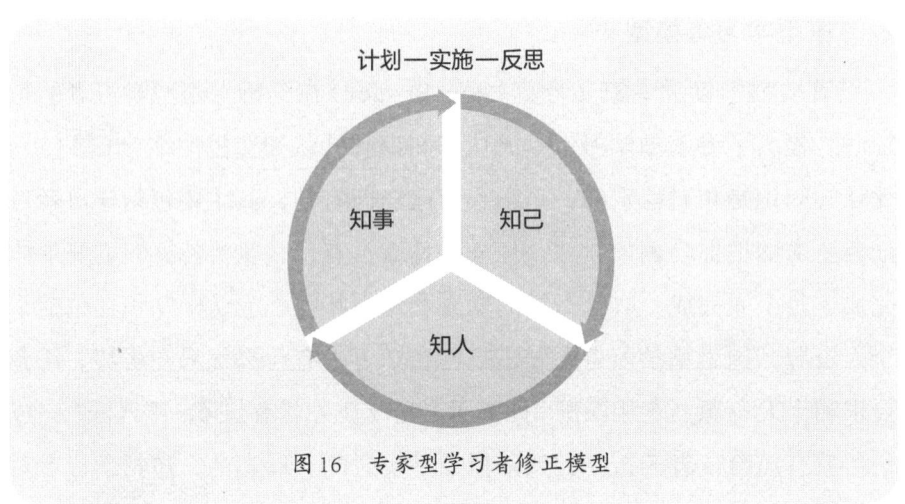

图16 专家型学习者修正模型

3.教育目标分类学修订版中的元认知

安德森(Lorin W. Anderson)的二维分类/布卢姆教育目标分类修订版将知识领域分为事实、概念、程序和元认知,将认知过程分为记忆、理解、应用、分析、评价和创造(表2)。在安德森的分类中,事实配记忆,概念配理解,程序配应用,元认知配分析、评价和创造。其中,元认知包括了任务的知识、策略的知识和自我的知识。这样一种对元认知的认识,同艾特莫的模型几乎是如出一辙。

表2 安德森二维分类/布卢姆教育目标分类修订版

知识维度	认知过程维度					
	记忆	理解	应用	分析	评价	创造
事实	√					
概念		√				
程序			√			
元认知				√	√	√

注:本表格中的知识维度和认知过程维度之匹配系引用者所加。

修订后的布卢姆教育目标分类对元认知知识给予了应有的重视，令人耳目一新。元认知知识是关于一般的认知知识和自我认知的知识。虽然不同的研究者观点各异，术语有别，如元认知意识、自我意识、自我反思、自我调节等，但是都强调了元认知知识在学习者成长以及发挥其主动性中的地位。元认知知识具体有：

（1）策略性知识。这是有关一般学习、思考和问题解决策略的知识，涉及不同的学科。具体策略可以分为复诵、组织和精细加工。当然，还有在计划、监控和调节认知活动中有用的各种元认知策略，像建立目标、核对答案、重读文本等。另外还有问题解决和思考的一般策略，特别对非良构问题来说有启发作用的策略，像手段－目的分析法、倒退法、爬山法等。

（2）任务知识。任务知识包括适当的情境性和条件性知识。不同的认知任务要求不同的认知方式，也要求不同的认知策略。例如，再现任务比再认任务更难。除了培养不同的学习与思维策略之外，同时也要发展相关的条件性知识，即知道什么时候以及为什么运用这些策略的知识，这就是认知任务的知识。

（3）自我知识。自我知识包括了解自己认知活动中的优势与不足，也包括了解自己什么时候不知道什么以及采用什么样的一般策略去发现必要的信息。除了认知上的自知以外，自我知识还有动机与情感上的自知，如自我效能感、对完成任务与达成目标之间关系的感知、个人的兴趣、价值观与完成任务的关系等。

学习者在解决复杂问题的时候，我们要考查他们是否能提出多种解决方案，是否能论证一种解决方案的优劣并制订行动计划和贯彻落实。这种问题解决往往同善于审时度势、权衡优劣得失、吸取不同意见、合理承担风险、从多种选择替代办法中择优做出决策有关。

4. 成功智力理论中的策略性知识

斯滕伯格（Robert J. Sternberg）认为，成功智力是面向每一个人的，是每一个人在生活中获取成功所需要的。成功是相对于社会文化情境而言的，并不能抽象地加以界定，需要考虑个体和群体的具体标准与期望。成功智力特别强调了发挥优势、扬长补短、扬长避短。每一个人都有其所长和所短，重要的是要适应、塑造和选择环境，以调节自己的思维和行为。成功智力实际上就是培养人的解决问题能力，它涉及分析性智力——反思、创造性智力——创意、实践性智力——执行三个层面。

斯滕伯格研制了成功智力技能成分（表3）。其中，分析性智力中的"提出问题解决的策略""监控问题解决的策略"和"评估解决方案"，创造性智力中的"重新界定问题""对假设提出疑问和分析""不落俗套，跳出框架看问题""承担合理的风险""容忍模糊性""强化自我效能感"，实践性智力中的"适当的事情采用适当的办法""有始有终，该断则断""勿忘大局""平衡三种智力品质"等都是直接与策略性知识相关的。

表3 成功智力技能成分

分析性智力——反思	
·确定问题	·监控问题解决的策略
·配置资源	·评估解决方案
·表征与组织信息	·综合训练
·提出问题解决的策略	
创造性智力——创意	
·重新界定问题	·容忍模糊性
·对假设提出疑问和分析	·强化自我效能感
·善于向别人推荐创意	·发现真正的兴趣所在
·萌发创意	·延迟满足
·不落俗套，跳出框架看问题	·为发挥创造力提供各种示范与便利
·确定并克服障碍	·综合训练
·承担合理的风险	

续表

实践性智力——执行	
·保持高昂动机 ·控制冲动 ·有毅力但不固执 ·适当的事情采用适当的办法 ·将计划付诸实施 ·具有产品或者结果的意识 ·有始有终，该断则断 ·履行承诺 ·承担风险	·做事不拖拉、不耽搁 ·分清责任 ·不过度自怨自艾 ·自强自立 ·善于应对个人困难 ·专心致志 ·做事合理安排 ·勿忘大局 ·平衡三种智力品质 ·增强自信 ·综合训练

5. 概念本位教学中的策略性知识

概念本位教学的研究团队埃里克森（H.Lynn Erickson）和兰宁（Lois A. Lanning）等人主张将知识领域分为知识结构（图17）和过程结构（图18）。知识结构主要涉及事实、概念、原理（概括）和理论；过程结构主要涉及技能、策略、原理（概括）和理论。除了原理（概括）和理论这两种共同成分以外，知识结构和过程结构的区别在于：前者是从事实上升为概念，后者是由技能上升为策略。埃里克森团队将策略定义在过程结构中，在知识结构中没有明确提出策略。

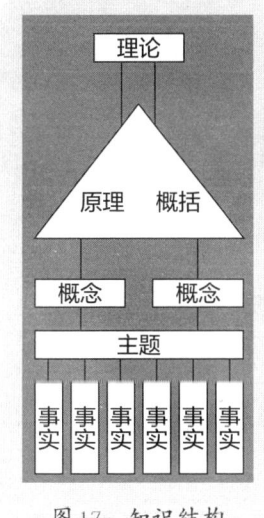 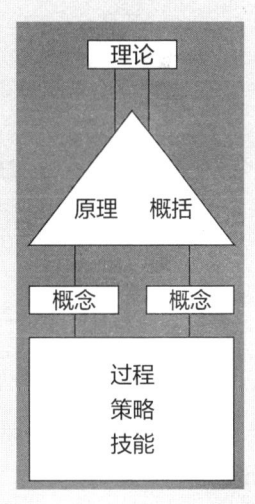

图17 知识结构　　图18 过程结构

6. 通用教学设计的三种知识

美国通用教学设计理论从脑科学的依据出发,将学习结果分为三种:"是什么"的知识、"如何做"的知识和"为什么"的知识。"为什么"的知识主要涉及情感领域,重在学习者参与学习;"是什么"的知识涉及认知领域,重在学习者表征知识;"如何做"的知识涉及策略领域,重在学习者行动和表现。通用教学设计的研究还将这三种知识与大脑的功能直接挂起钩来(图19):①大脑的顶叶、颞叶和枕叶主要涉及事实、概念和原理等陈述性知识的学习,即知道是什么;②大脑的额叶主要涉及步骤、规则、程序与策略等程序性知识与动作技能的学习,即知道如何做;③大脑的中央区域包括边缘系统和杏仁核,涉及情意习得和价值澄清,能够权衡利弊、目标导向、引起兴趣、维持努力和激励行为,即知道为什么。在此基础上,通用教学设计模式提出了九个方面的30条策略,有很多策略就属于元认知方面。

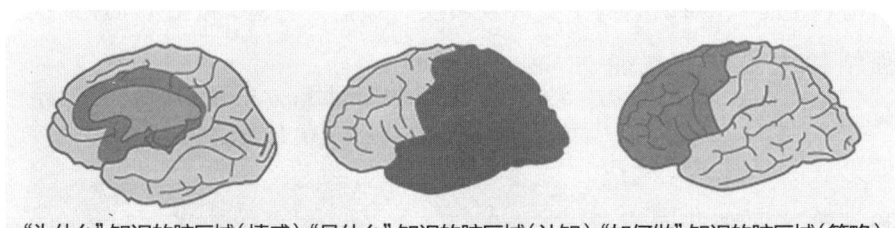

"为什么"知识的脑区域(情感)　"是什么"知识的脑区域(认知)　"如何做"知识的脑区域(策略)

图19　通用教学设计模式的三种学习类型

7. 三种学习中的策略性知识

麦克道尔(Michael McDowell)在著作《为迁移而教:现实生活应用型学习设计指南》中,区分了表层学习、深度学习和迁移学习之间的区别与联系(图20)。表层学习旨在理解一个或多个概念,涉及"是什么"和"如何做";深度学习能够将各种概念联系起来,涉及"为什么"；迁移学习强调了在不同的情境中将各种概念联系起来，涉及"在什么时候、什么条件下"。

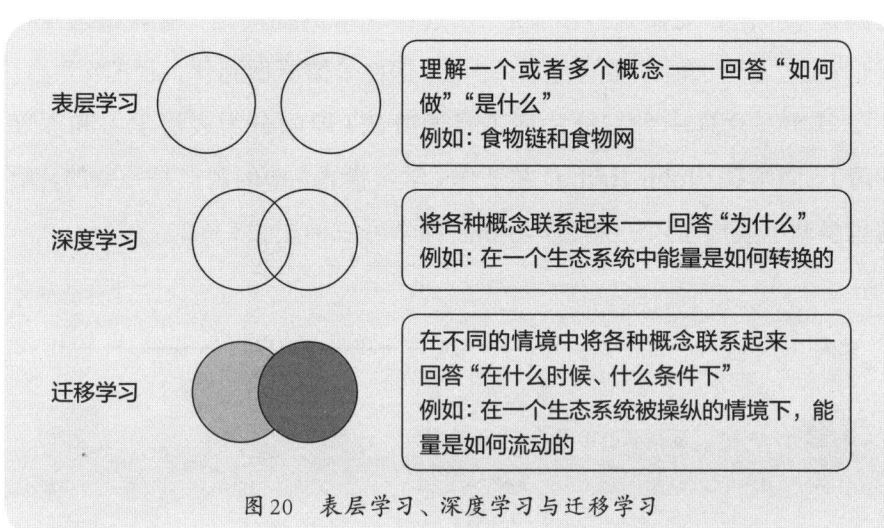

图20　表层学习、深度学习与迁移学习

麦克道尔指出，学习迁移除了要用到表层知识和深度知识，还要知道问题所涉及的情境要求（情境化知识）以及将策略或者方法用于理解不同问题或者情境的关系，同时能够确定如何去解决问题。图21说明了迁移学习的组成成分——表层知识与技能、深度知识与技能、情境化知识和解决问题的途径。

表层知识与技能	深度知识与技能	情境化知识	解决问题的途径（策略/方法）
能理解一个或多个概念，但是难以在概念之间建立联系	能够建立起概念之间的联系，但是难以在一个或多个情境中应用概念	理解问题所涉及的情境要求	将策略或者方法用于理解不同问题或情境中的关系，同时能够确定如何去解决问题

图21　迁移学习的组成成分

不同学习水平的学习者所提出的问题也是不同的。表层学习的提问是"做了什么事情？""是谁做的？""如何做的？"；深度学习的提问是"为什么要做这件事情？"；迁移学习的提问是"应该做这件事情吗？""在什么时候做这件事情？""这件事情要做到什么程度？"。

其实，这样一种三分法而不是两分法（即划分为表层学习和深度学习），同哈蒂（John Hattie）在著作《学习模式》中的观点是一致的。哈蒂也强调了表层学习、深度学习和迁移学习三种层级（图22）。

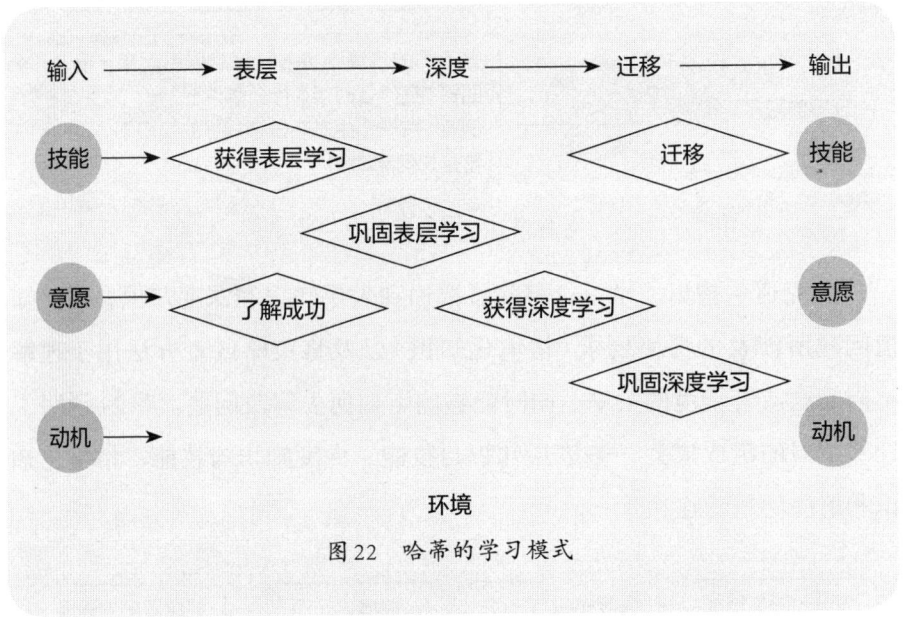

图22　哈蒂的学习模式

当然，理解为先教学（UbD，Understanding by Design）也曾经划分出三种学习境界（图23）。第一种是掌握知能，相当于表层学习，依靠直导教学；第二种是理解意义，抓住大概念（关键原理和过程），相当于深度学习，依靠促导教学；第三种是实现迁移，将知识运用到新的情境中解决问题，相当于迁移学习，依靠辅导教学。

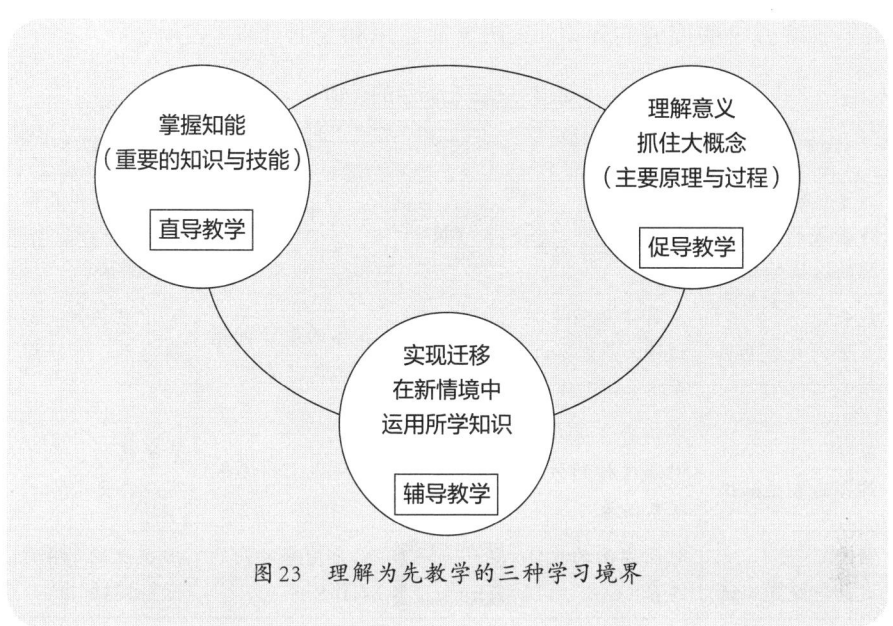

图23　理解为先教学的三种学习境界

8. 专家与新手的差别

德国教育专家劳耐尔（Felix Rauner）和他的团队经过多年研究，提出了"以专业工作过程为导向"的职业教育理论。他们认为，专业（职业）工作过程的知识主要由三方面知识构成（图24），即指导行动的知识——知道"是什么"，解释行动的知识——知道"如何做"，反思行动的知识——知道"为什么"。专家（高手）与新手（生手）的最大差别在于：专家将知识与变化的情境主动联系起来，根据实际情境来解决问题；新手

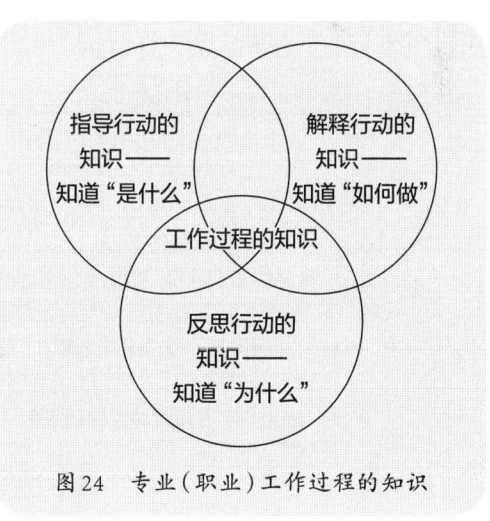

图24　专业（职业）工作过程的知识

则限于掌握一些现成的知识，无法灵活运用和变通处理（表4）。

表4 专家与新手的差别

学习水平	学习领域	图形	工作任务	问题解决
专家（高手） 体验式的、系统化的深度知识	知识如何与变化的情境联系起来		无法预测的基于工作的问题	体验式的和直觉的（不确定的）问题解决
能手 具体的功能性知识	在具体细节上把握什么是重要的，事物如何运作		具体的基于问题的工作任务	基于理论的（不确定的）问题解决
熟手 综合的专业知识	事物为什么和如何以这样的方式联系起来		系统化工作任务	系统化的、基于规则的问题解决
新手 定向与概览知识	职业方面的主要内容		职业指导定向的工作任务	指导性的（确定性）问题解决

如果我们将专家与新手的差别分为三个水平，那分别是新手、熟手和高手。新手是靠事实解决问题，熟手是靠规则解决问题，高手（专家）是靠策略解决问题。所谓靠策略解决问题，有三种基本情况（图25）。第一种是"选择"某一种概念和规则来解决问题，第二种是"重组"不同的概念和规则来解决问题；第三种是"创造"新的概念和规则来解决问题。

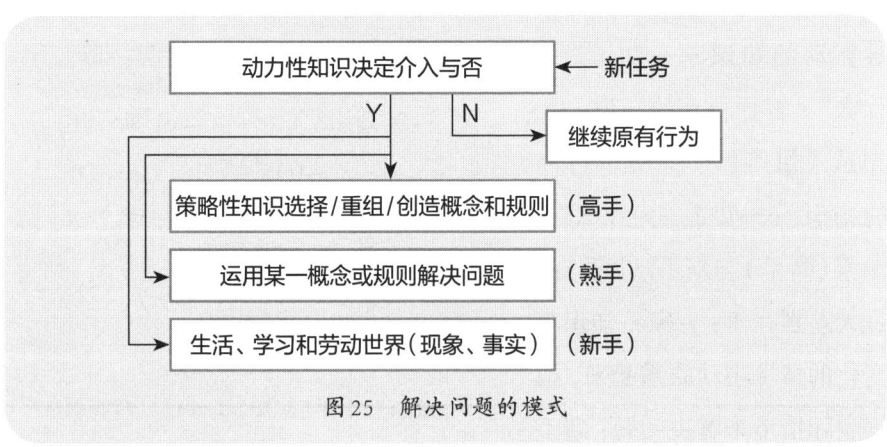

图25 解决问题的模式

三、依据知识类型，划分课型

1.六种知识的关系

根据前面的讨论和分析，我们建议将知识类型划分为三类六种（图26）。第一类"是什么"知识，又称陈述性知识，包括了事实和概念。第二类"如何做"知识，主要是指规则。这一类知识还有其他不同的名称，如程序、过程、步骤、解法、算法、要求、路线、方法、套路、要求、公式等。凡是涉及怎样去实际完成一项任务或者解决一个问题，都会有这一类知识。请注意，"是什么"知识和"如何做"知识都是认知能力，还没有涉及行为动作。加入了行为动作，认知能力转化为能力。第三类知识是"为什么"知识，主要是指原理（过程）、策略和动力。

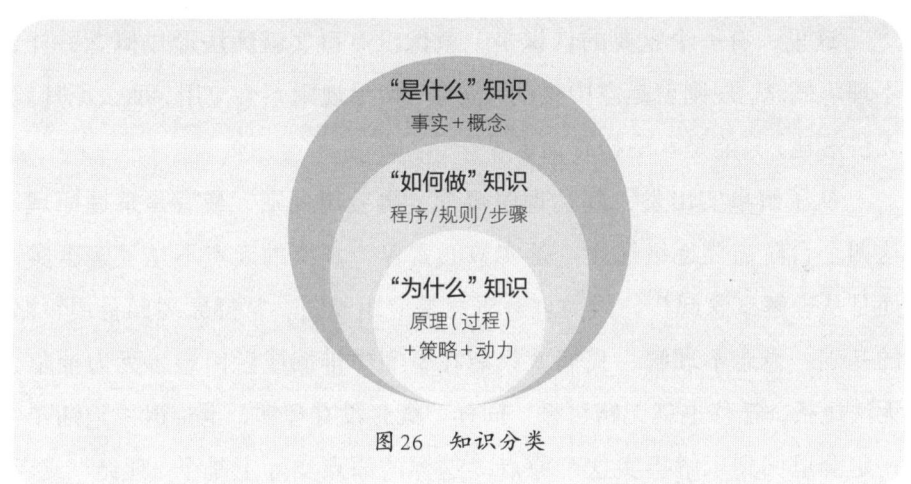

图26　知识分类

概念来自事实，即概念是从相关的事实中抽象出来的。相关事实反映了共同特征或者本质特征的东西，人为地赋予一个名称，事实就上升为概念了。有了概念，学习者不需要一一指认或者记住事实，只需要利用概念的本质特征去鉴别、举例或者分类。概念具有概括力、抽象力和推断力，大大地提高了认知学习的深度和效率。

规则来自概念，即相关的概念结合后组成了规则。如果说理解概念是为了认识世界，那么，应用规则就是为了改造世界。规则是用来做事的。规则是做事情的要求和套路，有时候有严格的步骤，循序渐进，依次而行；有时候不需要严格的步骤，可以省略、替换、合并、换序等。理科中用公式或者用等号的方式来表示规则，规则运算或者规则变换就是解决问题的过程。文科中的规则往往采用行动方案、路线、措施、要求等以文字段落或者篇章的形式呈现。

原理来自规则，即相关的规则结合后形成了原理。原理的其他称呼还有定律、定理、规律、真理等。从认知上说，到了原理这一层次，认知达到了峰顶，找到了规律和发现了真理。当然，随着认识和实践的深化，规律还有再发现、真理也有再深化的过程。

这里，有一个重要的认识是，就像没有事实就无法形成概念一样，不理解概念，规则就是空中楼阁。同样，如果规则不会应用，那么原理就无法落地，只能是水中捞月而已。

从了解事实出发，到达理解概念，再应用规则，最后是掌握原理。这四个台阶需要逐级攀登。落实核心素养，真实的起点不是了解事实，而是从理解概念起步。因为理解概念是应用规则、掌握原理和善用策略的基础。概念不理解，我们就只能在事实中徘徊或者回想，无力抽象、无法概括，迁移也就无路可循。同样，概念没有理解，也难以原地踏步，一定会退回到了解事实这个原点。这样的原点实际上是个"死结"或者是个"漩涡"，有沉没的危险。学习的负担以及沮丧可能就隐藏在这里。

过程是程序的集合。过程中体现了解决问题的多种知识类型。过程受时间序列和空间地域的制约，学习迁移或者知识运用往往是在过程中发生的。所以，条件性知识、策略性知识、情境性知识和反思性知识，大多属于过程的特征。

动力是对动机类、情感态度类和价值观等广泛学习结果的统称。在当代教学设计和学习科学的研究中，有关知识分类直接涉及动力的不多，大部分以"情感设计""动机设计""自我系统""体验设计"等称之。但是很显然，动力性知识是第一位知识，它们直接决定了后续的学习进程。

策略是解决问题的方法论和触发器。策略涉及学习者对学习活动的自我计划/定位、实施/监控和总结/反思。策略本身也可能是规则，但是某一个规则之所以上升为策略，是因为在特定的解决问题过程中被选择、评估、组合乃至创造出来。解决复杂问题靠策略，解决简单问题用规则。

2. 新课型蕴含着能力，造就了素养

新课型不是指数学课、语文课……也不是指新授课、复习课、练习课、测验课，而是指事实课、概念课、规则课、原理课、策略课、动力课。我们从课型所体现的动词中就可以知道核心素养是不是落地了、站稳了。

事实课。事实是客观存在的，但是事实不应该成为单独的课型。事实课关注的是低阶能力，其他五种课型关注的都是高阶能力。除非必要，一般我们也不提倡单独上事实课，我们倡导将事实课和概念课结合起来，列举事实是为了形成和理解概念。

概念课。概念来自对相关事实的关键属性做出抽象和提炼，用于认识世界。概念是学习迁移的真实起点。

规则课。规则来自概念的组合，是用命题、程序、步骤、公式、要求、算法、方案等方式将不同的概念组合起来以解决问题。

原理课。原理来自规则的组合，原理反映了客观规律，揭示了事物

的真理。

策略课。策略是问题解决者在解决复杂问题时对所要用到的事实、概念、规则、原理和动力进行选择、重组和创造。

动力课。动力是指高大上的发展因素，如三观、理想与信念、情感与态度等。立德树人、课程思政、思政课程都是与动力相关的。动力课可以单独成课，如道法课、思政课。动力课也可以渗透在其他五种课型中，如课程思政、德育浸润。

基本应用是指解决简单问题，靠的是规则；综合应用是指解决复杂问题，靠的是策略。生活问题、学习问题和工作问题几乎都是复杂问题。复杂问题是指交互因素不止一个，问题答案不止一个，解决路径或者方案也不止一个，这就需要运用策略对所用到的概念和规则做出选择、重组乃至创造。知识类型（课型）与学业水平的关系见图27。

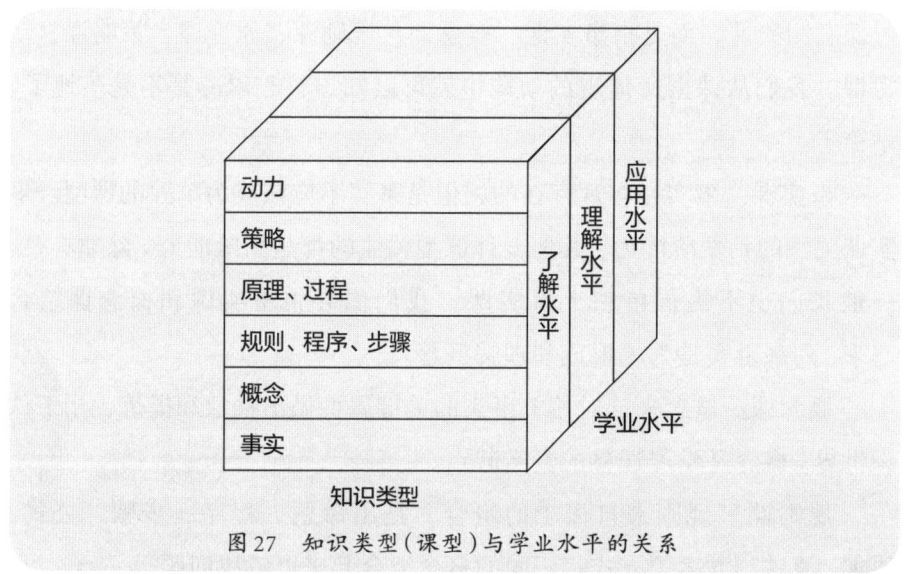

图27　知识类型（课型）与学业水平的关系

新课型蕴含着素养，造就了能力。看课型实际上就是看动词，看动词就是看目标。如果教师在上课中经常组织的活动是让学生记住、背诵、抄题、对答案、"不要看书，只准听记"等，这样的课堂就是教事实的课堂或者将概念和规则教成了事实。如果经常听到教师采用的动词是请学生举例、分类、推断、比较、分析、对照、执行、实施、总结、解释、选择、组合、评估、创造等，那么，这就是在教概念、教规则、教原理、教动力和教策略。动词与目标对应。所以，动词不同，目标高低就一目了然了。

四、教策略用策略，解决复杂问题

教策略越教越聪明。我们当然希望教师上的是聪明课。为什么说教策略越教越聪明呢？

我们想起了当代国际顶尖教学设计专家梅里尔（M.D. Merrill）的一段话：

今天的学习者与十年前、一代人以前或一个世纪以前的学习者没有太大的差异。在社会变迁中，学习者获取知识和技能的基本学习机制始终保持不变。教学科学和生物、物理、化学一样稳定，但人们对它的了解却少得多。生物学的原理不会随着社会的变化而改变，学习和教学的原理也是如此。

梅里尔的观点是想告诫人们，不要轻易说时代发展了，"千禧一代"或者"数字学生"的学习同以往100年前有了大变化。实际上没有，人脑的生理机制并没有改变。改变的是我们对人脑机制的认识，我们更深入地理解了人脑促进学习的效能机制。这对教师来说真是好事，如同教育技术一样能助力教师提高教学效能。

如果我们将问题分为简单问题和复杂问题，这里的复杂问题不是单纯的难度，而是指因素的交互多寡程度，指问题解决不止一条路径或者一个解决方案，不止一个答案。我们也可以将学习迁移分为近迁移和远迁移（或者说低通路和高通路），将问题解决过程分为简单应用和综合应用。简单应用靠规则，综合应用靠策略。

策略是解决问题的方法论和触发器，是学习者在解决复杂问题或者完成综合任务时对所要用到的概念、规则、原理乃至事实做出选择、优化（组合）、评价与创造。策略是一种情境性知识、上下文知识、条件性知识，其本质是具体情况具体分析，分析解决问题时的应用规则和原理等的边界与约束。例如，导航提供的三条路线本身是规则、路线和程序，但是走哪一条路则是策略。有策略或者用策略的前提是有三条路线（规则、概念等）。如果只有一条路可以走，就没有策略可用。也就是说，策略本身是离不开规则的，但是运用策略需要有不同的规则和程序供选择和优化。解决复杂问题和综合任务首先是靠策略，其次才是规则跟上。我们经常形容一个人在解决问题时审时度势、成竹在胸、灵活变通、举重若轻等，就是指策略的功效。提高课堂教学成效和学会迁移解决复杂问题的一个思路是将用于记事实和过度练规则的时间减下来，用在教策略上。事实记得越多，规则练得越多，学生并不会越"聪明"——解决问题的效率会有所提高，但是解决问题的质量却未必会改善，反而会产生学习厌倦、呆滞的心态。教策略，用策略，学习会越来越轻松，越来越多样。像学习活动中采用计划、落实、检查和反思等也都是属于策略性知识。

所以，好学生是教出来的；教策略就能快出人才，早出人才。很长一段时间内，课堂上是事实课占据主导地位，概念课、规则课、原理课、策略课、动力课没有什么人知晓，也不去研究。我们一直不知道事实不能迁移，只能记住和了解，因为事实不具备抽象力和概括性。我们误以为布卢姆教育目标分类中的记忆、理解、应用三个水平是低阶的，误以为只有分析、评价、创造是高阶的。其实，布卢姆分类六个水平只有记忆是低阶的，其他五个水平都是高阶的。

我们一直不知道核心素养怎样在学科中落地，或者如何让学习者具备学科核心素养，如何让学习者经历学科实践？奥秘就在布卢姆教育目标新分类的知识维度中，其将知识分为事实、概念、程序、元认知（涵盖任务、策略和自我）。学科核心素养就蕴含在除了事实以外的概念、程序和元认知中。当然，事实不是没有用处，理解概念要建立在了解事实的基础上。同样，应用规则离不开理解概念，掌握原理需要以应用规则为支撑，而善用策略则是建立在所有其他类别的知识之上。

那么，什么样的课是善用策略了呢？例如，语文课本上出现了一个词"兴高采烈"，这是一个新语词或者成语。那么，教师在教的时候让学生将课文中"兴高采烈"所包括的句子或者段落背诵、抄写、默写，这只是教事实；如果让学生造一个简单的句子或者写小短文，将"兴高采烈"用进去，这仍然还是低通路的应用，但此时教师已经开始教概念或者教规则了；如果教师鼓励学生说出"兴高采烈"的同义语词甚至反义语词，同义语词比如有"欢欣鼓舞""乐不可支""喜形于色""眉飞色舞""奔走相告""手舞足蹈"，反义语词有"垂头丧气""无精打采""眉头紧锁""低声叹气"……这样，这位教师就是在教策略了——学生在解决实际问题时，会采用选择、评判、组合或者创造的方式来选择已经学过的相应语词以表达自己开心的情绪，再也不会照搬照抄课文中的"兴高采烈"。这样的学生就是有创意了，或融会贯通了，是真正理解了知识的意义和价值。

落实核心素养最重要的是教策略。教策略的重要前提是有足够的概念、规则和原理可供选择、分析、评估、组合乃至创造。教策略并不神秘，策略是从概念和规则中来，就像大概念来自概念同时又高于概念。什么样的概念能够成为大概念？什么样的规则能够成为策略？这主要取决于实际的任务、情境、条件、成功的风险与可能、自我状态（优势与挑战）等。没有一成不变的策略。例如，举重若轻、举轻若轻、举重若重、举轻若重，本身是四条规则，但是在什么情况下某一条规则被作为首选的解决问题规则，那么此时该规则就转化为策略了。如果经常采用这样的策略，就转为人格特质和素养了。

近迁移是简单应用，是低通路，即一条路就可以走通，只要照章办事、遵守规则，简单套用就可以了。所以，近迁移是对一种概念和规则的理解之后进入应用，不需要选择、评估和组合。远迁移是综合应用（甚至是跨学科、跨领域应用），是高通路，其特点是有几条路可以走，该选哪一条路走，这就要根据解决问题的优势与局限（挑战）做出决策。所以，远迁移是对几个概念和规则的理解之后进入应用，需要根据情况做出取舍、变通、选择、评价、组合乃至创造。新手靠事实解决问题，熟手靠概念和规则解决问题，专家靠策略解决问题。

像在《鸟的天堂》这篇课文中，假定"渐变写突变"这一写作手法需要借助课文得到训练。"渐变写突变"是规则（规则中包含的重要概念是"渐变""突变""描写"），另外存在的其他规则可能是"渐变写渐变""突变写动变""突变写渐变"。这样，实际上可能有四种描写方法，假定这个单元只教一种描写方法，实际上就是教规则，不是教大概念，也不是教策略。什么时候教策略了呢？至少要会两种描写方法——"渐变写突变""突变写突变"，并且要做出选择、评估或者组合。

所以，教策略就是在有概念和规则可做出选择、评估、组合和创造的情况下来解决问题。这就是具体问题具体分析、具体任务不要简单套用、具体情境要仔细考量等的真谛。这就是为什么迁移学习要与深度学习分开来、不宜混为一谈的理由。

落实核心素养的真实起点在理解概念,只有实现了从事实教学向概念教学转型,才能走向大概念教学,而大概念在很多情况下不是"概念",而是"原理"或者"策略"。

我们对国际学生评估项目(Programme for International Student Assessment,PISA)的视频课进行了分析。中国、智利、哥伦比亚、英国、德国、日本、西班牙和墨西哥8个国家,包括700名左右的教师和17500名学生参加了视频上课。视频上课的内容是一节初中数学"二次方程式"。二次方程式本身是概念性知识,二次方程式运算是程序性知识,什么时候要用到二次方程式概念和运算是策略性知识,这三类知识都是可以迁移的,属于高阶认知能力。经分析后,参加视频课教学的教师在概念教学和规则教学上都没有做到尽如人意。这说明用课型来提高教学效能是一条新途径。

核心素养落地的评估要降低闭卷考试的焦虑,破除闭卷考试的迷信。尽管目前大规模组织的考试还是以闭卷为主,但是这并不是说在一个班级、一个年段、一所学校不鼓励采取开卷考试。现有的研究认为,高阶能力是无法从闭卷考试中得以检验的,其更适合的考查方式是现实任务、模拟任务、案例分析、材料重组、开放设问,这些都是善用策略的广阔天地。因此,越是善于开卷考试的人,越是能够在高考、中考、PISA、托福、雅思等闭卷考试中脱颖而出。为什么?因为这些考试形式上是闭卷,实际上内涵已经完全是开卷了,靠背诵记忆是无法胜任的。所以,平时教学或者作业中千万不要再热衷于背下来、抄下来。

那么,在实际的教学流程中,有没有教策略的时机呢?也就是说,什么时候可能是教策略(用策略)的恰当时机。学习科学专家麦卡锡(McCarthy)曾经提出的学习流程图很好地反映了在学习循环圈中概念教学、规则教学(解决问题)和策略教学(灵活变通、合理取舍)的融通

(图28)。他认为,任何学习活动或者教学活动都应该从"为什么"开始。"为什么"是回答学习的价值、意义、地位、作用以及所要采用的策略。接着,进入"是什么"阶段。"是什么"要回答事实和概念问题,重点是要放在理解概念或者形成概念。再接下来,就进入"如何做"阶段。"如何做"要回答程序、规则、步骤、路线、方案等问题,重点是通过应用规则来解决问题。最后,进入"该怎样"阶段。"该怎样"是根据实际情况思考如何运用知识和技能来解决新问题,重点是放在灵活转换、融会贯通、权衡利弊、进退自如等解决问题的状态与境界上。原来许多的教学都只是到了第三阶段"如何做",所以学习并没有进入完美的封闭循环中,当到了第四阶段"该怎样"时,就是"教策略"和"用策略"的时机了。

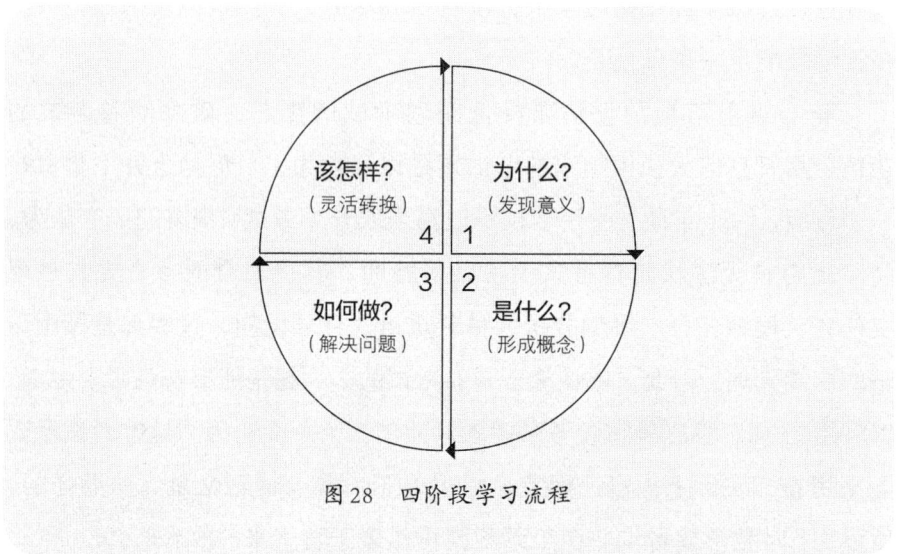

图28　四阶段学习流程

如果将麦卡锡的学习流程图和我们提出的学习结果分类图加以打通,就会出现学习过程和学习结果的统一,这就是落实核心素养单元教学设计的要义所在(图29)。

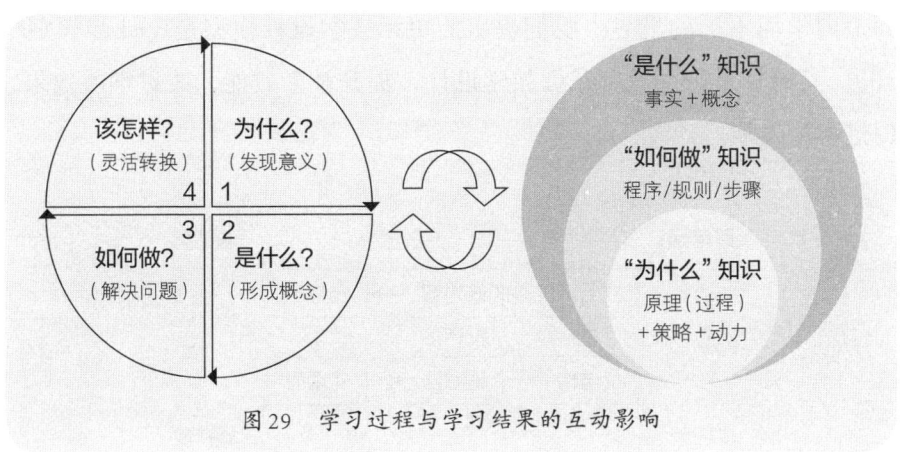

图29　学习过程与学习结果的互动影响

五、新课型怎样在单元教学中落地

新课型要在单元整体教学中落地。我们就要将单元、模块、章节或者项目、任务和问题等作为教学的基本单位，而不是将课时作为基本单位，这样做的好处是能够树立起整体视野和按步就绪的统一，能够将教学内容统筹安排，能够对教学方法和教学评估进行多样组合，避免知识的碎片化和分割化。

下面简要介绍单元教学设计。

单元教学设计将学习视为学习者内部心理结构和外部行为动作协同发生的变化，即"内化"与"外化"的统一，其重点放在真实的（或模拟的）问题或任务上，注重认知、情意、社群、行为以及自我调节机制的整合协调。教师的教学设计就是确保学习过程中选择、组织和整合三个心理加工事件能够真实地发生，尤其是将重点置于新学习与旧经验的整合上，定位于深度学习中。从课时设计转型为单元（或模块）设计，根本的要求是能够从促进学习者身心发展和满足成长的需求出发，以任务、问题、项目为导向，聚焦核心素养，实现学习迁移，调控学习负担，从而迈向学而不厌的境界。我们提出的单元教学设计模型是6+1步骤（图30），其愿景是帮助教师掌握教学设计，提升教学效能，改进学习效果，促进学生发展。

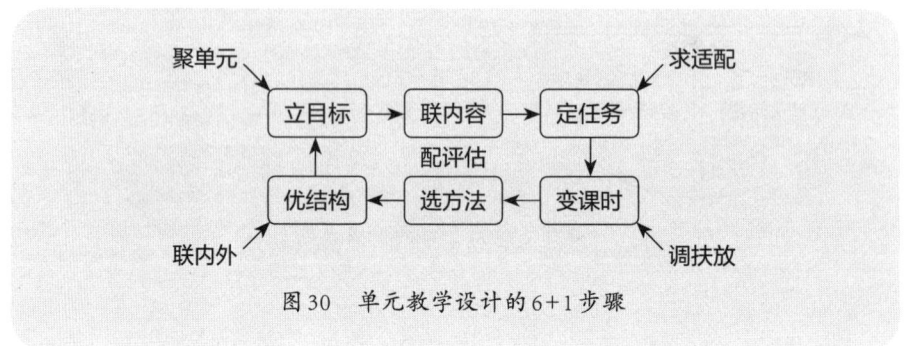

图30　单元教学设计的6+1步骤

单元教学设计的6+1步骤在外围有四个语词即聚单元、求适配、联内外和调扶放。

聚单元是指面向单元开展设计，更好地实现面向完整任务、促进意义理解、培养综合能力的目的，以及实现学习迁移的目的。在具体做法上，希望通过单元教学计划表予以落实。

求适配是指遵循逆向设计的程序，从目标到评估再到方法（策略）保持一致性，目标是什么（学习结果的类型是什么），就要做出相应的评估要求，同时教学的策略或者方法也要与其适配。

联内外是指正确处理好学习的内部心理过程和外部行为表现之间的关系，将内化和外化形成一个良性的循环圈，"以内养外、以外表内"，将原来的内化课堂转变为内化和外化并重的课堂。

调扶放是一个总的教学理念，教师的教既不是撒手不管，也不是大包大揽，而是根据学生的实际情况经历"案例任务学习—补全任务学习—常见任务学习"这样一个扶放式指导过程，讲究全班学习、小组学习和个人独立表现的结合。

以上聚单元、求适配、联内外与调扶放是相对"虚"的,是理念,是环境,是氛围,起着烘托作用。有了它,你也许感觉不到;没有它,则一事无成。

单元教学设计真正能够开展实际操作的是以下6+1步骤。

立目标是指确定教学任务所承载的三种学习结果的类型——"是什么"的知识、"如何做"的知识和"为什么"的知识,同时又要求把握教学任务结束后学生应该达到的三种水平——记忆、理解与应用。理解离不开记忆又高于记忆,理解的目的全在于应用。应用不等于简单套用(执行),应用更看重的是实施,在于根据实际情况做出调整和选择,在于考虑是不是真的如此落地,有没有必要做出利弊权衡和情境估量。

联内容是指确定不同课时之间教学内容的依存关系,强调了从整体出发对教材内容做出合并、增减、拆细、重组、选择、优化等处理。

定任务是指对教学内容做出选择和排序,将教学任务的扶放程度和优先程度做出统筹安排。教师要依据学生的实际能力,同时根据课程标准的基本要求,采用面向完整任务和基本问题导引的方式来对教学内容做出优化。

变课时是指根据扶放有度的教学理念和任务特征,将打破原来"单元"教学中固定课时的习惯,做到依需而教,提高教学效率。

选方法是指创造让学生积极参与的学习环境,调动教师和学生两个方面的积极性,使得师生的协同关系表现出"以教定学与以学受教"和"以教促学与以学论教"的特色。

优结构是指教师通过创设学习环境、优化教学结构和运用教学方法来帮助学生达成学习目标。优结构采用了定向、示证和练习三个方面的循环圈。

配评估是指依据类型、水平、任务、目标、量规和结构的要求,具体确定评估的方式和特征,总体是:希望教什么,评什么;怎么教,就怎么评,最终实现以评促教、以评促学。

以下我们对6+1步骤开展更为具体的说明。

1. 立目标

单元教学设计首先要确立的是教学目标或者学习结果的二维框架(表5)。有了二维框架,就等于给教学画了蓝图。一个维度是掌握水平,我们建议采用了解、理解和应用三个层级;另一个维度是知识类别,我们建议采用事实、概念、程序/规则/步骤、原理/过程、策略和动力等类别。请特别注意的是,知识类别实际上是心理结果类别,就是素养、能力与品质等学习结果同教材内容结合之后的具体产物。如前所述,布卢姆的教育目标分类修订版也是一个可以采用的分类框架,但是缺点是知识维度没有"动力"这一类别,水平维度有六个显得不够精练,在实际执行中会感到细碎和吃力。

表5 知识类型与掌握水平的匹配

本单元要解决的问题(聚焦的任务、挑战的项目):(如何)比较两个数的大小。 优势学习类别:"如何做"知识(规则/程序/步骤)/"为什么"知识(策略)					
知识类别	掌握水平				
	了解	理解	应用	
			基本应用	综合应用
是什么——事实				
是什么——概念				
如何做(程序/规则/步骤)			√	
为什么——原理/过程				
为什么——策略				√
为什么——动力				

2.联内容

单元教学设计注意各个课时任务或者内容的整体设计，努力做到课时之间互相渗透与适当融合（图31）。现在许多单元设计甚至大单元设计，在联内容这一方面仍然停留在独立型阶段，也就是一篇一篇课文或者一个主题一个主题地教，彼此之间没有前后照应和联系。这样的单元实际上还是局限于课时。我们应该从易到难、从独立型先向联系型过渡，让不同的课文和主题彼此照应和互相渗透。然后，向（部分）整合型过渡，这就是将一个单元内的课文和主题，特别是联系密切的部分予以合并，统筹安排教学。最后，根据需要，我们也可以对一个单元内的全部课文和主题彻底合并与打通，做到融会贯通，不分彼此。这样的教学难度会大一些，也并非每一个单元非要这样做。但是如果在必要时我们能够这样做，就意味着向学科融合或者跨学科迈进了一大步。

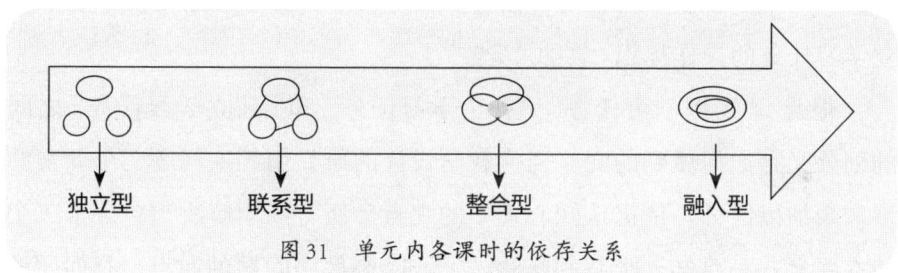

图31 单元内各课时的依存关系

3.定任务

如果说明类型是指要学到什么，划水平是指学到什么程度，那么，定任务是指如何开展教学帮助学生学到要学的东西，达到预期的掌握水平。单元教学设计在安排教学活动时，一般遵循着扶放精准与扶放有度的原则——先扶后放，有扶有放，扶了一定要放手。这种先扶后放的教学方式能发展学生的自学能力，因为在教师全扶或者全放的情况下，是不可能提升学生的自学能力的。

教学设计的精粹是如何发挥教师和学生两个方面的积极性。从易到难，从扶到放；先扶后放，扶放有度。这是将教师和学生看成是合作的主体，以学论教、以教促学的体现。具体来说，教学总体的力度是教师扶持在先，随着学生理解程度的提高和学习能力的增强，逐渐过渡到半扶半放，最后放手让学生独立完成任务。总的原则是：教师能够不教的东西，就不要教；能够让学生互相帮助学习的东西，就让学生通过彼此取长补短来学；需要教师教的东西，教师自身就一定不能放弃责任、撒手不管。

那么，怎样才能做到定任务呢？当代教学设计理论研究的一个成果是：学习任务不是孤立的事件，而是单元中的一组任务序列，即将"案例学习任务"看成是教师扶持在先的操作标识（教师"全扶"），将"补全学习任务"看成是教师逐渐减少支架作用的操作标识（教师"半扶半放"），将"独立学习任务"看成是教师放手检验学生是否能够完成独立学习任务的操作标识（教师"全放"）。

但是，"案例学习任务""补全学习任务"和"独立学习任务"之间的划分又是如何做到的呢？当代教学设计的研究用解决问题三个要素的多寡来加以区分。依据认知心理学的观点，所有问题解决都包含了三个基本要素——已知、求解和解法。"已知"是解决问题的起点，是问题的现有状态；"求解"是解决问题的终点，是问题的目标状态；"解法"是指从已知走向求解的路径或者办法。如果解决问题的"解法"要素都是在教师的帮助指导下才弄懂的，那么，这就属于"案例学习任务"；如果解决问题的"解法"要素都是由学生自己弄懂的，那么，这就属于"独立学习任务"；如果解决问题的"解法"要素的一部分是现成提供，一部分是由学生自己独立弄懂的，那么，这就属于"补全学习任务"（表6）。

表6 问题解决的三要素与扶放学习的关系

项目	已知	求解	解法
案例学习任务(全扶)	+	+	+
补全学习任务(半扶半放)	+	+	+/−
独立学习任务(全放)	+	+	−

注:"+"表示这一项"有";"−"表示这一项"无";"+/−"表示这一项"部分有,部分无"。

在以往的课堂中,教师向学生讲解例题,就属于案例学习任务。许多人认为,只有数学课要讲解例题,其他许多课是不需要讲解例题的。或者认为,讲解例题的教学已经落伍了,太老套了,是改革的对象。这种认识是有片面性的。教师讲解例题存在于任何学科教学中,是教师不能放弃的教学责任,是有效教学至关重要的一个方面。

在以往的课堂中,教师布置课后作业,就是属于独立学习任务,此时由于经过了教师扶持在先和逐渐放手的过程,学生已经能够独立找出一个学习任务中的"已知""求解"和"解法"各是什么了,所以,问题本身就能迎刃而解了。

那么,在以往的课堂中有没有半扶半放的补全学习任务呢?补全学习任务有点像拼版法,就是在问题解决的三要素中人为地加以抽减,逐渐地将缺口越拉越大,最后学习者独立能够补全缺口。在课堂中,教师讲解的变式题,往往起着"补全学习"的作用。例如,要说出或者拼出"西湖十景"图,教师一一讲解或者拼图示范,这是属于案例学习任务;学生自己说出或者完成拼图,这是属于独立学习任务;教师讲解部分或者给出部分拼图,这是属于补全学习任务。

补全任务为学习者提供一个给定状态,一个可接受的目标状态的要求以及部分解决方案。学习者必须通过添加缺失的步骤来补全解决方案,这些缺失的步骤可能处于解决问题的结尾,也可能在解决问题中间的任何一个环节。补全任务特别强调的一点是，学习者必须认真钻研所提供给他们的那一部分解决方案，否则是不可能拿出完整解决方案的。补全任务在设计型的任务中尤其有效，精心设计的补全任务能确保学习者透彻理解不完整的那部分解决方案，顺利实现"查漏补缺"。

如果在一个单元教学设计中，教师能够将主要的教学任务或者内容，根据学生的实际学习能力，做出恰当安排，指明哪些是案例学习任务，哪些是补全学习任务，哪些是独立学习任务，这就为取得良好教学效果奠定了基础，这就是我们在定任务中所追求达成的效果。

先扶后放的教学结构不仅能够提高学习效能、节约时间，同样重要的是培养了学生的自学能力。先扶后放的教学结构，也使得实际上的教学方法多样化了。全扶教学基本上采用教师讲解示范和实际引导，有扶有放的教学基本上采用的是合作讨论、练习、质疑、论辩加上辅导和反馈。扶后放手的教学基本上采用的是独立学习与表现。

在指导学生掌握学习任务时，倡导采用"滚雪球"的任务迭代演进。整个教学过程不是把单元切成一块一块来教，而是像滚雪球一样地从一个简化的整体任务到越来越复杂的整体任务。最初的简化任务不是一小块任务，而是最终要完成的实际任务的简化版。复杂的因素、暂时不需要涉及的因素先排除或者先屏蔽掉，这样才能突出概念和规则的主要特征（图32）。

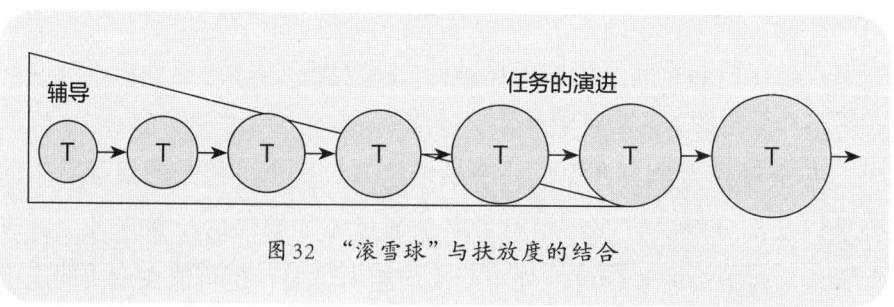

图32 "滚雪球"与扶放度的结合

4.变课时

定任务中三种任务的课时不是平均分配的。案例学习任务可能要占一半的时间，补全学习任务占30%，独立学习任务占20%。总体的做法是不平均分配，先扶后放，有扶有放，扶后放手，努力做到扶放有度、扶放精准。

重要的是，最初简单的任务不是教师立马就放手了，而是从扶开始，搭建支架。开始的、简单的完整任务，可能也是整个单元教学的重点和难点所在，必须花力气予以攻克。同时，课堂要改变原来在一个单元内各项任务平均分配课时的做法，减少时间精力浪费、杜绝单纯记忆和无谓操练。

例如，假定一个语文单元有三篇精读课文，一篇略读课文，那么，我们首先考虑课堂能不能打通？如果暂时不会打通或者不需要打通，那么，接下来考虑是不是可以有所渗透和联系，注意一定不要孤立地教单篇课文，一定要体现前后照应和彼此联系。再接下来，第一篇课文安排三个课时。为什么？越是开始的任务，越是简单的完整任务，才是整个教学的重点和难点所在，必须花力气予以攻克。教第一篇课文要联系这个单元的其他几篇课文相关之处。第二篇课文安排的课时是一个课时，因为许多核心的学习结果已经在第一篇课文教学时解决了，不需要重新教、重复教。第三篇课文要扶后放手了，基本不需要教了，可以让学生独立学会。考虑到个别差异，教师可以留出半个课时，进行答疑。这样，一个单元三篇精读课文是四个半课时，原来是六个半课时（平均两个课时加上略读课文的半个课时），现在节省了两个课时，这是多么大的减负增效成就！一个单元节省两个课时，假定一学期八个单元，那就可以节省16个课时，可以开设一门新的课程或者拓展学习其他项目，或者支援其他教师的课。

5. 选方法

当代国际著名教学设计顶尖专家梅里尔在创建首要教学原理时，提出了四种教学方法，分别是明理、答问、示例和练习，突出了教师教的方法和学生学的方法的协同与统一。梅里尔用最简单的色彩画出了教学设计的灿烂画卷。明理与示例是教师教的方法；答问与练习是学生学的方法。明理与答问为一组，主要用于教一般的、概括的、通用的知识；示例与练习为另一组，主要用于教具体的、特定的知识。只有这两组方法真正匹配一致了，教学才能成功。四种教学方法同知识领域匹配了，核心素养在课堂中才能落地。知识领域与教学方法的对应关系可以在表7中体现。请注意，策略一般是用在过程（原理）中的。在解决问题的过程中，如果涉及多个概念和规则，就需要做出选择，这才是用策略的时机，即要考虑解决问题过程的条件和结果。

表7 知识领域与教学方法的对应关系

项目	明理（师）	答问（生）	示例（师）	练习（生）
概念	讲解定义	回忆定义	展示若干具体事例	对新事例进行分类
程序	讲解步骤与序列	回忆步骤与序列	在若干不同的情境中展示该程序	在各种新的情境中执行该程序
过程（原理）	讲解在过程中所涉及的条件与结果	回忆在过程中所涉及的条件与结果	在若干不同的情境中展示该过程	通过在新的情境中查明欠缺的条件来预测结果

注：表格中灰色底纹的含义为：鉴于概念、程序/规则和过程（原理）是不需要记忆的，所以，在实际教学过程中，"答问"这一环节可以省略。

另一位当代国际著名教学设计理论专家范梅里恩伯尔（van Merrienboer）在综合学习设计中也提出了四种有效的教学方法。教学中讲解知识和技能有两种主要的呈现方式：一种是演绎，先讲清一般信息，再给出具体实例；另一种是归纳，先给出具体实例，再提炼或者呈现一般信息。演绎和归纳是相对的。所以,我们一般称为规则—实例和实例—规则。与之密切相关的还有两种策略,一种是讲解,另一种是探究。前者是呈现实例和信息,后者则是让学习者发现实例和信息。两种呈现内容的策略和两种学习策略经过组合后,可以构成四种教学形态:①教师先讲解一般信息后演绎具体实例(讲解—演绎);②教师先给出具体实例后归纳一般信息(讲解—归纳);③学生先探究一般信息,再发现或者生成具体实例(探究—演绎);④学生先探究具体实例,再发现或者生成一般信息(探究—归纳)。表8中的"L"表示理论、观点、概念、原理等知识,圆圈表示事例、实例和案例等知识,箭头表示由教师讲解,问号表示由学生自己探究。这样从扶到放、从易到难分别是讲解—演绎策略(左上)、讲解—归纳策略(左下)、探究—演绎策略(右上)、探究—归纳策略(右下)。根据学生不同的情况和教学任务特点,教师可以选择以上不同的教学策略,综合学习设计推荐的策略是讲解—归纳策略。

表8 四种基本教学策略

类别	讲解策略	探究策略
演绎策略	L → ○ 适用于教学时间有限,学生原有知识充足,无须达到深度理解的学习情境	L ? ○ 适用于经验丰富的学习者,主要安排在课程学习的后期
归纳策略	○ → L 适用于新手学习者,主要安排在课程学习的前期	○ ? L 适用于教学时间不限,学生原有知识不足,需要达到深度理解的学习情境

6.优结构

教学结构是教学活动在空间和时间上的序列。就是说,在教学活动或者学习活动中教师要做什么事情才能起到促进学习者学习的作用。我们从当代教学设计的研究中提炼了教学结构的三个要素,从时间序列上看,也是教学过程的三个步骤,它们分别是定向、示证和练习。

定向既可以在教学的开始前,也可以在教学的结束时。定向既有动机功能,也有认知准备功能,还有策略指导功能和学习环境创设功能等。具体来说,定向包括了激发学习兴趣、明确学习目标、交代学习性质、概览学习任务、沟通学习路径、调节学习氛围等方面的内容。实际上,定向究竟要做些什么事情,可能在一堂课与另一堂课中并不是完全一模一样的。但是总体上说,定向做的事情就是要让学生保持学习的动力与热诚,明确自己的优势与不足,做好新知识学习的准备,在学习活动结束时,有再出发的期待。

示证包括了讲解、示范、提问、讨论等。这是针对"是什么"知识的学习,也涉及部分"如何做"知识的学习和"为什么"知识的学习,也就是说,学习者不仅要理解事实和概念,也要理解程序和原理。

练习包括了展示、辅导、分享等。这主要是针对"如何做"知识的学习。因为规则和程序不仅需要理解,更需要一定的练习,并转化为有一定熟练程度的认知技能和动作技能。当然,"是什么"知识的学习(事实和概念)也同样需要练习,实际上,原来常见的课堂学习将练习的力气大多放在了事实和概念的记忆上。要知道,练习不是记忆,练习既是达到自动化的前提,练习的过程还为远迁移创造了条件,能够使得相同的知识在不同的情境中应用。

在课堂教学结构的定向阶段、示证阶段和练习阶段,都有一些具体教学步骤可以选用。综合教学设计的研究成果,我们提出了一个教学步骤的菜单,供教师选用(表9)。

表9 优结构的具体细目要求

定向阶段	示证阶段	练习阶段
◇览总情,指路径	◇多表征,双通道	◇尝试练,获体验
◇引兴趣,强意愿	◇旧带新,新融旧	◇即反馈,明差距
◇聚注意,明焦点	◇理结构,立框架	◇有变式,调节奏
◇温旧知,补缺漏	◇善提问,明联系	◇赢成功,有成就
◇知优势,扬特色	◇做示范,给样例	◇共分享,同展示
◇讲协作,自调节	◇供支架,破难点	◇勤反思,做总结
◇求合力,创舒心	◇多交流,拓视野	◇周回顾,月复习

7.配评估

先扶后放的教学也可以让我们逐渐放弃对闭卷考试的迷信。研究认为,高端的能力和素养是无法从闭卷考试中得到检验的,而应该从真实的任务情境中来检验学习结果。可以这么说,落实核心素养的教学就是要逐渐减少闭卷考试,尤其是小学年级。越是善于开卷考试的人,越是能够在像高考、中考、PISA、托福、雅思等闭卷考试中脱颖而出。为什么?因为这些考试形式上是闭卷,实际上内涵已经是开卷了——教过的课文是不考的,做过的练习也是不考的,这是在概念水平、规则水平和策略水平上检验学生是否能够将学到的知识迁移到新的情境中解决问题。所以,学生靠背诵、记忆是无法胜任这样的考试的,靠猜题、押宝也是无济于事的。教师和学生在平时教学或者作业中千万不要再热衷于背下来、抄下来。

例如,学好一个语文单元的第一个标志是看学生能否自己独立学会略读课文,略读课文不应该理解为是拓展课文,而是检验精读课文是否掌握的重要标志。这样做了如果还不放心,那么,可以再做一次检查。新的检查不是检查三篇精读课文和一篇略读课文,而是另外选一篇反映同类学习结果的其他课文或者材料。总的原则是，教过的课文不考，考的是没有教过的同类课文。这就是检查"同类知识是否能在不同的情境中得到应用"。如果考试考的是教过学过的四篇课文，那就是检查"同类知识在相同的情境中得到应用"，这是低端学习结果，即事实的再认或者回忆，这不是核心素养落地的标志。

从考试和检查的角度看，我们原来无疑也是相对来说重视"是什么"的知识和"如何做"的知识，对"为什么"的知识重视远远不够，像对策略、原理和动力性知识的考查，我们做得比较少，尤其在以闭卷考试为主的情况下，我们将很多力气花在了记忆、背诵等方面。根据现代学习科学的研究，知识的考查有两种类型：一种是保持，一种是迁移。保持测验的目标是记忆教材，迁移测验的目标是理解与掌握，学会在新的情境中评价和使用所学知识。从考试考查题目的顺序方面来讲，一般要将"是什么"的知识放在前面，"如何做"的知识居中，"为什么"的知识放在后面。根据现在学习科学的研究，传统的书面考试考查的题目难以检测出高层次的素养或者能力，所以，是非题、判断题、选择题、术语释义、观点或者解决方案论述比较适合"是什么"的知识。"如何做"的知识聚焦于了解和理解。比较适合"为什么"的知识的题型可能是开放题、综合情境题、真实/模拟任务题等，主要检查材料分析与综合，观点或者解决方案比较、评价与择优，案例分析与评判，创造性计划与实施方案等方面的素养。

六、优化课堂教学结构

教学结构是教学活动在空间和时间上的序列。20世纪90年代以来，依据学习科学与教学设计的新发现以及人们对学与教关系的认识逐步加深，教学设计界提出了一些新的教学结构。

意义学习倡导者乔纳森（David H. Jonassen）注重创设建构主义学习环境，强调教学过程三个阶段——示范、指导和支架作用，其分别对应的是学习过程三个阶段——探究、表现和反思。乔纳森最后留下来的学习结构是首要学习原理，即以问题为中心，经历了类比、建模、论证与推理四个阶段。

当代著名学习科学家梅耶（Richard E. Mayer）没有提出特别的教学步骤，而是主张教学应该帮助做好信息加工的三项运作，即选择、组织和整合，意义学习或者生成学习的三项条件就由此产生。

当代著名教育心理学家斯滕伯格在倡导成功智力教学时，提出了一个高效能教学结构：定向、展示、辅导、验证。

直导教学（直接教学）的创立者罗森海因（Barak Rosenshine）在2010年将其多年研究的课堂教学结构总结为十个方面，这就是：先复习，后上课；小步子，讲练合；善提问，明联系；做示范，给样例；尝试练，获体验；勤检查，补缺漏；赢成功，有成就；供支架，破难点；独立练，求掌握；周回顾，月复习。罗森海因的研究受到了广泛的重视，被认为是有关教学结构的重要研究之一。

首要教学原理是当代国际著名教育心理学家和教学设计理论专家梅里尔教授于21世纪初在考察、比较11种教学模式的基础上提出来的。首要教学原理不仅关注教学过程，更关注学习过程。梅里尔指出，首要教学原理包括激活旧知、示证新知、应用新知和融会贯通等原理，但它们还只是表层的循环圈，更深层的循环圈是由结构—指导—辅导—反思所构成的。在激活旧知阶段，教师应该鼓励学习者回忆或依据学习者的旧知识，提供一个知识结构，然后利用这一结构来学习新知识。指导的主要目的是在示证新知阶段中帮助学习者将新知识与在激活原有知识阶段已经提供的知识结构联系起来。在应用新知阶段，辅导的主要功能是帮助学习者运用新旧知识相联系的知识结构来促进应用（练习）活动。融会贯通阶段要强调反思。通过反思，学习者总结提炼他们已经学到的知识技能，同时，再次检验他们依据知识结构实现新旧知识彼此联系的能力。

我们曾经对课堂教学结构做过一些分析与思考，在吸收了乔纳森关于良构和非良构问题的解决方案、兰达（Lev. N. Landa）关于算法问题和启发式问题的解决方案、罗米索斯基（A. J. Romiszowski）关于重复性问题和创造性问题的解决方案后，再结合梅里尔的首要教学原理、巴特勒（F.Ciot Butler）提出的统一的教学过程互动模型和范梅里恩伯尔的四成分教学设计模式等，我们提出了基于良构问题和非良构问题解决的五星教学过程的初步构想（图33）。五星教学过程以面向完整任务和聚焦解决问题为宗旨，从解决基于良构问题和非良构问题的不同需要出发，突出了激活旧知、示证新知、尝试应用和融会贯通四个环节，每一个环节有相应的操作步骤，旨在实现有价值、有效果、有效率和有吸引力的优质教学。

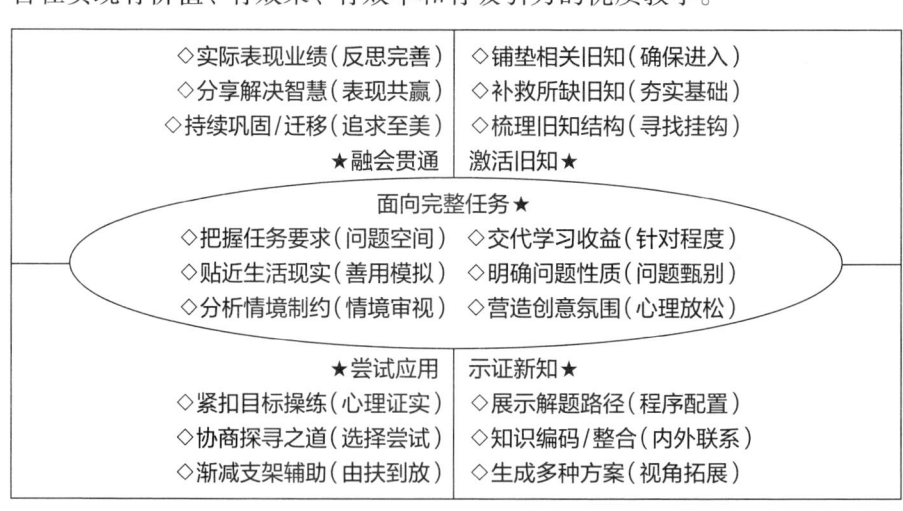

图33　五星教学模式

从当代教学设计关于教学结构的研究思路看，一般都以三个要素的结构起步,然后有四要素说(如斯滕伯格的成功智力教学),有五要素说(如首要教学原理、首要学习原理),有七要素说(如理解为先教学),还有九要素说(如加涅的九大教学步骤),甚至更多。有的基本教学结构下面还有分结构(步骤),如首要教学原理就提出了五个结构要素,以及每一个结构要素下分三个分结构要素,这样就有15条实施要义。当然,也有的观点是不需要列出分支结构,只要求划分基本结构,如首要学习原理和成功智力教学等。

我们的观点是,要有基本教学结构,也要有分支教学结构。基本教学结构要尽量少些,是基本骨架;分支教学结构不妨多一些,全一些,兼顾教学活动的各个主要方面,但是应该根据实际教学活动可以选择和取舍。基本教学结构是必答题,分支教学结构是选做题,像菜单一样,供教师选用。

我们提炼了基本教学结构的三个要素,从时间序列上看,也是教学过程的三个步骤,它们分别是定向、示证和练习。在定向、示证和练习下,分别都有七个分支教学结构,这样就有21个分支教学结构供教师选用。

(一)课堂教学结构:定向阶段

1.览总情,指路径

"览总情"主要是指在一节课、一个单元或者一门课程的开始,总是要做到登高望远、统揽全局和高屋建瓴。现代教学设计理论主张从教学摘要、概览开始,从广角视野入手。比如,在一节课的开始,先用一两句话或者一张图示、一段视频来展示内容的主要结构联系,或者位置关系,或者结果样式。这就是要让学习者对接下来的教学活动做到心中有数。在一定意义上说,览总情也是对教学任务和目标要求有大体了解。

"指路径"主要是指根据览总情提示的学习任务和要求，明确学习的路径或者方式应该是什么，在这一节课中优势的学习结果形态和主要学习方式是什么，即"为什么"学习、"是什么"学习和"如何做"学习三种学习类型在这一节课中究竟是哪一种占主导。

国外的课堂非常强调让学生会用KWHL表监控和调节自己的学习。K是指已经知道了什么，W是指想学习什么，H是指如何去学，L是指本节课将学到什么。表10是杭州市时代小学在意义学习课题研究中总结的"愿景表"，效果不错。对低年级学生来说，教师还可以给出各个要求的选项，方便他们打钩选择。

表10 课堂教学中的"愿景表"

我这样问自己	我这样回答
我已经学会了什么？ 我想学什么？ 我怎么去学？ 我能学会吗？ 我会怎么表现？ 我将特别关注什么？	

2. 引兴趣，强意愿

"引兴趣"主要是指在课堂的定向阶段如何激发学生的兴趣。我们知道，兴趣是学习的天然盟友。有兴趣，才会有探究的欲望和表现的渴求。当然，兴趣本身也有直接和间接、高雅和粗俗之分。不是好看、好听、好玩、好动的东西就一定能引起兴趣的。尤其对中小学教学来说，教师不能一味地强调好看、好听、好玩、好动，而是要从学生本身的年龄特征和学情特点出发，来激发兴趣。能够激发学生去探究、倾听、关注、操练和表现的事物，才是他们的兴趣所在。

如果说兴趣是指喜欢什么，那么"强意愿"就是一种凸显动机指向。

意愿表示为什么会喜欢这个东西,为什么会对某个事情有兴趣。为什么将强意愿与引兴趣联系在一起呢?这是因为有兴趣的事情往往才是愿意去做的。兴趣激发起来了,意愿往往也就水到渠成了。明确目标,这是知道要做什么;强化意愿,则是知道为什么要这样做,是做某件事情的理由。意愿或者动机的作用不可小看。从现在的教学改革来看,"愿不愿意学"与"会不会学""学不学得懂"相比较,前者一直是一个弱项。许多学生是缺乏学习的意愿或者动力才落伍的。

3.聚注意,明焦点

"聚注意"是指将学习的心思定向到学习的任务中来。"注意是学习的门户",这是大家长期以来所赞赏的说法。现代教学设计和认知心理学的研究无一不重视突出注意的作用。由于人的大脑在特定的时间内能够同时聚焦注意的对象很有限,所以,聚注意实际上就是要做出选择——注意什么和不注意什么。聚注意就是将有限的学习资源和脑力资源用在刀刃上,以确保学生在学习活动中能够进入正常的示证和练习阶段。

注意力在一节课不同的时间内分布是有差别的。一般来说,前15分钟的效果较好,后10分钟效果较差。另外,在教师讲解示证和学生主动学习(如思考、答问、操练和表现等)之间穿插进行,聚注意的效果才好。

需要特别指出,虽然我们在定向阶段说注意力,这并不是说只有在上课开始前要聚焦注意或者引起注意,更重要的是要将注意力分配到不同的学习时段,做到有张有弛,收放自如,而不是一根弦绷到底,这就是维持注意。从一个角度看,注意力引发还不算太难,或者说大家都会予以重视的,但是怎么维持注意力,有持续的动机或者意愿,这才是最要紧的。

"明焦点"是指在聚注意的时候,要明确注意的焦点在哪里。"明"可以采用多种方式,如言语说明、图示标注、色彩区分、声音高低、手势、眼神和身体动作的运用等。什么是焦点?焦点就是这门课程、这个单元、这一节课要达到的学习目标是什么、要完成的学习任务是什么、要解决的综合问题是什么、要引领的思考对象是什么、要表现的行为是什么、要评估的量规是什么;等等。明焦点等于将学习的精力、动力、活力和能力都指向了最有价值的地方。

4. 温旧知,补缺漏

"温旧知"是指复习相关旧知识。现代教学设计理论普遍主张"先复习,后上课",也就是说,在引入新课内容(示证阶段)之前,学习者要复习相关的旧知识。旧知识不仅是学习新知识的基础,还将参与新知识的理解和掌握,成为新知识本身的一部分。依据梅里尔首要教学原理的观点,激活旧知包括了梳理或者凸显旧知识的结构,因为旧知识的结构比旧知识本身更重要。

需要注意的是,并不是学习者都已经掌握了与学习新知识相关的所有旧知识。有可能教师没有教,学习者没有学;也可能是教师教了,但是学生没有掌握;还有可能是以前学会了,但是学习者现在生疏了或者遗忘了。此时,就需要教师做"补缺漏"的工作。总之,只有保证至关重要的相关旧知识都全数到位,才能够开始上新课。

5. 知优势,扬特色

"知优势"一方面是指帮助学习者了解学习任务的优势特征,即知道本节课的学习结果性质主要是"是什么"学习、"如何做"学习还是"为什么"学习;另一方面,还指要让学习者明白学习任务的优势特征是不是自己擅长，在新的学习任务中自己有什么长处和短处，如何做到学习任务与个人的优势相匹配，如学习风格、学习习惯和学习擅长等。

"扬特色"是指如何发挥每个人的优势。在课堂上，教师要贯彻全面发展的教育宗旨，努力做到"一般发展"和"特色发展"相得益彰，先扬长避短，后扬长补短；先发挥优势，后纠正劣势，使得学习者个个有机会，人人能成功。课堂上，教师一定要让每个人都有成功感。如果一个人不想学、不会学、学不懂，那么，他在课堂上一定是度日如年或者冷漠如冰，就不可能有聚焦注意力、有学习兴趣和有掌握的意愿。

6.讲协作，自调节

"讲协作"是指在课堂学习中要发挥小组学习、同伴协作的功能。全班学习是不可缺少的，这是教师定向、示证与辅导的时间；小组学习提供了两人配对和四人小组乃至八人小组的学习机会，是分享、交流和反思的时间；个人自学提供了独立表现和操练的机会，这是证明个人掌握了什么的时间。全班学习、小组学习和个人学习要合理搭配，在一个单元或者一篇完整课文学习的时间内统筹安排。以往的课堂采用小组合作学习是不多的，教学没有做到从扶到放的一个现象是从全班教学直接跳到了个人学习，完全忽略了合作学习的效用。如果采用同伴两人配对学习，如轮流说、轮流写、轮流听、轮流想……这样一种简易的合作交流方式，那么几乎可以肯定每一堂课都会有合作学习的机会。绝大多数建构主义教学设计理论都强调了协同努力、集思广益的重要性。这种本领不仅在学习中，更是生活和工作中所需要的。

"自调节"是指具有自主调节的品质。自主调节能力有时候也称为自我监控能力、自我计划能力等，它与自我效能感也有关系。我们经常说了解别人不容易，实际上认识自己也是不容易的。自觉无知者是智者。

一个人的心理发展，主要是自我形象或者自我概念的形成，而且重要的是，能够动态地平衡，根据自己的情况与外界形势的变化来做出调整。动态平衡能力是真本事，要从小学会辩证地、动态地看待人和事，不要把人看扁看死，不要觉得只有自己才是最棒的。

人比人气死人，人贬人吓死人。对别人的缺陷与不足要宽容，同样，对自己的缺陷与不足也应该予以宽容。人无完人金无足赤，同样适合于自我调适、自我宽心。我们所说的善待自我，首先讲究的是合理定位自己，不顾一切地要强，并不是什么好品质。每一个人都是不同的，每一个人都是独立的存在。有些人擅长学习，有些人擅长做事，有些人擅长交往，有些人擅长独处，这都是应该得到肯定与容许的。

7. 求合力，创舒心

"求合力"和合理认识学习与教学的关系、教师与学生的关系有关。学习与教学究竟是一种怎样的合理关系呢？是学重要还是教重要呢？是学在先还是教在先呢？这确实是难以简单地、笼统地下结论。一般地说，学与教处于同等重要的地位。教师第一还是学生第一，这恐怕是个伪命题。要发挥教师与学生两个方面的积极性；形成"互为主客体"与"自为主客体"的新型关系。所谓反思也好，自我调节也好，实际上就是将自己既作为认识的对象，也作为认识的主体。这样看来，我们更愿意将师生的协同关系体现为"以教定学与以学受教"和"以教促学与以学论教"的结合。

"创舒心"是指在学习中创设友好的学习环境。友好的学习环境首先要确保教室物理环境是适宜和舒适的，包括光线、温度、色彩和桌椅高度与摆放等最大程度地营造宽松的氛围。就目前来讲，要尽可能地采取四人或者六人围坐的方式来学习。这比直排横排秧田式的排坐方式要先进多了。因为后者是一种在大会中"听报告"的被动方式,并不适合现代学校的学习。

"创舒心"还和课堂中学生心理自由与心理安全程度有关。"舒心"不是阿谀奉承,不是轻快松散的代名词,而是致力于让学习者对学校环境和班级课堂环境感到愉悦快乐、称心如意,没有冷漠、隔阂、抵制、嘲笑、挖苦、讽刺和贬低等心理鸿沟,让班级充满着坦诚相见、自信互信、彼此欣赏、友好竞赛和互助互利等气息。

(二)课堂教学结构:示证阶段

1. 多表征,双通道

"多表征"是指多样表征。表征是在头脑中对客观事物做出表达。表征的方式有动作、图示(图像)、言语和符号等。多样表征就是要尽量采用几种不同的方式来帮助示证新知识,尤其是采用言语和图示相结合的方式来表征。表11列出了用言语、图示和具身来示证(讲解、示证和表现)三种不同类型的知识("是什么"的知识、"如何做"的知识和"为什么"的知识)。多表征不仅具有适应不同学习者的学习风格、习惯或者优势的作用,还是帮助学习者深度理解的合理途径。

表11 言语、图示和具身相结合来示证三种知识

类型	知道是什么	知道如何做	知道为什么
言语	讲解是什么	讲解如何做	讲解为什么
图示	示证是什么	示证如何做	示证为什么
具身	表现是什么	表现如何做	表现为什么

"双通道"是指用视觉和听觉两种通道来示证新知。根据认知心理学的研究,人的大脑在依赖五种感觉通道学习时,如果能够结合多种通道来学习,效果就会更加显著。最重要的是通过视觉和听觉的协同来

学习。而且，在文字、符号和图示之间，人首先乐意接收的是图示。图示具有优先性。所谓双通道，就是要在任何信息的呈现和示证中努力做到图文并茂，视听兼顾，言语和非言语合用。实际上，能够在文字、符号和图示之间随时切换，是比记忆更为值得称道的理解之举。

2. 旧带新，新融旧

"旧带新"是指知识学习中的一种方式。就是说，要尽量用旧知识来统筹新知识。具体是指在新知识学习时，旧知识的基本结构仍然是有用的，新知识只是在某一方面增加了一些、完善了一些，并没有对旧知识的结构进行根本的改造。所以，旧带新能够保证新知识在旧知识的老树上长出新的芽来。这也相当于学习中的"量变"，用认知心理学家的话来说，是"同化"。

"新融旧"是指当新知识本身已经不能被旧知识相接纳时，就需要推翻旧知识的结构，重新建立一个新知识的结构，这样才能理解新知识并且将旧知识接纳进来。所以，我们称之为新融旧。这也相当于学习中的"质变"，用认知心理学家的话来说，是"顺应"。

旧带新、新融旧，是知识学习的两种基本方式。一般来说，先有旧带新，后有新融旧。只有这样，才能保证新旧知识的真正联系。认知心理学的研究认为，新知识的学习如果没有与旧知识结合起来，那么，这种学习至多能够达到机械记忆的程度，很难有意义学习的效果。

3. 理结构，立框架

一切的学习都应该将主要的力气放在知识结构上。"理结构"就是门路清、就会方向明、就有信心足、就能走到底。结构不一定会自动显现，需要厘清与澄清。厘清就是理顺线索与脉络，看清门道，澄清就是分辨是什么和不是什么，该如何做和不该如何做，为什么要这样做和不这样做。

"立框架"是指学习是在一定的框架下进行的。框架就是大结构。将知识系统分成顶边、屋梁、墙面、门窗、底层等几个方面,架构好了,框架就立起来,事物的形状也就一目了然了。凡事立框架难,如撰写论文难在拟定提纲,计算数学题难在辨析变量关系。立框架帮助我们在学习中抓住重点、克服难点、明确要点。

4.善提问,明联系

除了讲解之外,提问可能就是一种最常用的教学方法了。"善提问"的根本目的不是让学习者核对教师的预期或者标准的答案,而是提供学习者参与学习、发表见解和表现自我的机会。教师要根据教学目标和教学任务来设计问题。一般来说,可以按照认知水平的六个层级来设计问题,即记忆性问题、理解性问题、应用性问题、分析性问题、评价性问题、创造性问题。

"明联系"是指明确新知识本身的联系和新旧知识之间的联系。新知识本身的联系是内部联系,新旧知识之间的联系是外部联系。先明确内部联系,后明确外部联系。明确内部联系有助于理解,这是初步领会和弄懂,还属于浅层学习;明确外部联系能推动整合,这是将自己的情感、态度、认知与元认知都放到新知识的加深理解中,将自己摆进去,深度学习也就水到渠成了。罗森海因(Barak Rosenshine)总结了"明联系"的具体设问,可供参考(表12)。威特罗克(Merlin C. Wittrock)提出的生成学习中,主张生成知识内部关系的具体方式有:①列提纲,②列标题,③列要点,④画示意图,⑤列目标,⑥小结,⑦提问,⑧笔记;主张生成知识与学习者原有经验、学习情境关系的具体方式有:①演示,②隐喻,③类比,④举例,⑤画图,⑥具体应用,⑦解释,

⑧释义，⑨推断。

表12 "明联系"的具体设问

序号	具体设问
1	_____和_____怎么样？
2	_____的主要思想是什么？
3	_____的优缺点是什么？
4	_____和_____有什么关系？
5	关于_____，你认为原因是什么？
6	如何与我们之前学过的东西联系在一起？
7	哪一个是最好的？为什么？
8	对于_____的问题，有什么可能的解决方案？
9	你是否同意这个说法？
10	关于_____，你有什么地方仍然没理解？

5.做示范，给样例

"做示范"是指在示证阶段教师要给学生解决问题的三个要素（已知、求解和解法）进行讲解说明、论证探讨、实际示范或者实验验证。做示范不是指非要有动作或者身体外显的行为，或者说一定要做一个实验。示范就是提供一个样子，指出解决问题的整个过程或者要素之间是什么关系，如何一步一步地深入下去，如何来考虑解决问题的思路，等等。许多人将做示范看成是"被动"的学习方式，是压制学生的自主性。这完全是一种不切实际的看法。做示范是从"全扶学习"到"全放学习"必经的一个阶段。还有一些人认为，做示范可能是部分学科教学需要的，有些学科是不需要做示范的，这也是不恰当的看法。所有的学科学习都需要做示范。当然，如果学习者比较成熟，新知识学习比较顺利，也可以由学习者自己来做示范。

"给样例"实际上是做示范的另一种说法。我们在实际教学工作中所做的"给样例"更多的是讲例题。罗森海因认为，样例是做示范的另外一种形式，已被用于帮助学习者学习如何解决数学和科学中的问题。一个样例就是一步一步地示范如何完成一项任务或者解决一个问题。给样例首先是教师示范和解释用于解决具体问题的步骤。教师还要识别和解释这些步骤的基本原理。低效的教师往往不会提供足够的样例，从而增加了学习者的认知负荷，也让学习者不确定手头的程序该怎么完成以及如何加以应用。任何学习都需要给出样例，除非学习者已经达到了一定的水平，可以不需要借助样例从而完成补全学习任务或者独立学习任务。

6.供支架，破难点

"供支架"是指要提供学习的便利，以利于"破难点"。支架就是"脚手架"，一般是指通过控制那些超出学习者能力范围的学习任务，让学习者的注意力集中于那些自身能力能够胜任的学习内容。搭建"脚手架"应被看成是一个既要对学习者提供支持，又要对学习者撤除支持的组合过程，正如建造一幢新的建筑物，随着施工完成后就要逐渐拆除脚手架。当然，如果没有最初的支持与指导，学习者也无法达到目标。

当学习者有能力实现预期的目标或执行要求的行为时，支持与指导就要逐渐减少，直到全部撤除。所提供的支持与指导，如果存在着无关、无效、过多或不足的情况，都会阻碍学习过程，会给学习者增加外在认知负荷。教师要确定"脚手架"的类型与数量是合适合学习者的需要，并且在适当的时候以适当的速度撤除"脚手架"。为解决复杂的学习任务搭建"脚手架"，并不是直接告诉学习者该怎么做，不是直接教一种算法，而是通过丰富的学习任务逐步加以引导。具体的做法有：通过"出声思考"来示证认知策略；提供过程清单、引导性问题与核对清单；采用学业表现约束条件。

7. 多交流，拓视野

"多交流"是指在学习过程中教师要想方设法增加说服、论辩、协商、让步、坚守等活动。课堂学习绝对不是简单地接受和记忆的过程，要采用能够说服人的程序。例如，"主张、证据、推理"的教学模式非常强调在教学中提出主张、证据支持、严密推理、合理反驳等程序，并提供相应的支架工具（图34）。

"拓视野"是指在学习中站得高、看得远。站得高，就是善于利用

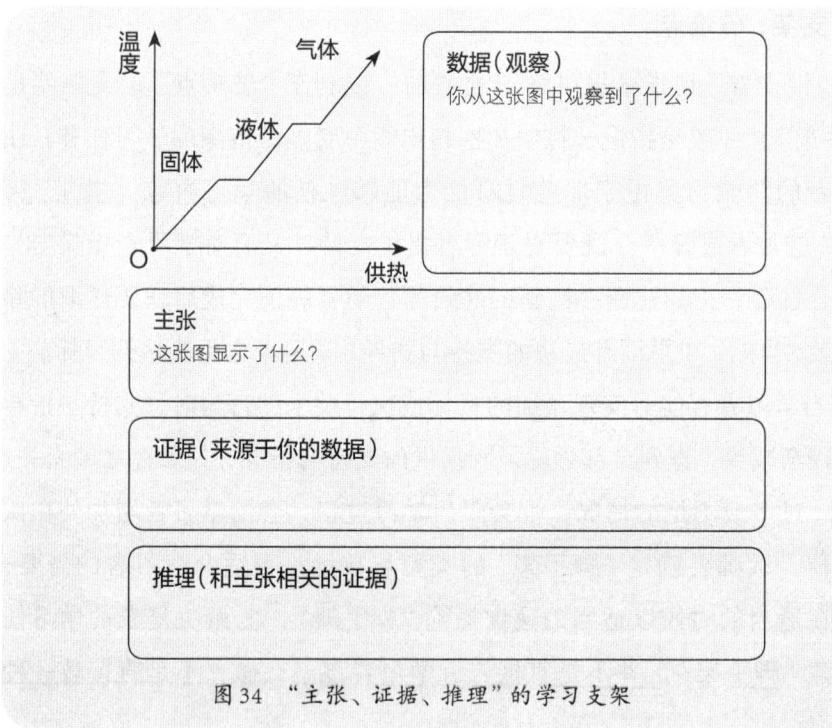

图34 "主张、证据、推理"的学习支架

别人的智慧,三人行必有我师,这是因为站在了别人的肩膀上,所以看得远,有广阔的视野。有学者指出,相比较"被动学习""主动学习"和"建构学习","交互学习"突出了分享与交流,因此彼此之间更有互相欣赏、彼此鼓励和温暖加持的氛围。从学习方式分类学的研究中,我们得到一个启示:参与就是能力,越参与,能力就越强,来自同伴的贡献和为同伴做出贡献,使得学习者的视野宽阔无比。

(三)课堂教学结构:练习阶段

1.尝试练,获体验

在示证新知识之后,教师要提供机会让学习者"尝试练"。尝试练习不是独立练习,最初的尝试练习只是教师的示证样例的一个"翻版",简单的套用而已,即所谓的"执行"。但是在此时,尝试练习已经从知识转换到技能了,或者从"是什么"知识转换到"如何做"知识了。它不是纯粹的案例学习了,而是将逐渐地从"全扶"慢慢走向"全放"。请注意,尝试练的性质本身是介于"全扶"的案例学习任务和"全放"的独立学习任务两者之间的。所以,尝试练习可以不止一次。有研究倾向于每一个重要知识节点的尝试练习应该有三次。

为什么需要有尝试练这一环节呢?它主要不是为了熟练,而是为了心理验证,确认自己是不是真的理解了教师的示证。我们经常讲教学中经历体验的重要性,尝试练习就是一种重要的体验。经过尝试练习,学生经历了体验,体验自己是不是真懂,还有哪些地方有迷惑,哪些地方很顺利。

既然尝试练习不同于独立学习,因此,尝试练习本身是可以在教师的提示或者帮助下,可以在与同伴的讨论或者帮助下。除了学习者可能会对尝试练习无从下手之外,尝试练习也是允许出错的。出错不是什么大的事情，出错本身就可以检验到示证阶段是不是达到了实际的效果。

当然，我们要知道，鉴于练习本身是一种强化，所以，尝试练习如果无端地出错，就是负面的强化。试想一个语文老师教了几个新的词语，而学生在尝试练习中均出错了，那么，错误的定势被强化了，如果要加以清除这一错误的定势，须花费比原来更大的力气。所以，教师一定要把握尝试练习的难度和梯度，这样才能有利于逐渐放手，学习者逐渐从体验到掌握。

2. 即反馈，明差距

"即反馈"是指在尝试练习之后一定要跟随反馈。"即"就是立即、即刻。研究认为，尝试练习是必不可少的。在示证之后，如果没有尝试练习，新知识一定只是表层理解的，难以真正吃透。但更重要的是，在尝试练习之后，假如没有即时反馈，那么，尝试练习就难以起到应有的效果，甚至几乎就等于没有做尝试练习。

反馈可以有多种形式，可以由教师提供反馈，也可以由学习者的同伴提供反馈，还可以由课本或者其他学习资源来提供反馈。反馈主要是一个不断地了解进展、肯定成绩、明确差距和持续改进的过程。

"明差距"是指即时反馈的功能定位。针对尝试练习的反馈属于形成性反馈，这样的反馈只是告知学习者对错与否，或者对错的程度如何，并非起到排队比较的作用。即时反馈要让学习者了解自己的尝试练习离达成教学目标还有多远，在什么地方存在着差距，如何能够尽快消除这些差距。

学习的过程往往不是一条直线，经常会出现像爬山一样的持续发力、不断打气的情况。在以往的评价实践中，教师往往对学习者成功的练习急于给出分数，对错误的练习则发出抱怨或者不满。实际上，更好的做法应该是对成功的练习给予肯定和赞赏,对错误的练习则予以找出原因,重在纠正与提高。

3.有变式,调节奏

"有变式"是检验练习是否有梯度、有层次和有后劲的一个标志。练习如果没有什么变化,那么,练一次是必要的,练两次三次也不为过。但是再无休止地练下去,就属于浪费精力和时间了。练习题,尤其是"尝试练习题",是课堂内在教师的辅导下或者监控下进行练习,也可以在学习者同伴的辅导下或者监控下进行练习,所以,练习题要求有逐步的变化,在概念或者规则的相应方面予以变化,以此来检验学生的理解程度,强化学生的迁移能力。

按照综合学习设计的主张:与现实生活情境中所发生的一样,要训练学习者区分同一学习任务中不同学习维度上的差异。呈现同一学习任务不同的学习维度差异可能被认为是提高学习者迁移能力最常见的方法,事实上也确实有如此效果。通过学习任务维度上的差异来达成变式,可以是这样一些做法:完成任务的条件差异(如文献检索时效限定:一种情况下有截止日期,另一种情况下没有截止日期);呈现任务的方式差异(如文献检索是根据机构团体书面请求还是客户个人请求);定义显著特征的差异(如文献检索必须提供具体的结果还是一个开放的任务);任务的熟悉程度差异(如文献检索任务是不是学习者熟悉的研究领域)。教师还可以向学习者揭示究竟运用了哪一种变式,并且向他们解释为什么使用这种变式,以此强化他们努力做出抽象思考的意识和意愿。

"调节奏"是指按照一定的节律来开展练习。学习科学研究证明有两种重要的学习,一种是间隔留白学习,另一种是穿插交错学习。间隔留白学习是要处理好集中练习与分散练习的关系。集中学习,即一次性或集中一段时间进行学习(一次连续四小时复习)。分散练习,是将大段的学习时间分解为较短的时间段(如每天复习一小时,持续四天)。同样的学习时间,相较于集中一整段学习,如果将其分散开来,在不同的时间段间隔学习,效果会更好。简言之,研究者的共识是间隔学习比集中学习更有效。

穿插交错学习是指要处理好板块练习和交错练习之间的关系。板块练习,是指在进入下一个主题之前只学习一个主题。交错练习,是指将主题混合在一起并交替进行学习。学习科学研究证明:当人在不同的阶段学习不同种类的知识时,会比在单独的板块独立学习知识得到更好的学习效果。一般来说,学生在进行板块练习的过程中会有更好的自我感觉,因为他们觉得自己完全掌握了这个正在学习的知识点。然而在考试中,那些使用穿插交错练习方法的学生能取得更好的成绩。这表明,学生不能让一种自以为了解知识的错觉来决定学习时间安排的方法。

4.赢成功,有成就

"赢成功"是指在练习的过程中,如果教师或者学习者在同等监控与帮助的情况下,可以逐渐增加练习的难度;如果教师或者学习者在逐渐撤除监控与帮助的情况下,可以保持练习的难度不变,这样就可以保证学习者尝试练习的成功度。现在教学理论均强调了"失败是成功之母"和"成功是进步的阶梯"这两者之间必要的张力。失败和纠错本身在学习中都是必要的,但是一定要限制在合理的范围内。成功与骄傲并不会必然成为一体,更可能的实际情况是成功带来更大的成功。

"有成就"是指由于成功带来的成就感作为一种强力的学习动机,会成为学习者后续学习的动力。正是因为有了成功,才带来了成就感。

许多人认为，是学习的分数给了学习的动力。实际上不是分数，而是胜任感、成就感带来了学习的动力。梅里尔在首要教学原理中是这样来说明"成就感"问题的：像图表、动画和其他呈现方式经常被教师用来增强学习者动机，但是这些手段运用不当的话也会造成学习者分心，难以起到长时间维持注意力的作用。实际上，这些手段反而会起到干扰学习的作用。也许，激励学习的最有效手段是学习本身，是学习者能够看到自己在学习中取得了进步。每一个学习者都是乐意学习的。所以，学习最大的动机来自学习成就本身，"有成就"一定应该成为推动学习进步和学习动力的基础。

5.共分享，同展示

与示证时学习者之间、学习者和教师之间需要多做交流一样，在练习阶段，学习者之间、学习者和教师之间也同样需要互相分享。梅里尔在首要教学原理中十分赞成"分享与展示"的必要性：当学习者觉得自己真正掌握了知识技能，即有能力去解决实际生活中的问题或者完成一项实际任务时，那么，他们通常是急切地想向教师、同伴或者亲朋好友展示这些本领。当学习者了解到他们将有机会展示新学到的本领时，出色地表现自己的愿望会明显增强。

"共分享"不仅是分享知识与技能，也是分享情感与意愿。分享要求在练习的进行中和结束时能通过实时交流的方式，进行汇报。这是一种反馈，也是一种碰撞。谁有妙思奇想，谁有迷惑不解；谁有迅捷解法，谁有迂回之术，都可以拿出来交流。现代教学设计理论研究改变了原来智力只存在于主观和客观之间、主体和客体之间的认识，现在的主张是不同的学习者之间通过交流分享会产生新的智力。

"同展示"强调了通过在小组内和班级内展示，可以将练习的成果展示出来。展示就是外显,就是表现。表现性学习的新模式主张"从求知到表现",就是突出了展示和表现的重要性。要做到学以致用,从一定的意义上说,首先要"学以致表"。

6.勤反思,做总结

"勤反思"是指在练习的过程中和练习结束之后均要对自己的练习效果做出反思。"反思"就是学了之后再想一想,有哪些可取之处,有哪些不足之处。马扎诺(R.J.Marzano)在著作《教学的艺术与科学》中指出,学习者至少需要反思三个问题:①学习所得中,哪些是正确的?哪些是错误的?②对自己所学的东西是否有足够的自信?③在学习过程中,哪些地方做得比较好?哪些地方可以做得更好?

"做总结"是用填表或者小结的办法来对自己的学习做出效果评判和策略提升。这样的总结不仅是为学习自我反思提供一个具体切口,也是教师对单元教学效果进行完善的一种帮手。表13是一种单元学习总结表的样式。

表13　单元学习总结表

我这样问自己	我这样总结
本单元学习中,主要学习的知识类型是什么?	
本单元学习中,是否理解教师提出的基本问题?	
本单元学习中,教师对教学任务(内容)的扶放程度是否适合我的情况?	
本单元的学习评估方法与工具是否有效?	
本单元的练习安排是否合适?	
本单元的学习监控与调整策略是否发挥了作用?	
其他我认为需要总结的方面有哪些?	

7.周回顾，月复习

"周回顾""月复习"是人们经过长期的时间总结出来的。每周都要有一定的时间（如一次课）来复习，每个月也要安排相应的时间（如几次课）来复习。每天的课后作业实际上都带有部分复习的性质。学到的东西到了一天之后，如果不予以复习（练习），就会几乎遗忘殆尽。如果能够合理安排复习的机会，就会得到最大的保持或者巩固的效果。

七、结语

专家和新手最重要的差别：新手解决问题靠事实，熟手解决问题靠规则，专家解决问题靠策略。教策略和用策略的前提是知道几种概念和规则，然后根据实际情况，分析、选择、评估、组合乃至创造。

用了这些动词——分析、选择、评估、组合乃至创造，就是"适配"策略。不用这些动词，只是"应用"规则，那就不是适配策略。策略的精要实际上不是有一个什么名称，而是用特定的动词来做事。策略就是选择某一个或者某几个规则来做事。导航告诉你三条路本身是规则，你走哪一条路是策略。

怎么减负增效提质？新课型怎样序列迭代？我们认为：一靠上好概念课；二靠上好规则课；三靠在概念课和规则课中遵循"二八定律"（即概念课中用到的事实或者事实课中的事实只有20%需要记忆，80%只要了解或者知道即可；规则课中的规则只有20%需要安排专门的时间熟练或者自动化，80%的规则只要会用即可），这样就可以节省许多时间用来教更多的概念和规则，这是善用策略的前提；四靠上好策略课，一定要安排专门的策略课或者在概念课和规则课中渗透策略。

参考文献

[1] HOLMES W, BIALIK M, FADEL C.Artificial intelligence in education: promises and implications for teaching and learning[M]. Boston: Center for Curriculum Redesign, 2019.

[2] 盛群力."为学习设计教学"——加涅教学设计观述评[J].外国教育资料,1993(01):15-24.

[3] National Research Council.Education for life and work:developing transferable knowledge and skills in the 21st century[M]. Washington, DC: The National Academies Press, 2012.

[4] STERN J, FERRARO K, DUNCAN K, et al.Learning that transfers: designing curriculum for a changing world[M].Thousand Oaks, CA: Corwin, 2021.

[5] Organisation for Economic Co-operation and Development. The future of education and skills: education 2030[R]. Paris: OECD, 2018.

[6] 盛群力,马兰,褚献华.界定三维教学目标之探讨[J].课程·教材·教法,2010,30(02):31-35.

[7] 盛群力.旨在培养解决问题的高层次能力——马扎诺认知目标分类学详解[J].开放教育研究,2008(02):10-21.

[8] ERTMER P, NEWBY T.专家型学习者:策略、自我调节和反思[J].马兰,盛群力,译.远程教育杂志,2004(01):16-22.

[9] 盛群力,褚献华.布卢姆认知目标分类修订的二维框架[J].课程·教材·教法,2004(09):90-96.

[10] STERNBERG R J, GRIGORENKO E L.Teaching for successful intelligence[M].Thousand Oaks, CA: Corwin, 2007.

［11］STERN J, FERRARO K, MOHNKERN J. Tools for teaching conceptual understanding, secondary: designing lessons and assessments for deep learning［M］. Thousand Oaks, CA: Corwin, 2017.

［12］MCDOWELL M.Teaching for transfer: a guide for designing learning with real-world application［M］. Bloomington: Solution Tree Press, 2021.

［13］何晔,盛群力. 理解的维度之探讨［J］. 开放教育研究, 2006（03）: 28-34.

［14］RAUNER F, HEINEMANN L, MAURER A, et al. Competence development and assessment in TVET (COMET)［M］. Berlin: Springer, 2013.

［15］盛群力. 核心素养落地呼唤"新课型"——兼论教策略越教越聪明［J］. 中国电化教育, 2023（02）: 29-39.

［16］HATTIE J. The applicability of visible learning to higher education［J］. Scholarship of Teaching and Learning in Psychology, 2015（01）:79-91.

［17］伯尼斯·麦卡锡, 丹尼斯·麦卡锡. 自然学习设计: 面向不同学习风格者差异施教［M］. 陈彩红, 庄承婷, 译. 福州: 福建教育出版社, 2012.

［18］M.戴维·梅里尔. 首要教学原理［M］. 盛群力, 钟丽佳, 译. 福州: 福建教育出版社, 2016

［19］MERRIENBOER J J G V, KIRSCHNER P A. Ten steps to complex learning: a systematic approach to four-component Instructional Design(3th.Edition)［M］. London: Routlege, 2018.

[20] 盛群力.单元教学设计探讨:优化课堂教学结构[J].教育导刊,2022(03):5-15.

[21] 戴维·H.乔纳森.首要学习原理[J].盛群力,向佐军,译.当代教育与文化,2015,7(01):3-9.

[22] MAYER R E.Learning and instruction[M].Upper Saddle River, NJ: Prentice-Hall, 2002.

[23] 盛群力,马兰.斯滕伯格论为发展成功智力设计三元教学[J].当代教育与文化,2011,3(01):49-54.

[24] 巴拉克·罗森海因.教学原则:所有教师应了解的循证策略[J].蒋慧,盛群力,译.课程教学研究,2017(07):8-15.

[25] 盛群力,马兰."首要教学原理"新认识[J].远程教育杂志,2005(04):16-20.

[26] 盛群力."通用型课堂教学结构"概要[J].上海教育科研,1993(05):15-17.

[27] 盛群力,褚献华.系统设计教学视野中的课堂教学结构[J].教育科学研究,2004(01):38-40.

[28] 盛群力.五星教学过程初探[J].课程·教材·教法,2009,29(01):35-40.

[29] 潘洪建,盛群力.CER教学:引导学生建构科学解释[J].开放教育研究,2019,25(05):64-72.

[30] 盛群力,丁旭,滕梅芳.参与就是能力——"ICAP学习方式分类学"研究述要与价值分析[J].开放教育研究,2017,23(02):46-54.

第二编 实践应用

第二章

小学单元教学设计模板研究

一、问题提出

(一)审视:教学设计理论应用于教学实践现状分析

1.好高骛远,脱离学校实际

不断发展的教学设计理论为教学实践提供了丰富的思想依据。广大一线教师面对丰富的理论与模式常常不知所措:一方面需要教学设计理论对教学实践的指导,另一方面因为教学设计理论众多难以选择,若只是一味追赶教学改革潮流,脱离学校实际,好高骛远地选择一些并不能真正改善学校教学现状的教学设计理论来盲目应用,只会背离教学需求。

2.生搬硬套,缺少本土转化

因自身知识结构的限制,面对抽象或复杂的国内外教学设计理论,教师不仅难以深入浅出地有效解读,还缺少结合教学实际将先进教学设计理论转化为本土操作的流程和策略。因此,课堂上常出现一些生搬硬套、不成体系的碎片化粗浅应用,导致教学效果事倍功半。

3.望尘莫及,畏惧理论应用

很多先进的教学设计理论是经翻译后引进国内的,无论是语言系统、理论高度,还是其中的案例,对一线小学教师都会有很大的距离感，加上很多时候又缺少教学设计专家的高位引领和具体指导，教师们会因看不懂抽象、繁琐的理论，而畏惧将理论运用于教学实践，认为理论不能有效指导和改善实际教学问题。

因此，如何破解理论与实践疏离的状况，找到理论向实践转化的有效路径，充分发挥理论对实践的指导作用，一直是教师们思考的问题，更是值得研究的课题。

（二）追求：逆向教学设计理论顺应教学变革需求

研究初期，通过对全校教师进行全面教学调研，我们发现教师们（尤其是青年教师）在教学设计与实施中普遍存在"三轻"问题：轻目标统领、轻评估导航、轻活动达标。这与长期以来，一线教师习惯运用正向思维，固守按教学目标、教学活动、教学评估的顺序依次进行教学设计有关。这样的课堂会过多追求教学活动形式的丰富性、趣味性，但对教学目标的达成和教学评估的有效落实重视不够。为破解"三轻"问题，我们需要选择先进的教学设计理论指导教学实践的改进，以科学的思维方式优化教学设计和实施。

由此，美国教学设计专家格兰特·威金斯（Grant Wiggins）和杰伊·麦克泰（Jay Mc Tighe）所著的《理解为先模式——单元教学设计指南（一）》（以下简称《理解为先模式》），进入了我们的研究视野。我们希望通过对其中"逆向教学设计"理论的校本转化应用研究，找到教学设计理论落地教学实践的路径，以改善教学现状，助力教师专业发展，促进学生更有意义的深度学习。

1. 帮助教师形成逆向设计的教学思维

为了改变传统正向设计思维存在的活动导向教学之弊端，教师们学习著作《理解为先模式》，从"目标—活动—评估"的正向设计思维转变为"目标—评估—活动"的逆向设计思维,即在预设具体学习结果的同时从理解性目标出发,先设计具体的评估方案,再设计模块式教学活动,以实现对教学设计的整体规划。我们力求师生在教学过程中先明确学习结果和要求迁移的表现性任务,再通过各种活动将知识运用到真实情境中解决问题。

2. 探索教学评一致的教学操作策略

教学活动是教师教的活动和学生学的活动的有机统一。从教师的视角看,需要一致性地思考"为什么教""教什么""怎样教""教到什么程度"。从学生的视角看,需要一致性地思考"我要学什么""我怎样学、需要什么样的学习资源""我真的学会了吗"。追求教学评一致性体现的是教学设计的思考逻辑,具体表现为目标是核心、评估是导向、活动是载体,三者相互依存,这需要统一规划,整体设计。

3. 寻求教学理论指导实践的有效路径

通过运用"逆向教学设计"理论,我们优化小学学科教学操作模板,探索其运用的实践研究,努力寻求教学设计理论转化为实践的有效路径。在研究积累与梳理的基础上,我们将提炼教学理论与教学实践相结合的一般规律和操作流程,为同行提供可借鉴、可操作,具有普遍意义的路径和经验。

二、研究设计

(一)操作定义

1. 饮马探索

本研究专指综合先进教学设计理论,结合杭州市饮马井巷小学的实际教学改进需求,对教学理论开展校本化理解与操作的实践研究。具体为:探索理解为先的教学设计之路,打造思维课堂,落实新课改;探索教学设计理论本土改造之路,使改造后的教学设计模板成为理论与实践之间的桥梁;探索教师主动应用之路,帮助教师克服理论应用的畏惧心理,优化教学操作,促进教学方式的变革。

2.逆向教学设计模板

该模板原指由威金斯和麦克泰提出的"理解为先模式"(简称"UBD")提供的教学设计模板,即UBD 2.0模板(表1)。它强调有效的课程"以终为始"开展设计,从长期的预期学习结果出发,经历"预期结果—提供证据—学习计划"三阶段设计过程,是避免"覆盖教材内容""活动导向教学"的优秀教学设计框架。

本研究专指,将UBD 2.0模板优化改造成满足本土教学需求、促进理解为先的教学设计通用模板。它是由教材、学情、教学目标、学习评估和教学活动这五个要素构成,历经"定目标—定评估—定活动"三阶段"以终为始"的设计教学方案。它是一线教师开展逆向教学设计的辅助工具,能以教学评一致为目标协调课堂管理、指导学生学习,在科学减负的同时全面提高教学质量。

表1 UBD 2.0模板

	阶段一:预期结果	
课程标准	学习迁移	
	学生能主动将所学运用到…… 学生将获得何种持久的、自主的学习成果?	
	理解意义	
	深入持久理解	核心问题
	学生将会理解…… 教师特别期望学生能理解什么? 学生如何将它们联系在一起?	学生将不断地思考…… 何种引人深思的问题能促进学生质疑问难、理解意义和学习迁移?

续表

阶段一：预期结果	
课程标准	**掌握知能**
	学生该掌握的知识是……　　学生应形成的技能是……
	学生应当掌握并能再现哪些事实和基本概念？　　学生应当会运用哪些具体的技能和程序？

阶段二：提供证据		
目标代码	**评估标准**	**评估证据**
是否所有的预期学习结果都进行了合理评估？	采用何种标准来评估预期学习结果的成就？ 不考虑具体形式，评估中最重要的本质属性是什么？	**真实情境任务** 将用哪种表现说明学生实现了理解？ 在复杂的情境任务中，学生将如何展示自身的理解？（理解意义和迁移学习）
		其他评估 通过其他哪些方式说明学生达成了"阶段一"中的目标？ 教师将收集哪些其他方式说明学生达成了"阶段一"中的目标？

阶段三：学习计划	
目标编码	**前测** 教师将采用何种前测方法来确定学生已有的知识、技能、水平和潜在的误解？
每个学习活动的目标（类型）是什么？	**教学活动** 学生的学习迁移、理解意义和掌握知识技能取决于…… 教学活动是否致力于达成三种类型的目标？（知识技能、意义理解和学习迁移） 教学活动是否体现了学习的基本原则和最佳的教学实践？阶段一和阶段二之间是否始终保持一致？教学活动对学生是否有吸引力和有效果？	**教学监控** 在课堂活动中，教师如何监控学生知识技能、理解意义和学习迁移的进程？ 潜在的薄弱点和误解是什么？ 学生如何获得必要的反馈？

（二）设计理念

1.求本土，有的放矢

本土化是基于教学评一致的逆向教学设计模板优化与应用的关键。运用教学设计理论改革课堂教学，只是简单地拿来用是不够的，也是不行的，必须经过理论寻找与理论改造两个步骤。理论寻找必须以新课改的实际需求为基础，理论改造必须结合新课改的实际条件。这样的理论指导实践，才能实现有的放矢的突破与创新。

2.成范式，有章可循

教学设计理论的校本应用不仅要有改进实际教学的本土理解，更需要固化为可操作的实践样式，作为理论指导教师教学行为的有效载体。因此，学习并改造UBD2.0模板，形成具有校本特色的逆向教学设计模板，是该研究的重点。作为优化学科教学操作的模板，其板块要清晰，指导性要强，才能使一线教师在应用中有章可循、有样可依。

3.寻策略，有所广益

教学设计理论应用于实践，要转化为本土化操作，要寻求教师对理论的认可和理解，并通过研训实践以点带面逐步推进。设计相关主题研训，加强理论理解是研究顺利开展的基础；研发逆向教学设计模板，改革常规教案，改进教学管理是推进研究的关键；完善课堂观察诊断，帮助教师有的放矢地教学调控，优化学科操作是追求研究成效的保障。只有找到可行的教学设计与实施的策略，才能有所广益。

（三）研究目标

1.本土改造学科教学逆向设计操作模板

研究重点：准确把握单元教学内容的学科思维特质；了解、判断学生掌握知识的真实情况；依据教学目标，编制评估内容和评估量规；规划达成目标的教学路径，创设真实的学习情境。本土改造逆向教学设计操作模板，在实践应用中优化小学学科教学操作。

2.提升教师学科教学设计与实施的能力

帮助一线教师正确认识教学设计理论对教学实践的指导作用；学习并借鉴逆向教学设计模板优化小学学科教学操作，改进教学行为，实现知行统一，教学评一致；牢固树立新课程理念通过教学设计研究转化为实践行为的意识，提升各学科教学设计与实施的能力。

3.运用先进的教学设计理论打造思维课堂

运用以追求意义理解、大概念、逆向设计、真实任务情境、合作体验学习等方式优化教学过程为特征的"理解为先教学理论"来规范教学，指导教师改进课堂实践，打造思维课堂，帮助学生理解和运用知识，面对问题情境能正确地选择策略解决问题，发展学生的核心素养。

4.形成教学理论转化为实践的有效路径

基于UBD教学设计理论，探索小学学科教学设计模板优化与实施路径，最终跳出"逆向设计"，选择适恰的多种教学设计理论进行综合创新，找到教学设计理论指导教学实践的一般程序和操作机制。

（四）操作框架

本研究指向本土改造，围绕逆向教学设计操作模板的优化与应用，从优化改造、实践应用、推广普及三个方面展开行动研究（图1）。具体研究路径为：三度升级——"逆向设计"学科教学操作模板的改造；三阶段·三策略——"逆向设计"学科教学操作模板的运用；三全机制——"逆向设计"学科教学操作模板的推广。

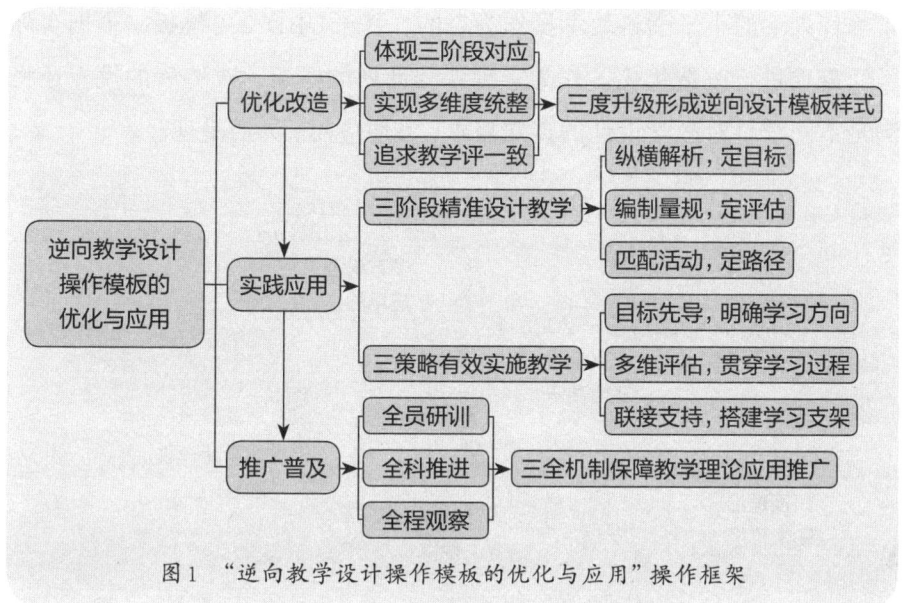

图1 "逆向教学设计操作模板的优化与应用"操作框架

三、实践操作

(一)三度升级——"逆向设计"学科教学操作模板的改造

在学习了《理解为先模式》中的教学设计理论,研究了UBD 2.0版本原有的设计板块分布及内容后,我们发现该理论从国外引进,原著案例所涉及的课程内容与国内的学科教学差异较大,如果一味照搬UBD 2.0模板设计教学,不仅不契合当下小学各学科教学,很难被一线教师认同,而且操作也不够便捷,导致教师应用困难。

从模板改造的科学性、可行性和有效性出发,我们经历了"研读理论,初拟模板—专家会诊,试用调研—多方论证,应用验证"的研究流程(图2),并在体现三阶段对应、实现多维度统整、追求教学评一致这三条原则的基础上,三度升级改造逆向教学设计模板。在学习先进教学设计理论的基础上,我们力求本土理解,创新应用。我们以优化核心素养背景下的小学学科教学操作为目的，基于UBD 2.0模板，根据实际教学需求进行改造优化。作为一种课程计划的框架，改造后的模板还将满足不同学科对教学设计的特殊需求，方便应用，灵活呈现。

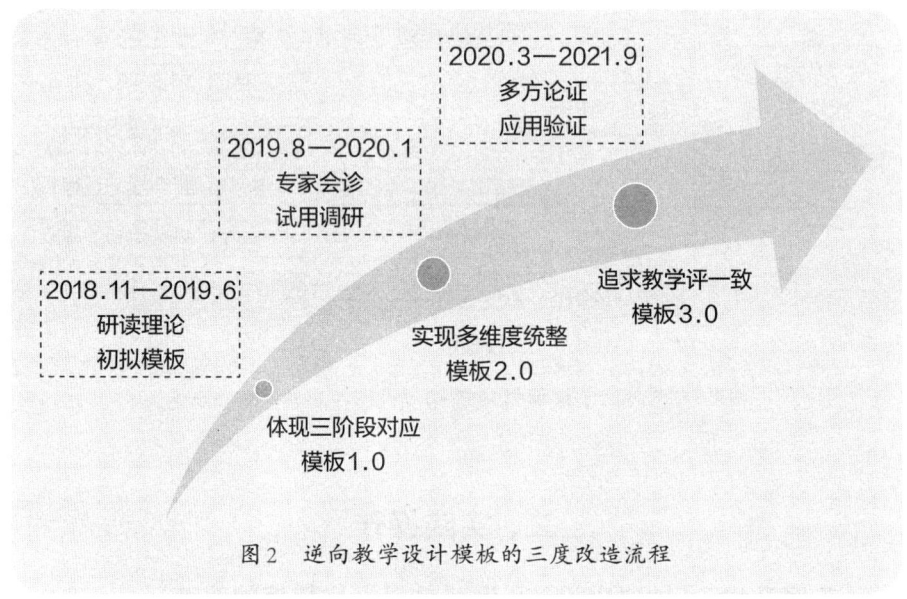

图2　逆向教学设计模板的三度改造流程

1.体现三阶段对应的逆向教学设计模板1.0

（1）模板1.0改造缘由。

①在UBD 2.0试用中，我们发现原模板中经翻译的标题与中文日常表述有差异，一线教师不易理解原模板内容的意思。在说课中，则反映出评估、活动与目标三阶段设计的匹配度不理想。模板的标题表述应更加明确，指导性更强，易于教师的理解和使用。

②UBD 2.0的教学目标编写过于笼统，目标层次不清晰，需进一步优化设计与编写。

③UBD 2.0虽然在阶段三有"前测"栏目，但缺少集导学、助学、评估于一体的任务单，教学设计依然不能完全满足教学实施。

（2）模板1.0改造内容。

①逆向教学设计模板1.0（图3）将原UBD 2.0模板的纵向排列改造为横向排列，使版面呈现三阶段——对应的可视化效果。同时，将三阶段板块标题分别改为"预估学情，定目标""编制检测，定评估""规划活动，定路径"。

②课时目标应用"一般目标＋具体学习结果"的方式，并标注出目标层次分类：理解[U]、了解[K]、应用[D]，以清晰目标层级。

③新增附件板块——学习任务单，集导学、助学、评估三项功能于一体，删除UBD 2.0模板阶段三中的"前测"板块。

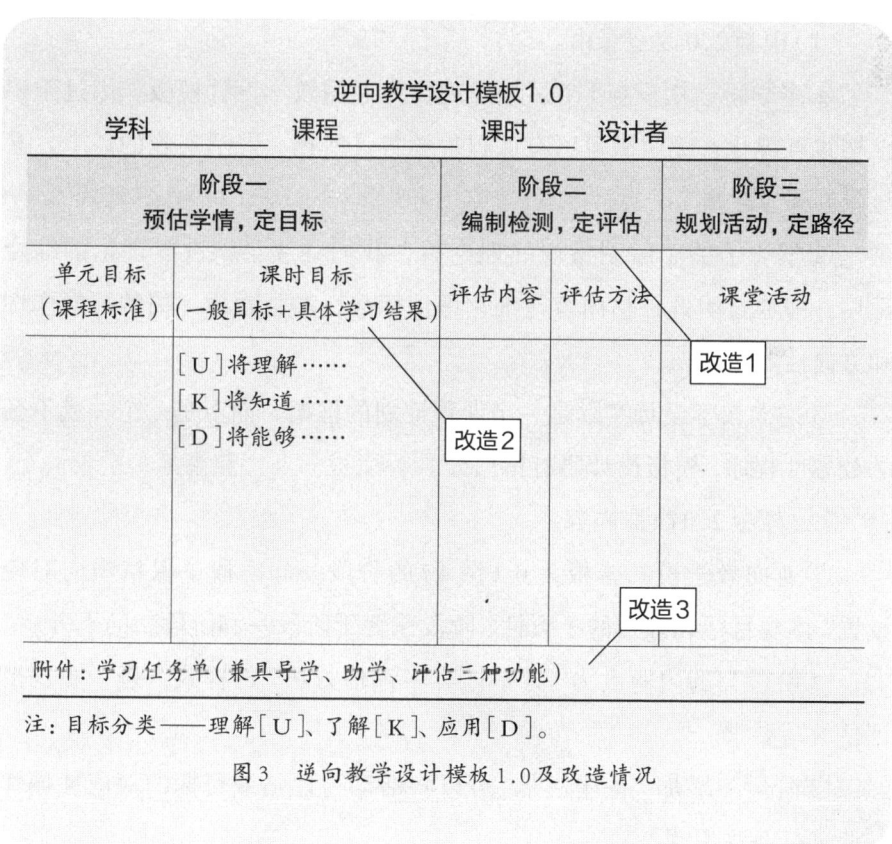

图3　逆向教学设计模板1.0及改造情况

（3）模板1.0改造效果。

逆向教学设计模板1.0中，改造1借助模板格式的可视化导向，帮助教师牢固建立起三阶段对应的意识，更直观地强调了教学设计以终为始、三阶段对应的原则。改造2体现了多种教学设计理论的综合运用、本土创新，为科学编制教学目标提供了具体指导。改造3使教学设计更完整，帮助教师在教学设计中更加精准把握以定向—示证—练习为基本环节的教学程序。1.0模板中各阶段任务指向更明确，指导性更强，方便教师理解与操作。

2.实现多维度统整的逆向教学设计模板2.0

（1）模板2.0改造缘由。

①多学科运用模板1.0后，发现作为通用教学设计模板，因过于追求格式可视化，无法满足所有课程教学各具特色、灵活实施的需求，甚至限制课堂生成。

②学习了关于编制量规的理论后，我们继续尝试教学理论的综合运用，即通过明确评估内容与细化评估标准，增强教学评估的可操作性和方向性。

③逆向教学设计实际是一个课程计划的框架，而不是一个一成不变的处方性程序，模板设计要有留白处。

（2）模板2.0改造内容。

①逆向教学设计模板2.0（图4）的阶段一和阶段二保持横向对应设置，体现目标和评估的一致性，阶段三置于阶段一和阶段二的下方。

②阶段二的内容改为"评估内容＋评估方法"的样式，进一步规范评估编写要求。

③阶段三增加"备注栏"，可以将活动与评估或目标的对应性操作在此进行备注说明。

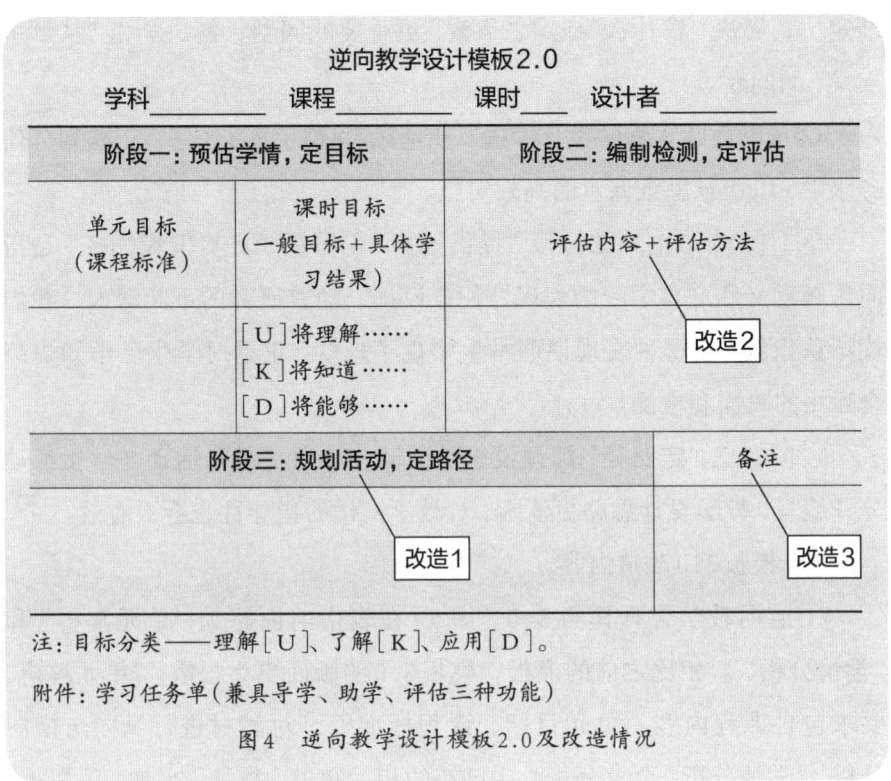

图4 逆向教学设计模板2.0及改造情况

（3）模板2.0改造效果。

逆向教学设计模板2.0中，改造1为教学设计提供了更充分的版面空间。改造2规避了模板1.0中教师们容易混淆评估内容和评估方法，以及评价标准不清晰的问题。改造3中"备注栏"的设置使教学活动的设计灵活可变。模板2.0有利于实现评估内容与方法、学习支架与学习活动等多维度统整，提高了逆向教学设计模板在各学科中推广应用的可行性。

3. 追求教学评一致的逆向教学设计模板3.0

（1）模板3.0改造缘由。

①进一步促进教师立足整体化教学，落实教学内容、教学目标的精

准定位，解决"教什么"比"怎么教"更重要的问题，解决学生"从哪里出发"的问题。

②帮助教师在教学设计中进一步清晰具体的学习任务，正确划分任务水平，以指导思维课堂的高效实施。

③UBD 2.0中第二阶段"提供证据"部分的"真实情境任务"是指向理解意义和迁移学习的表现性任务设计。随着研究的不断深入，我们逐渐认识到"用哪种表现说明学生实现了理解"正是对学生已学知识综合运用的巩固和检测。

④阶段三"定路径"即预设教学活动，如果将教师活动与学生活动分开编写，教学设计思路更清晰，对教学操作的指导性也会更有效。

（2）模板3.0改造内容。

①逆向教学设计模板3.0（图5）在表格前面添加"单元解析"和"学情分析"。相比之前的模板，模板3.0的版面更为松散。"单元解析"要求包含课程内容、单元目标、课程标准等，对教材进行纵向与横向分析。"学情分析"要求分析学生已有的相关知识、技能、兴趣、习惯等，或是陈述其他需补足的信息。

②在阶段一增加"主要任务类型"和"主要任务水平"栏目。说明主要任务类型"是什么/如何做/为什么"，并标注每一项任务水平对应的层次。

③增加了针对表现性任务的量表，要求和"主要任务类型"相匹配，一个任务即一项表现性任务。

④3.0模板将阶段三分为"教师活动""学生活动""设计意图"三部分，其中"设计意图"要求对学习活动中相关学习支架的设计和应用予以说明。

逆向教学设计模板3.0

单元(课时)主题:_____ 学科:_____ 年级:_____ 课时:_____
单元解析:包含课程内容、单元目标、课程标准等,对教材进行纵向(横向)分析。
学情分析:学生已有相关知识、技能、兴趣、习惯等准备,或是还有欠缺需补足等。

(一)定目标

学习目标: ←改造1
[K]学生将会了解……
[U]学生将会理解……   ←改造2
[D]学生将能够……

主要任务类型 是什么/如何做/为什么	主要任务水平 根据任务类型在相对应处打"√"		
	了解[K]	理解[U]	应用[D]

(二)定评估

表现性任务 (表格请根据任务 数量添加) 改造3	任务1:(用一句话概述表现性任务)	
	分值	描述
	4	
	3	
	2	
	1	
	0	
	任务2:(用一句话概述表现性任务)	
	4	
	3	
	2	
	1	
	0	

(三)定路径

教师活动	学生活动	设计意图
	改造4	

附件:学习任务单(兼具导学、助学、评估三种功能)

图5 逆向教学设计模板3.0及改造情况

(3) 模板3.0改造效果。

相对模板1.0和模板2.0,逆向教学设计模板3.0更完整,更有优势。改造1,相对松散的版面增加了教学设计的书写空间,便于用导图等形式呈现单元知识结构。通过纵横分析,教材解析和学情分析显得更加全面。改造2和改造3,使学习任务设计更科学、评估更精准、操作性更强,有助于实现差异教学,便于教师引导学生在课堂学习中自我规划和调整。改造4,使教师怎么教、学生怎么学,以及学习支架的有效设计、扶放有度的操作策略一目了然,促进了教学评的一致性。

(二)三阶段·三策略——"逆向设计"学科教学操作模板的运用

1.三阶段精准设计教学

该研究的核心是本土化解读"理解为先模式",明晰指向优化小学学科教学操作的三阶段逆向设计流程及内涵。与传统教学设计三阶段相比较(图6、图7),逆向教学设计"以终为始"展开,其流程从预期学习结果出发,包含了解(K)、理解(U)、应用(D)三个不同学习能力层次,经历三个阶段,具体为"纵横解析,定目标→编制量规,定评估→规划活动,定路径"。这样的设计流程不仅是将"定评估"前置、"定路径"置后,还存在三阶段轮式循环的关系,三阶段始终彼此照应、依存,整体建构。其中,"定目标"是核心统领,"定评估"为教学活动设计理性导航,而"定路径"又是评估的达标载体。

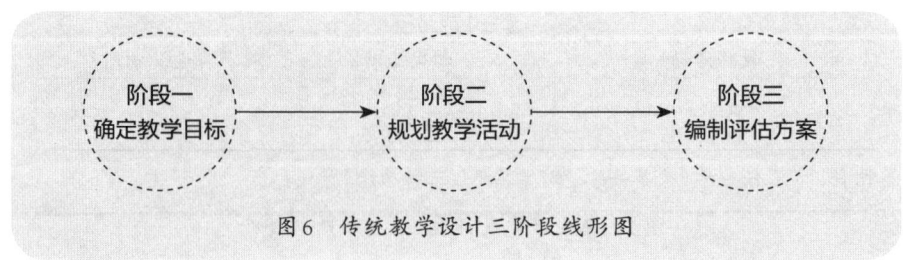

图6 传统教学设计三阶段线形图

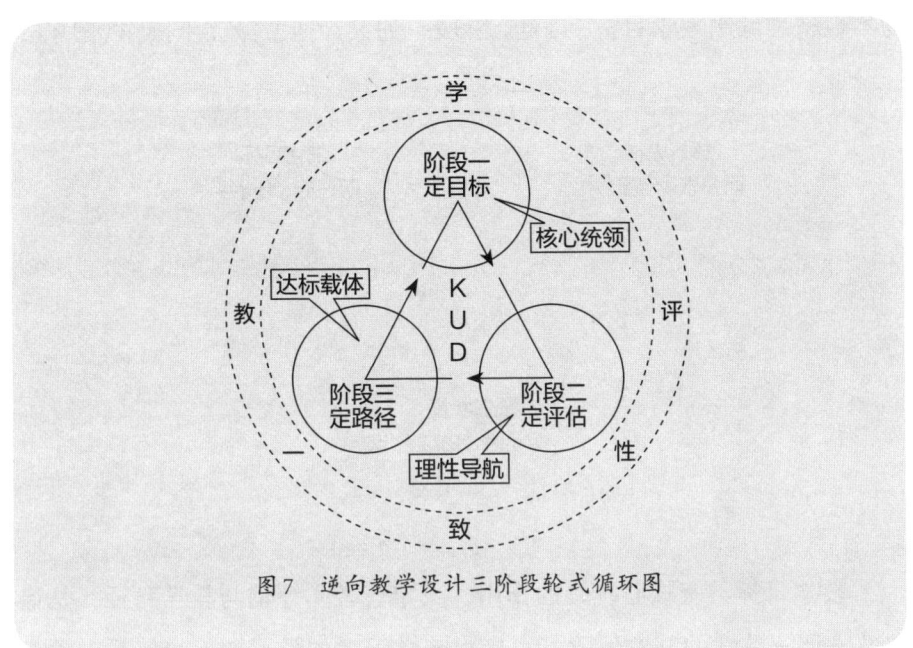

图7 逆向教学设计三阶段轮式循环图

下面以浙教版数学四年级下册《认识方程》为例(见案例1、2、3),具体阐述如何运用逆向教学设计模板分三阶段精准设计教学,完整呈现以教学评一致性为目标的逆向教学设计程序,充分体现"为理解而教、为理解而学"的设计理念。

(1)纵横解析,定目标。

优秀的教学设计首先要提供明确的学习目标,将学习目标通过具体明确的、有意义的学业表现体现出来。定目标是三阶段轮式循环精准设计的第一步,也是明确教、学方向的关键。教师不仅要清楚在单元(课时)学习中学生的应知(学生将知道、记住或者理解)、应会(学生将能应用)、应有(学生将能/具备),还要适时、适恰引导学生清楚将要学什么、如何做、为什么。

可见,精准编制目标,既要深入解读课标、解析教材,还要充分预估学情,这样才能针对单元(课时)内容找准学生学习的真实起点,以生为本地精准编制教学目标。因此,阶段一的设计通常分三步操作(图8)。

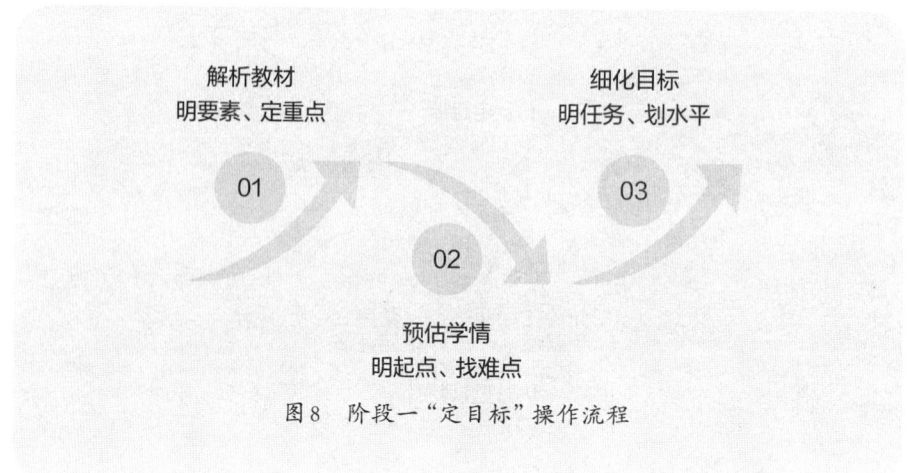

图8 阶段一"定目标"操作流程

教学目标具有核心统领的作用,决定着教学评估与教学路径,是追求教学评一致性的基本保障,直接影响学习者的学习效果。但是,学习是发生在学习者身上的一种相对持久的经验变化,既有内部心理结构的变化,也有外部行为表现。通常,我们很难将内部心理结构的变化通过具体的行为表现形式来呈现。所以,应用教学目标设计内隐与外显相结合的理论来编写教学目标,即"一般教学目标+具体学习结果"的方法,以确保呈现适合教学对象的完整、具体、可观察、可测量的预期学习结果。

【案例1】浙教版小学数学四年级下册《认识方程》逆向教学设计片段(一)

①解析教材,明要素、定重点。

《认识方程》是"代数式与方程"单元中的一课。课标中对于第二学段4—6年级"式与方程"的要求是:在具体情境中能用字母表示数;能结合简单的实际情境,了解等量关系,并能用字母表示;能用方程表示简单情境中的等量关系，了解方程的作用；了解等式的性质，能用等式的性质解简单的方程。

在浙教版教材中，"代数式与方程"单元编排在四年级下册最后一个单元。内容主要包括代数式与代数式求值、方程的认识、等式的基本性质、解方程及列方程解应用问题。学习顺序见图9：

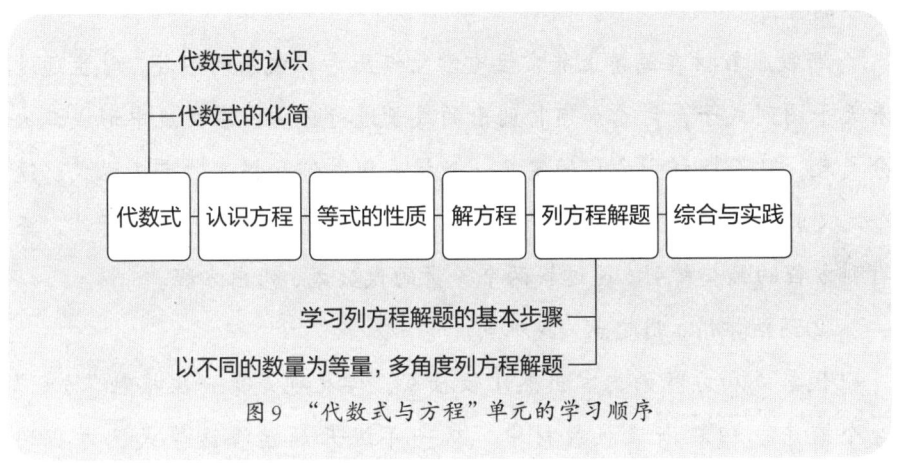

图9 "代数式与方程"单元的学习顺序

单元目标：

a.理解代数式的概念，会根据基本数量关系用代数式表示指定数量，或说明代数式的数量意义，会化简代数式；给定了未知数的值，能求相应代数式的值。

b.理解方程的概念，知道方程与等式之间的关系。

c.结合直观的操作活动，利用归纳推理，发现等式的基本性质。能根据四则运算法则或等式性质解方程。

d.掌握列方程解应用问题的基本过程，能较熟练地找出问题情境中的等量关系，列出方程；对一个问题情境，能从多个角度列出等量关系，进而列出不同的方程，并求解。积累解决问题的经验，体会列方程解题的优越性。

对照教材单元目标和课标要求,我们可以发现两者是高度契合的。在学习《认识方程》这一课前,学生已认识代数式,已会用代数式表示数量。而方程实际上就是找两个等量的代数式建立等式。方程的概念又是后续学习解方程、列方程解题的基础。在小学阶段,一般只要求学生初步理解方程的意义,知道什么是方程,能判断一个式子是否为方程是教学的重点。

浙教版教材在编排上非常注重学生经历方程概念的形成。学生通过看天平图列式子,讨论如何将列出的式子进行分类,在交流中形成二次分类表,从而概括出方程的定义。教材采用举例和描述的定义方式,这个定义的关键词是未知数和等式。练习中,除了方程定义的辨析外,还有列方程的铺垫练习,通过找两个等量的代数式,列出方程。

②预估学情,明起点、找难点。

代数式和方程的内容虽然比较抽象,学生也是第一次接触"方程"这个概念。但在浙教版教材中,从一年级开始就渗透等式、方程的雏形,学生接触过大量的填括号里的未知数($7+6=\square+5$)、图形算式($\bigstar \div 6=5$)等,到了三、四年级,他们开始解决两步、三步图形算式,如$5 \times \bigstar +40=100$,$15 \times \bigstar -7 \times \bigstar =96$。学生在潜移默化的学习过程中对方程的实质已经有了初步感知,大大降低了解方程的难度。

但是学生对于图形算式的经验是在数量关系的理解上,而非从等量关系角度去认识。因此,本节课除了初步了解方程的意义之外,还应该让学生厘清等式与方程的关系,让学生根据直观图,经历利用等量关系来进行方程模型建构的过程,这就是本节课教学的难点。

③细化目标,明任务、划水平(表2)。

表2 《认识方程》教学目标的细化

(一)预期学习结果	
教学目标： [K]学生将会了解…… [U]学生将会理解…… [D]学生将能够……	教学目标： ·经历分类的过程，学生将会了解方程的概念，厘清方程与等式的关系。 ·学生将能根据简单的线段图、情境图列出方程，并能在教师引导下找到等量关系，经历利用等量关系进行方程模型建构的过程。 ·在对式子的分类、整理的学习活动中，学生将能形成观察、描述、分类、抽象、概括及应用等能力

主要任务类型 是什么/如何做/为什么	主要任务水平 根据任务类型在相对应处打"√"		
	了解[K]	理解[U]	应用[D]
知道方程的概念：含有未知数的等式	√	√	
厘清方程与代数式、等式、不等式的区别和联系		√	
会列方程表示简单的数量关系		√	√

（2）编制量规，定评估。

依据阶段一确定的教学目标，编写具体的评估内容和要求，在课标、教学目标和练习检测之间建立起一种内在的联系。同时，阶段二能为阶段三设计有效教学路径提供理性导航，避免活动导向教学的盲目性，保证活动的有效性。

评估标准，以定性和定量相结合的方法编制量规，分层级说明评价标准，指导检测学习者的学习结果。评估标准在帮助教师对评估有准确、具体把握的同时方便课堂呈现，让学生可以清晰对照，了解自己课堂掌握学习的情况，及时发现不足，寻求调整或帮助，促进生成更有效的意义学习。

【案例2】浙教版小学数学四年级下册《认识方程》逆向教学设计片段（二）

《认识方程》逆向教学设计的评估依据见表3。

表3 《认识方程》逆向教学设计的评估依据

（二）编制评估依据		
表现性任务	任务1：知道方程的概念	
	分值	描述
	4	能正确说出方程的定义，能根据方程属性推断不完整的式子是否是方程
	3	能正确说出方程的定义，并会正确判别一个式子是否是方程
	2	能正确说出方程的定义：含有未知数的等式
	1	能说出方程的一个特征，含有未知数或是等式
	0	不会说
	任务2：会列方程表示简单的数量关系	
	分值	描述
	4	能从多个角度列出等量关系，列出不同的方程
	3	能根据直观图得出数量关系，列出方程
	2	能根据直观图找到两个等量的代数式
	1	能用代数式表示数量
	0	不会列

在阶段二的设计中，教师必须像评审员一样认真思考采用怎样的证据，选择怎样的评估办法，以最大限度地证明学生已经获得阶段一规定的知识、技能和理解水平。其中最关键的是，教师要时刻追问阶段二的评估是否能反映阶段一的所有预期学习结果。

（3）规划活动，定路径。

为避免单纯覆盖教材内容和活动导向教学的误区，逆向教学设计阶段三必须始终围绕阶段一确定的教学目标，设计与之相匹配的教学活动，制订教与学的路径，以保证课堂实施的各个教学环节（活动）都能有效对标，并且还要注重伙伴配对活动、小组合作活动等学习支架的有效设计。教学活动作为达标载体，既要有丰富的形式，还要能使多元互动评估成为可能，以促进学习效率的提高。

同时，教学活动既要能够根据预设有序开展，也要根据课堂实时生成的学情灵活开放。所以，在设计操作中教师可以根据预估学情有针对性地设计多种活动预案，以备在课堂中以学调教，灵活变通、适时整合。

【案例3】浙教版小学数学四年级下册《认识方程》逆向教学设计片段（三）

《认识方程》逆向教学设计的预设学习活动见表4。

表4 《认识方程》逆向教学设计的预设学习活动

（三）预设学习活动			
教学环节	教师活动	学生活动	设计意图
借助天平，感知等与不等	·同学们，这是什么？天平有什么用？ ·如果在天平的左右两边这样放（左边放10克和30克，右边放40克），天平会怎么样？你能用一个式子表示出来吗？ ·（出示天平图，左边：5克+草莓，右边20克，向左侧倾斜）表示什么？如果草莓的质量用x克来表示，你能用一个式子来表示天平现在的状态吗？ ·如果老师在右边再加一个呢？（加20克）可能会出现什么情况？用式子可以怎么表示	说一说天平的变化，并用算式进行表征	通过天平直观演示，学生感受"等"与"不等"，并通过反馈和追问，感受等式的意义。这能为下一环节中式子的分类及理解等式和不等式做好准备。从天平到式子，再从式子到天平图，在学生的头脑中利用天平建立左右相等的等式模型，为突破建立方程中等量关系这一难点作铺垫

续表

（三）预设学习活动

教学环节	教师活动	学生活动	设计意图
经历分类，建立概念	**看图列式，交流反馈** · 根据天平的平衡情况，列出式子。 ① $3 \times 4 = 6 \times 2$　② $5+6 > 3 \times 2 + 4$ ③ $2x = 8 + 10$　④ $2x = 16$ ⑤ $7 \times 2 + 8 = y + 8$　⑥ $a + 7 = 9 + 6$ · 学生尝试写式子。 · 全班反馈，教师呈现。 **经历分类，揭示概念** · 观察式子特点，进行自主分类。 · 结合两种标准分类。提出要求：把这两种标准结合起来，既要考虑一个式子是不是含有未知数，又要考虑是不是相等的，想想会出现哪几种情况，最后把分类结果整理成表格。 | 分类 | 含有未知数 | 不含有未知数 | | --- | --- | --- | | 等式 | | | | 不等式 | | | · 概括每类式子的特征。引导学生用两个关键要素去概括	根据天平平衡情况，列出式子，并交流汇报 自主分类 预设1：按左右相等和不相等分类。 预设2：按是否含有未知数分类。 小组讨论思考两个要素都包含的更细化的分类标准 用简洁的语言概括每类式子的特征	方程与等式的关系是本节课的教学难点。教学时，先通过分类整理让学生对等式与方程的关系有一个直观、正确的感知 通过给式子两次分类，帮助学生理解四类式子的内涵，继而经历给每一类式子归纳概括的过程，培养学生抽象概括的能力，这比简单掌握一个数学定义更为重要

续表

	(三)预设学习活动		
教学环节	教师活动	学生活动	设计意图
经历分类，建立概念	·揭示课题。这一类含有未知数的等式就叫作方程。今天我们就来认识方程。刚刚我们说什么叫方程？（黑板上贴概念）为什么其他几类式子不是方程？ ·沟通等式和方程的关系。如何用韦恩图表示等式、不等式、方程这三者的关系，同学们可以怎么表示？通过分类我们可以发现，方程一定是等式，等式不一定是方程。 概念辨析，练习巩固 这两道式子沾了墨水，看不清了，它们是方程吗？ 6x+※＝78　36+※＞51	画一画不等式、等式和方程的关系 判别是不是方程，并进行说理	韦恩图能让学生加以明确，不仅突破了教学难点，还渗透了初步的集合思想 通过判别被沾了墨水的式子，进一步体会两者的关系
借助直观图示，建立方程模型	看图列方程 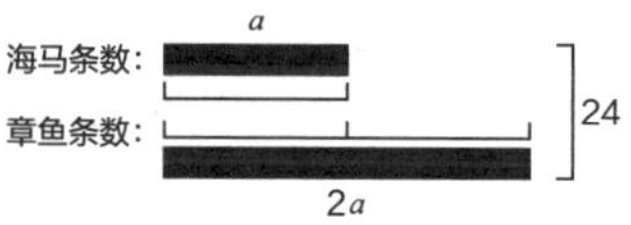 海马条数：　　a 章鱼条数：　　　　　　}24 　　　　　　$2a$ ·让学生尝试列方程。 ·图形中的数量关系式是什么？能不能找到两个相等的代数式？ ·还能找到相等的代数式吗？ ·你能不能像刚才那样，找到两个等量的代数式，列出方程。想一想你最多能列出几道	预设1：以总数为等量 $a+2a=24$ 预设2：以海马条数为等量 $24-2a=a$ $a=24-2a$ 预设3：以章鱼条数为等量 $24-a=2a$ $2a=24-a$	利用直观图像列方程，并通过适当、合理的反馈让学生能初步体会到可以以量的相等来列方程，使他们能更加关注方程的本质属性，从而进一步巩固方程的概念，也为今后学习列方程解题打下基础

续表

	(三)预设学习活动		
教学环节	教师活动	学生活动	设计意图
借助直观图示，建立方程模型	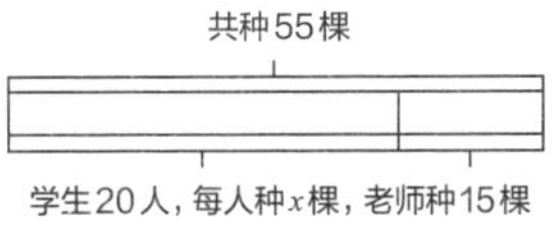 共种55棵 学生20人，每人种x棵，老师种15棵 ·总结一下，我们是怎样来列方程的	尝试从多个角度找到等量关系，列出不同的方程 总结列方程的方法，沟通代数式和方程之间的关系	
总结回顾，小结本课	·今天我们学习了什么？对于方程，你印象最深刻的一点是什么？每人说一点，后面的同学要和前面的同学不一样。教师根据学生的回答呈现文字、图表。 ·了解方程的起源，丰富数学文化	说一说总结和收获	通过回忆和总结，学生梳理方程的本质。把数学史融入课堂教学，让学生了解方程的产生过程，拓宽学生的视野

从案例3可见，教学设计是开展教学活动的蓝图，强调系统有序、整体协调，以培育学习者的学科素养为宗旨。所以在教学设计中，我们必须始终以学生为焦点，将学习位于中央，才能有效实施"以终为始"的三阶段轮式循环逆向教学设计，以保障小学学科教学操作模板优化与运用的切实推进。

2.三策略有效实施教学

为提高逆向教学设计在教学中的实际应用效果，我们深入学习教学理论，提出了三种实施策略（图10），力争将理论转化为可行、高效的课堂本土操作。下面，以统编版语文三年级下册《肥皂泡》为例，具体阐述如何使用三策略有效实施逆向教学设计，追求理解为先的思维课堂，以促进教学变革。

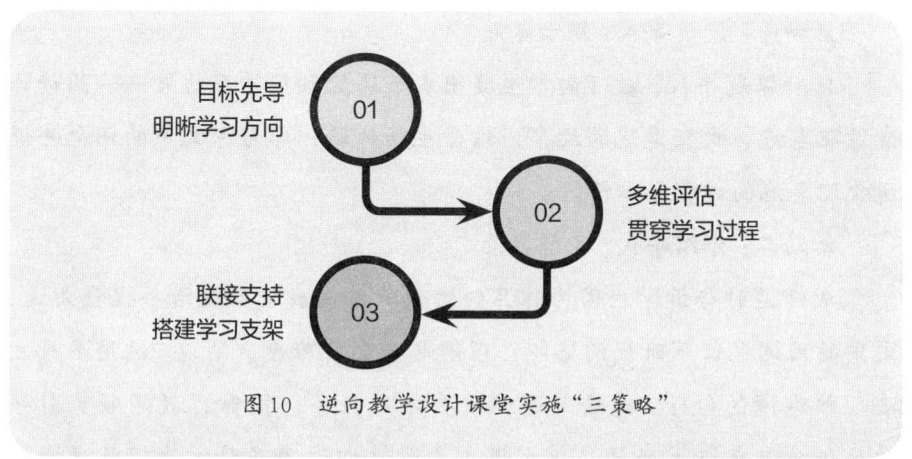

图10　逆向教学设计课堂实施"三策略"

（1）目标先导，明晰学习方向。

参与就是能力，越投入越强大，被动学习则无学习。这说明，在课堂教学中教师首先要让学生知道自己将要学什么、怎么学，学生才能对所学课程做出自主选择、组织与整合，做好新旧知识的联系。学生才可能变被动学习为主动学习，变简单机械记忆为积极主动建构、交互学习，从而激活知识，做出推断，最终达成意义学习的理想状态。

逆向教学设计的课堂能发挥学习目标的导向与激励功能，即目标先导是课堂操作的关键。教师始终要遵循先导性与适恰性相结合的原则，将设计好的学习任务和预期学习结果分解后，在适恰的课堂教学环节中分别以目标问题化的形式呈现给学生，帮助其明白自己将要学什么、怎么学，可以联接哪些旧知来学习新知，确保学有方向。

《肥皂泡》教学活动一、二两个环节的实施，就充分体现了如何适时、适恰地呈现学习目标，以及如何有效链接旧知。两个教学活动（案例4）的落实，使学生在上课伊始就知晓本节课的学习方向，知道要学什么、怎么学，为后面的自主学习、交互学习明确了方向，奠定了基础。

【案例4】《肥皂泡》教学案例片段（一）

活动一：谈话导入，揭示课题

借助课题导入，教师向学生提出本节课的预期学习结果——阅读作者做肥皂泡、吹肥皂泡的故事，结合生活体验，学习课文中的词句并说说吹肥皂泡的过程和心情。

活动二：介绍年代，了解背景

教师适时告诉学生因为作品的时代背景离我们的生活年代较久远，文中的用词也留下时代的烙印，理解起来会有难度，所以"运用多种方法理解难懂的句子"是这节课的重要学习任务。同时，教师顺势引导学生链接三年级上册第二单元语文要素，即运用多种方法理解难懂的词语，通过理解迁移，学生自主发现可以综合运用结合生活经验、联系上下文、向他人请教等方法理解难懂的句子。

当然，实现目标先导的有效操作，还要根据不同学科、不同学习主题、不同年段学生的认知水平差异，运用不同方式，选择不同时机，有的放矢地出示课程目标，这样易于学生接受与理解。同时，教师要密切关注学生的接受情况，适时进行目标问题的分解与调控，以生为本落实目标先导。

（2）多维评估，贯穿学习过程。

"定路径"是"定评估"的达标载体，实施预设的评估方案，需要有机贯穿于课堂学习活动的全过程。当学生明确学习目标后，教师应根据对应的教学评估内容向学生出示分级评估标准。同时，教师在各个教学环节中结合学习活动的开展，有序穿插相应评估。

评估形式包括教师评、学生互评、学生自评。教师可借助学习任务单，再结合相应活动环节，开展多维评估。

【案例5】《肥皂泡》教学案例片段(二)

任务1：我会认，我会读。

该任务指向评估"检查自学，分组认读生词；通过自主归类识字，能正确认读'薄、颤巍巍'等词语"。通过多种形式的认读，学生在任务单上标注达标情况，对学习进度及时开展自我评价。同时，教师根据学生的练习反馈，进行适时调整与指导。

任务2：把吹泡泡的过程按顺序排列，并用自己的话连起来说一说。

这一任务的落实充分体现了逆向教学扶放有度、以教促学的理念。从朗读段落、句子排序，到播放视频、直观感知，再到借助图标、尝试表达。这三个步骤是教师依据三年级学生正处于形象思维到抽象思维的过渡阶段，为学生说好"吹泡泡"的过程铺设了台阶，从抽象的语言到具象的视频，再到抽象的图表，这既是一个扶放有度的过程，也顺应学生思维而搭建了学习支架。

当第一个学生说完吹泡泡的过程时，有学生对其进行评价："他把做肥皂泡的过程基本说清楚了，但是用了很多'然后……然后……然后'，听起来有点啰嗦，如果换成连接词就会说得更清楚。"显然这样的评价来自任务单上的提示——用上表示顺序的词，把吹肥皂泡的过程说清楚。这使学生的课堂学习变得更加自主，能有方向性地及时反省、自助、互助。有了这样的助力，不仅任务单上的内容一一顺利完成，而且也落实了教学中的过程性评估。

课堂评估的一系列过程，不仅要体现教学评估的多维、开放，贯穿学习活动始终，还要通过常规评价和表现性任务的形成性评估，聚焦预期学习结果，以帮助学生借助评估过程来不断自我反思学习进度，同时为教师根据学情调整教学活动提供依据。

(3)联接支持，搭建学习支架。

联接支持是逆向教学实施中沟通教与学的关键策略。教师不仅要根据学生自主探究的需要提供符合认知需求的各种资源，以支持、引导和帮助学生学习，包括任务单、微课、视频、小锦囊等，还要根据课程内容设计核心问题，引导学生建立旧知与新知的联系，搭建学习支架，扶放有度地助力学生经历学习过程。

同时，关注思维发展是逆向教学的课堂导向。教师要从学生思维发展的维度出发，构建学科知识序列，厘清知识点之间的内在逻辑层次，突破学生最近发展区的科学性和必要性，这也是实现有效迁移拓展的关键。针对学生思维活动的层级进行有意识引导，这样才能使学生的思维合乎逻辑，实现迁移。具体操作中，设计好任务的呈现方式是关键，教师要善于创设学习情境，以任务单的形式，依据学习目标设计体现难易层级的练习，借助问题解决，引导学生展开学习过程，鼓励学生自主探索、推测、联想，激发学习、思考的积极性。

【案例6】《肥皂泡》教学案例片段（三）

课堂活动：聚焦第4自然段，理解难懂的句子

①挑战朗读，读好句子；②根据预学，梳理问题；

③现场采访，提出疑问；④观察泡泡，理解词句。

任务3：理解句子的意思
有时吹得太大了，扇得太急了，这脆薄的球，会扯成长圆的形式，颤巍巍的，光影零乱。
· 查字典（图11），这句话中"扯"的意思是（　　）。（填序号）
· 联系上下文，"颤巍巍"的意思是（　　）。（填序号）
①当肥皂泡扯成长圆形，泡泡轻微地颤动，好像一不小心就要破裂似的。②肥皂泡不停地抖动，像老人走路一样很不稳。
· 猜一猜，"光影零乱"的意思是_____。
· 通过理解难懂的词语，我知道这句话的意思是_____。
任务4：演一演吹泡泡，说说自己的心情

扯（*撦）chě 往 ❶拉：～住他不放。❷不拘形式、不拘内容地谈：闲～｜不要把问题～远了。❸撕，撕破：～几尺布｜他把信～了。

图11　字典中"扯"的注解

> 评估：运用多种方法理解文中难懂的句子
> ★：结合吹泡泡活动，联系上下文等，大致理解难懂的句子，并简单表达。
> ★★：结合吹泡泡活动，联系上下文等，理解难懂的句子，并清楚表达。
> ★★★：结合吹泡泡活动，联系上下文等，准确理解难懂的句子，并能展开想象，用自己的话清楚描述吹泡泡的场景和心情。

该课堂活动的实施，指向"评估"的达标载体，与之匹配的是课堂学习任务单上的"任务3"。在该环节的实施中，教师先组织学生读句子，疏通课文；再根据预习，梳理学生认为难懂的词语，如：玲珑娇软、颤巍巍、光影零乱；接着师生在课堂上一起吹泡泡、观察泡泡，并链接三年级上册第二单元学习过的"运用多种方法理解难懂的词语"，综合运用结合生活经验、联系上下文等方法在理解难懂词语的基础上进一步理解难懂的句子。

这一学习过程中，最有效的活动是让学生在课堂上轮换分组吹泡泡，观察泡泡，而教师以采访者的身份，现场采访学生吹泡泡、观泡泡的所见所感。当学生吹着泡泡，看着泡泡在阳光下飞舞时，思维被解锁，表达成了需要，不仅那些在预习中认为难懂的词语迎刃而解了，还能运用课堂积累的词句，以及生活中原有的词语积累，真实表达自己吹泡泡的心情。至此，任务4"演一演吹泡泡，说说自己的心情"也在活动中很自然地得以落实，有效实现了从文本语言的积累到实际生活的运用表达。

当然，在具体操作中，教师的这种支持和帮助应该是动态的，并随着学生能力的提升而逐渐减少。而其中发展水平较好的学生，可成为其他学生学习的"支架"，在交互式学习过程中实现共同成长。

（三）三全机制——"逆向设计"学科教学操作模板的推广

为保障逆向教学设计模板优化与应用的全面推广，我们从管理层面完善三全机制，即全员研训、全科推进、全程观察，找到理论转化为实践的支点，搭建理论通往实践的桥梁，夯实研究效能的评估。

1. 全员研训：寻找理论转化为实践的支点

先进的教学设计理论要落地实践，首先要进行扎实有效的理论学习与消化，以消除教师对理论的生搬硬套或是望尘莫及的困扰。学校教师发展中心与课程管理中心密切合作，将推进该课题研究和教师培训相结合，以"逆向教学设计"为主题组织全员培训。综合线下自主阅读相关教学设计理论书籍、线上学习《掌握教学设计》理论课程、专家驻校引领、同伴互助碰撞、学科融合交流等方式推进课题研究，在理论学习和教学实践的循序并进中，我们找到了教学设计理论转化为教学实践的支点。

（1）从全员阅读开始做研究。

教师不会阅读、没有阅读，就不能真正走进丰富的教学设计理论，只有走进去，对理论有所知、有所惑，继而才能带着自己的理解再走出来，并转化为本土操作。所以，我们提出"从教师阅读开始做研究"的倡议，利用学校工作群，定期布置以阅读教学设计理论为主的自主研训任务，以及各层面的读书交流会，组织教师在核心课题组、教研组分层交流、研讨碰撞，提出疑惑和建议。例如，2019年寒假教师的阅读任务：①自主阅读教学设计理论著作《理解为先模式》；②阅读相关重要杂志文献；③结合教学设计实践，比较解读"理解为先模式"倡导的逆向教学设计，完成不少于1000字的学习心得。

（2）借慕课，全员学习教学设计。

为进一步促进教师们掌握教学设计、改进教学方式、提升教学设计能力，我们充分利用慕课平台上高等院校的专业资源，打破时空限制，规避工学矛盾，使全体教师都有机会聆听教学设计专家的专题辅导，全面了解国内外教学设计与学习科学领域前沿思想的研究现状。我们组织"掌握教学设计网络培训"活动，学员完成相应练习和单元检测，交流分享学习收获。通过培训，教师们不仅对"理解为先""逆向设计"等理论有了更丰富、深刻的理解，还从梅耶（Richard E. Mayer）的意义学习三原理、盛群力的"目标为本"教学设计模式等众多教学理论中得到启示，对教学设计有了更加全面、深刻的认识。教师们对自己的教学设计与课堂实践也有了更加客观、科学的反思与跟进，并且能更加自信地"发声"。

（3）请首席专家驻校，深入引领。

专业引领就其实质而言，是理论对实践的指导，是理论与实践的对话，是理论与实践关系的重建。学校充分利用优质的社会资源，形成强大的"逆向教学设计"专家指导组。浙江大学教育学院教学设计专家盛群力教授既是《理解为先模式》的译者，又是本课题研究首席指导顾问。从课题准备开始，我们就成立"教学设计工作室"指导理论学习。之后，盛教授定期来校作教学设计专题辅导，深入课堂对研究课进行现场诊断、评议与改课，以保证教师教学设计的科学性。有了首席专家的驻校引领，不仅使研究能落地，而且更有深度、有成效。

2. 全科推进：搭建理论转化为实践的桥梁

各教研组组长承担具体引领本学科的应用研究，紧密教研与科研的结合，从点到面，分阶段全科推进"逆向教学设计模板"的改造与运用，搭建理论转化为实践的桥梁。

（1）语文组试用逆向教学设计模板1.0，说课引领。

以课例研究为载体的逆向教学设计模板三度升级改造，由点到面，由单学科向全学科辐射。借思维课堂语文学科说课比赛的契机，语文教研组首先将"逆向设计"理念融入思维课堂说课中，试用逆向教学设计模板优化语文教学设计。以终为始的教学设计，关注理解为先，较好地体现了教学中教师准确搭建思维提升的支架，积极影响学生学习方式的转变，引导学生明晰学习方向，自主构建知识。

在此基础上，语文组还利用校本研修时间向全校教师进行逆向教学设计模板试用课例展示，分享他们在试用逆向教学设计模板优化操作中的实践经验，帮助其他学科的教师更形象、直观地了解逆向教学设计模板优化学科教学的功能和操作方法。例如，一位教师在课例分享中强调了逆向教学设计时要用威金斯提出的六维度锚定教学目标，体现思维层级从低纬度向高纬度的层层递进，关注学生思维提升，使教学设计更科学，课堂操作更趋理性、扎实。

（2）各教研组运用逆向教学设计模板2.0，同课异构。

为进一步验证"逆向设计"理念课堂实施的效果，语文、数学、综合教研组运用逆向教学设计模板2.0开展同课异构活动，就同一教学内容由两位教师分别采用传统三阶段线性教学设计和逆向三阶段轮式教学设计进行教学实践。教研组其他成员则分工跟进，进行课堂观察记录，对比同课异构课堂教学评估指标的变化（表5），分析"逆向设计"理念的课堂实施效果。随后，教师们利用校本研训就"逆向设计"课堂实践的研究思考作分享交流，其中有执教者的课例反思，有教研组长的实践总结，还有科研主任的课题通识再培训。聚焦逆向教学设计这一教研主题，各教研组一步一脚印地开展学习、实践、反思。变革在真实地发生，学生的学习也在课堂上真实地发生。

表5 《轴对称图形》同课异构课堂教学评估对比

评估内容	分层目标	达成率/%	
		逆向设计教学组	传统教学组
能用自己的话说出什么叫轴对称图形	层次1：提到关键特征"对折"	97.14	89.5
	层次2：有关键特征，表述完整	80	66.21

续表

评估内容	分层目标	达成率/%	
		逆向设计教学组	传统教学组
能通过对折操作，来判断一个图形是不是对称图形，并能准确画出图形的一条或多条对称轴	层次1：判断轴对称图形准确率达到80%，并能找出一条对称轴	100	93.5
	层次2：判断轴对称图形准确率达到100%，找到所有的对称轴	71.43	55.43
会根据对称轴的特征，设计一幅轴对称图形	层次1：自己画或剪出一个简单的轴对称图形	100	92
	层次2：在格子图上根据老师给的一半图形，画出另一半	80	70
	层次3：画或剪出一个精美或有创意的轴对称图形	48.5	28.5

（3）融合研修完善逆向教学设计模板3.0，共商样式。

为进一步集众人的智慧升级逆向教学设计模板，我们打破学科界限开展"融合式研修"，从不同学科视角展开互动与碰撞，对逆向教学设计模板3.0样式的最终形成产生更加多元、深入、全面的思考。跨学科的研究氛围，也促进了逆向教学设计研究在各学科的同步推进。为提高研修效率，我们每次利用网络工作群预先发布研究内容和活动方式，预告教师们做好头脑风暴的准备。然后在集中研训时间，三大教研组有分有合地进行头脑风暴，分享每位教师的智慧。我们针对不同年段、不同学科的特点，重点讨论如何改进、升级逆向教学设计模板优化操作，形成科学、合理、易于操作的模板样式。

（4）课程管理中心将3.0模板常态化应用作为标准，改版备课。

学校从管理层面，给予课题研究最大的支持。随着逆向教学设计模板3.0的诞生，学校课程管理中心为助力学科教学操作模板的推广应用，从课程管理层面统一部署,改版各科备课要求,做好期中、期末的教学常规检查,上交逆向教学设计模板3.0格式的教案。同时,课程管理中心以逆向教学三阶段轮式循环设计的标准对教师备课进行检查反馈。经过三年的实践研究与推广,教师们已经能比较熟练地运用"以终为始"的逆向思维设计三阶段教学,并开展课堂实施。这样的教学设计目标明确、评价清晰、环节高效,努力追求教学评一致,已基本形成常态。

3.全程观察:评估理论转化为实践的效能

理论转化为实践,究竟效能如何,这需要借助评估工具,做出量化和质化的评估反馈,才能帮助教师们及时调整和改进。因此,我们通过设计、运用评估量表,全程观察,评估理论转化为实践的效能。

(1)运用逆向设计说课评估量表。

在逆向教学设计模板1.0试用期间,我们就结合青年教师基本功比赛,组织逆向教学设计说课比赛(案例7),同时研制逆向教学说课比赛评分表(表6),评估该课题研究在第一阶段将理论转化为实践的效能。这次说课,语文、数学、综合三大教研组同步跟进,由校内外专家运用逆向教学说课评估量表分别对参赛选手的说课进行打分,以评估逆向教学设计模板运用操作的实践效能。

表6 逆向教学说课比赛评分表

参赛教师序号:_____ 说课课题:_____

评价内容与权重		评价细则	得分
1	说教材(15%)	能说清教材的编写意图、重点和难点。(10分)	
		能提炼出所学内容的思维训练要素。(5分)	
2	说学情(10%)	能说清学生学习这一内容已有的知识基础、生活经验、学习方式与习惯。(5分)	
		能说清学生学习这一内容的元认知思维起点。(5分)	

续表

评价内容与权重	评价细则	得分
3　说教学目标（20%）	从学段目标、单元目标出发，对本课的教学有清晰的定位，能说清楚所学内容的一般目标和具体结果。（10分）	
	对学生思维发展有准确的定位与清晰的表述。（10分）	
4　说教学评估（30%）	评估内容能检测目标的达成，能为教学活动导航。（20分）	
	评估内容与方法能较好体现形成性评价。（10分）	
5　说教学过程（20%）	教学活动设计完整、版块清晰，活动设计能成为教学评估的有效载体。（10分）	
	能说清学法，展开叙述能助推学生思维发展的教学环节，有效体现教学评的一致性。（10分）	
6　说板书设计（5%）	简洁明了，有助于学生厘清学习思路。（5分）	
总分/评委签名		

【案例7】人教版科学五年级下册《做一个钟摆》说课稿片段

《做一个钟摆》是五年级下册"时间与测量"单元的第七课。

在尝试用理解为先模式进行逆向教学设计后，我的教学思路更加清晰了。逆向教学设计是先确定要达到理解的目标，然后考虑用什么办法来证明学生确实掌握和理解了相关的内容，最后，采用多种教学方式来达到目标。学生在学完"时间与测量"单元后应该知道和能应用的内容是：时间可以通过一些有规律运动的装置计量，如太阳钟（日晷）、有

稳定流速的水钟、单摆、靠稳定的电磁波计时的原子钟等。基于以上对教材的解读,结合学情,本节课编制了三个教学目标:

①能够用测量与比较的方法研究摆的摆动快慢规律。[K][U]

②能够通过研究认识到摆长影响摆动快慢,即同一个摆,摆长越长,摆动越慢,摆长越短,摆动越快。[U]

③能够对钟摆不断地调整,做一个60秒摆动60次的摆并能测量出摆长。[D]

明确教学目标后,将编写评估前置到教学活动设计之前,明确学生预期的学习结果。对应本节课的教学目标,设置与之相对应的评估内容:用手掂一掂,能找出摆锤的重心和摆长,通过研究能得出摆长和摆动快慢的关系,最后完成"做一个60秒摆动60次的摆并测量出摆长"的任务。

有了教学目标和评估内容与方法,再选择与之相匹配的教学活动。为了帮助学生知道影响摆快慢的因素,我安排了三次否定、三次猜想的学习活动,学生从"摆绳长度"到"摆锤长度"再到"摆锤重心",通过这三次对原有知识构建的否定和三次猜想,最终层层递进地正确认识到"摆长"的概念。在目标评估时不仅有口头提问、同伴互评和自评,还关注到每个人、人人有分工的小组合作,且还有做一个计时一分钟的钟摆这样的真实情境的问题解决。

(2)运用五维三级课堂观察量表。

为了全面验证逆向教学设计的课堂实施效度,结合学校课程管理中心日常课堂教学调研,我们编制了五维三级课堂观察评估量表(表7),从目标有位、支持有力、活动有效、评估有法、学习有趣五个维度,分完全符合、基本符合、不太符合三级,记录课堂实施情况,评估教学环节的效能,检测课堂质量,帮助上课教师进行课堂反思和改进。

表7 五维三级课堂观察评估量表

执教者		学科		班级		时间		
课题						总评		
评估要求						符合 4~5分	基本符合 2~3分	不符合 0~1分
目标 有位	遵循课程标准，融合育人要求，培养核心素养							
	把握学情起点，目标定位精准，促进思维发展							
支持 有力	指导扶放有度，鼓励自主探索，培养实践能力							
	用好教学资源，借助教育技术，创设应用情境							
活动 有效	活动设计对标，合作探究有效，活动时间充分							
	活动指导到位，利于思维提升，促进学习达标							
评估 有法	评估标准明确，评估主体多元，评估方法适恰							
	教学评能一致，关注学习过程，重视成果展示							
学习 有趣	学习兴趣浓厚，乐于自主探究，拓展实践空间							
	知识掌握扎实，学法习得有效，能力提升明显							

教学亮点与建议：

评估人：

同时，我们借助技术支持，开发云评价系统进行课堂观察记录，生成逆向教学设计课堂观察分析图（图12），以增强思维课堂评估跟进的技术性、科学性和可视性，并通过数据提供的相关信息，针对各学科的适应性做出更为完善的综合分析与跟进研究。

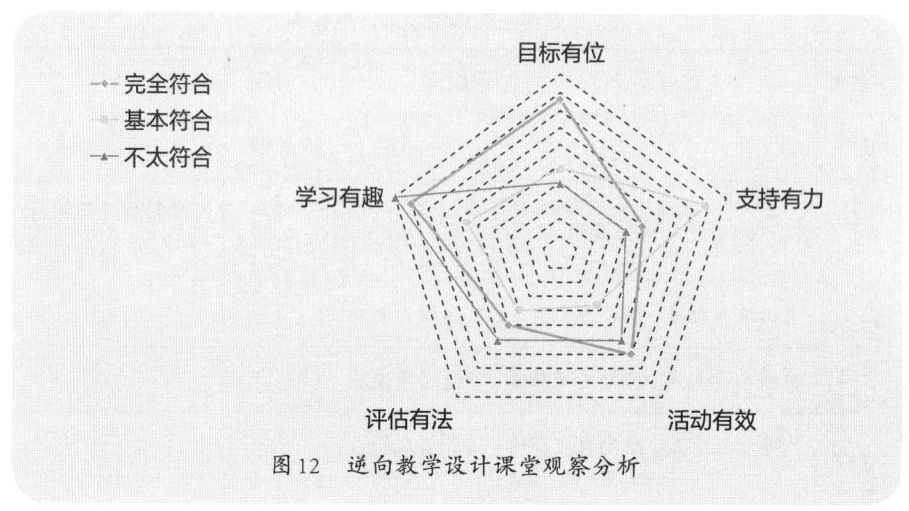

图12 逆向教学设计课堂观察分析

四、研究成效

课题研究三年来，不仅形成了逆向教学设计模板3.0样式，实现了"逆向设计"学科教学优化操作的常态化，还由点到面、由浅至深，从理论学习到教学实践、从骨干教师先行到全体教师跟进、从校内研究到区域推广，打造了集教、研、培于一体的教学设计理论校本化应用创新的研究范式，提高了教师适应教学变革需求的课程研究力，以及教师队伍的专业素养。

（一）构建了理论应用实践的校本样式，提升了学校研究的影响力

教学设计理论校本应用的路径研究是一个系统研究，其亮点是找到可供解决实践困境的方法与策略。我们对若干先进教学设计理论进行有效整合，并通过实践应用验证教学设计理论校本应用的科学性和可行性。可喜的是，通过行动研究，我们不仅完成预期目标，实现了小学学科教学操作模板的优化与运用，还构建了理论应用实践的校本样式，提炼了教学理论转化为校本实践的五步操作法（图13）。最终，我们又跳出

"逆向设计",选择适恰的多种教学设计理论进行综合创新,找到了教学设计理论指导教学实践的一般操作程序,为同行提供了可借鉴、可操作的有效路径。

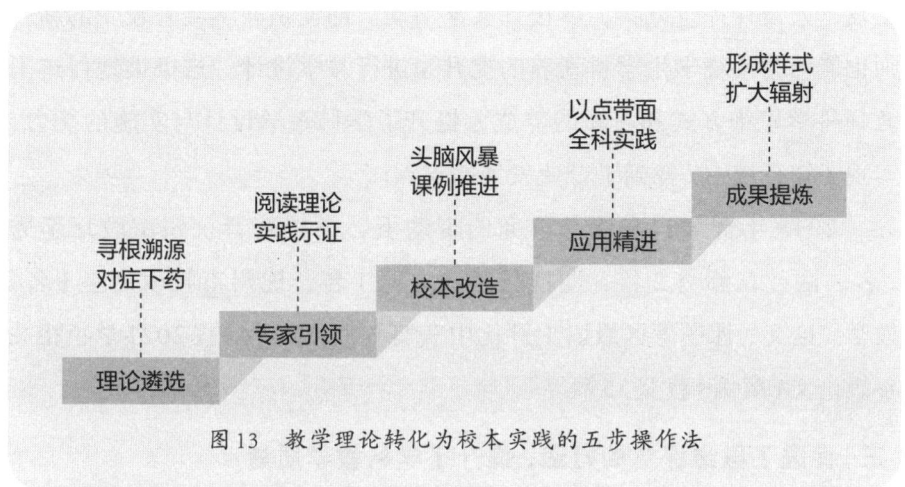

图13 教学理论转化为校本实践的五步操作法

各科教学在逆向设计行动研究的引领下取得可喜的成绩。例如,叶老师的论文《六维理解力指导下的小学语文思维课堂教学设计》获得全国思维课堂优秀论文评比二等奖;何老师借助逆向教学设计模板优化操作完成的《学用结合:统编教材二年级上册"学写留言条"课例研究》被收录于《统编教材教学设计案例》,出版发行。

(二)形成了逆向教学设计模板,提升了教师教学设计与实施能力

通过三年的实践探索与创新应用,最终形成了指向小学学科教学优化操作,具有三阶段轮式循环校本特色的逆向教学设计模板3.0,这为一线教师改进教学提供了物化的课程设计框架,提供了助力有效课堂实施的具体策略。同时,经历多次理论学习和课例研讨后,教师们已认同逆向教学有别于以往以教学活动为切入点的教学设计,一致认同以理解为指向的设计模式重点更鲜明,不易出现课堂场面精彩而实际教学效率低下的情况。教师不仅转变了传统教学思维，还能自觉选择逆向思维开展教学设计优化学科教学操作。教师采用"以终为始"的逆向设计思维，将评价设计前置于活动设计，在预设具体学习结果的同时从理解性目标出发，先设计评价方案，后设计教学活动。即使是教学经验较少的新教师也能努力围绕学生学科素养的提升来进行教学设计。这极大地促进了教师科学思维方式和习惯的养成，提升了学科教学设计与实施的能力，实现了知行统一，找到了专业发展的支点。

2019年至今，在课题研究的带动下，学校新晋杭州市教坛新秀2名、区教坛新秀2名、浙江省教改之星1名、杭州市教改之星1名。教学、论文、课题等区级以上评比中获奖教师占80%，仅2021学年相关各级论文（案例）获奖35篇。

（三）促进了思维课堂的打造，提升了学科教学质量

经历基于"逆向设计"等教学理论的应用转化研究，我们不仅实现了小学学科教学操作模板的优化运行，还在积极推广实践中找到了破解现实教学"三轻"问题的有效路径，促进了思维课堂的打造，全面提升了学校教学质量。

从课堂观察记录发现，课堂教学的每一阶段教师都能以适恰问题让学生明确学习要求和任务，使学生学有方向。同时，学习支架的助力和多维有效评估的支持，高效促进了学生自主参与学习、自我调节学习过程。在基于问题解决的学习过程中，学生更愿意积极探索、推测、联想，唤醒了学习、思考的积极性。课堂不再是教师的讲堂，学生不再是被动地接受，而是能自主地选择并获取知识。

在上城区2021学年第一学期小学生学习状况调查结果的数据反馈中，学校学生状况优秀，五年级学生四科抽测成绩无论是均分，还是合格率、优秀率都远远高于区平均值，其中科学、数学名列前茅。2022年年初全区教学质量分析会上，学校被邀请作典型经验交流。

五、结语

教学设计是一门对教学活动具有极大影响的应用性学科，教学设计的不同认识会对教师的教学活动产生不同的影响。通过研究，我们找到了教学设计理论转化为实践行之有效的操作方向：一是求本土，有的放矢。结合实践，综合运用先进教学设计理论改革课堂教学，满足实际需求。二是成范式，有章可循。物化成易于操作的逆向教学设计模板，使一线教师在操作应用中有样可依。三是寻策略，有所广益。找到理论落地实践的有效路径，在校内外的推广应用中，产生积极的区域辐射效应，为同行提供可借鉴、可操作的一般操作流程，扩大本研究的影响力。显然，构建教学设计理论应用教学实践的校本样式是具有现实意义的研究。

第三章

小学新单元教学设计研究

一、问题提出

(一)价值追求:核心素养落地之愿

1."双减"政策对教育教学改革的新指引

2021年,中共中央办公厅、国务院办公厅印发了《关于进一步减轻义务教育阶段学生作业负担和校外培训负担的意见》。文件指出,要强化课堂及学校是教育主阵地的作用,对教与学的内容、方式进行改革,整体提升学校教育教学质量,确保学生在校内学足学好。"双减"要真正落地取得实效,一定要在课堂下功夫,改革课堂低能高耗的那些过时陈旧的弊端。

2.综合性评价对育人方式转变的新需求

根据《深化新时代教育评价改革总体方案》《义务教育质量评价指南》《浙江省教育厅关于小学生综合评价改革的指导意见》等文件的精神要求,要建立面向全体学生、体现素养导向、强化过程体验、促进主动学习的小学生综合评价制度,助推学校转变育人方式。其中,课堂教学的转型是育人方式转变的重要举措与关键路径,同时在课堂教学中应着力实现教学评一致。在具体做法上,可以减少闭卷考试,减少记忆背诵的成分,加强理解,突出迁移,聚焦表现性评估。

3.新课程标准对核心素养落地的新期望

2022年,教育部印发《义务教育课程方案和课程标准(2022年版)》,让核心素养落地是本次课程标准修订的重点。课程建设以核心素养为导向,引领教学实践及教学评价从核心素养视角来促进和观察学生的全面发展,是深化教育综合改革、加快推进教育现代化的需要。新的课程标准呼唤新教学和新课型,而单元教学设计真正落地目标为本、素养归依的课堂教学,突出了整体设计(单元)与细节落实(课时)的统一。

(二)追本溯源:单元教学设计之思

当前,核心素养的培育关注知识的生成、发展和应用过程,开展单元教学设计的研究是实现课堂教学转型的重要抓手。单元教学设计打破了知识间的壁垒,既能帮助教师整体把握单元的教学目标、教学内容与教学形式,也方便学习者理解一章或是一个单元中各个知识点之间的内部联系,形成体系更加完整、结构更加坚固的知识体系。

舟山市普陀小学从2017年开始研究单元教学,初步构建了单元教学模式,其中课题《指向统整目标的小学"单元综合学习"设计与实施》获得浙江省三等奖,研究成果还在舟山市2020年教育科学优秀成果推广活动中进行了展示。然而通过调研,我们发现单元教学设计还存在着以下问题。

1.缺乏单元教学设计的整体意识

部分教师只看到了单元教学设计的形式,在每单元的起始设置单元导学课,却未改变整个单元的内容编排和课时设置,在教学过程中仍奉行"课时主义",把教学内容碎片化地当作知识点来教;部分教师对教材解读不到位,未能从整体角度把握不同篇目的地位,未深入剖析同一单元不同篇目之间横向逻辑关联、纵向层级递进,也忽视了不同单元间基于某种共通性而实现"打通式教学"的可能。

2.缺乏促进深度学习的目标导向

单元教学相比单篇或单个知识点的教学，能减少课时量，然而如何更高效地利用这些课时，以达到提高学生学习效能、促进知识迁移的目的，还有待进一步思考和探索。同时在单元教学设计中，需要进一步设计好应用新知、迁移拓展的系列学习活动，以此更好地助力学生深度学习的发生，提升学生高阶思维能力。

3.缺乏教学评一致性的教学设计

在单元教学设计中，评价往往侧重显性的知识评价，如语言知识与技能、计算与解题能力等，而对隐性的能力评价有欠缺，如情感态度、合作能力。同时目前的教学评价强化了评价结果的管理功能，而弱化了其教学功能。我们应当用评价作为杠杆去优化学生的学，将核心素养转换为可观察的外显表现，进而开发相应评价体系，通过嵌入教学的单元评价来实现教学评的一致性。

综上所述，以核心素养为导向的新型的育人方式和培养模式，是新教学的应有之义，而单元教学设计在打通单元的同时，还可以提高教学效率，是当前教育的发展趋势。基于此，我们提出核心素养落地的小学新单元教学设计的研究，希望将本研究作为进一步推进学校课程改革、深化发展的关键环节，以此推动教育发展，成为新课程改革的核心品牌。

二、核心概念界定

单元教学是在学科核心素养的指引下，以一个单元作为教学的基本单位，从整体思考、设计和组织实施的教学。我们的新单元教学是目标、任务、情境、内容、学习方式、评价多种元素的整合，既传承单篇教学的优秀做法,又创新适应新课标理念。

单元教学设计以一个单元为教学整体,根据单元中不同素养与能力的要求,对教学过程中的各个要素进行整体规划。我们的新单元教学设计则是以单元中的核心任务为抓手,对单元的教学内容进行内容重组和流程再造,形成具有明确的主题—核心要素—目标—重难点—核心任务—评价等一个结构化的含多种课型的统筹规划和科学设计。在原单元教学设计的基础上,我们构建新单元目标体系、提炼新单元核心任务、设定新单元教学课型、丰富新单元教学素材、建构新单元教学模式、设计新单元教学评价,确保核心素养真正落实在每一节课中,让教师实现从"教教材"到"育能力"的转换。

三、实践操作

新单元教学以单元主题为依据,更加强调单元核心要素的落实,通过建立单元教学内容的关联,用任务来组织、呈现教学过程,且评价伴随整个单元的教学,从而搭建起具有整体性的单元教学框架。

我们在综合多个范本模板的基础上,构建了适用于目前小学教育的新单元教学框架,如表1所示。

表1 新单元教学框架

单元主题	以所用版本教材的单元主题为依据
单元核心要素	学生在这个单元的学习中必须具备的学科能力,也就是核心素养在学科单元学习中的体现
单元具体目标	在深入研究单元内容、学生情况的基础上,结合目标叙写四要素以及适切的单元学习目标
单元重难点	单元重点:本单元最基本、最核心的教学内容,一般是一门学科所阐述的最重要的原理、规律。 单元难点:本单元学生不易理解或不易掌握的学习"对象"

续表

单元核心任务	根据单元目标和单元内容之间的关系,提炼单元核心任务,贯穿整个单元教学			
课时子任务	课时分目标	教学内容	课时	子任务描述
根据核心任务设置一个或多个子任务	每一个子任务对应要达成的教学分目标	不同的子任务对应的单元学习内容	完成该教学内容需要的课时数	教师为学生完成子任务所组织的课堂实践活动

子任务一:		
课时名称		课型
教学内容		
课时目标		表现性评价
		学生通过完成一些实际的任务,教师引导出学生的真实表现,以此评价学生掌握和运用知识的能力和方法
课时重难点		
教学环节	学习任务设计与学习活动组织	嵌入式评价
预学		教学活动前设计评价标准,将评价自然嵌入学习过程,通过学习过程的展开和学生的自评、互评,实现高质量的、有效的学习
共学		
延学		
板书设计		教学反思

（一）构建新单元目标体系

现代学习科学与教学设计的研究已经明确学科教学中有三类知识：第一类为"是什么"的知识，又称为陈述性知识，包括了事实和概念；第二类为"如何做"的知识，主要是指规则、程序、步骤等，又称为程序性知识；第三类为"为什么"的知识，主要是指原理（过程）、动力和策略。布卢姆教育目标分类的修订版提出了六种学习水平，分别是记忆、理解、应用、分析、评价和创造。在实际教学活动中，我们结合国内教学设计专家的建议，将这六个水平合并为三个水平，分别是了解水平、理解水平和应用水平（图1）。

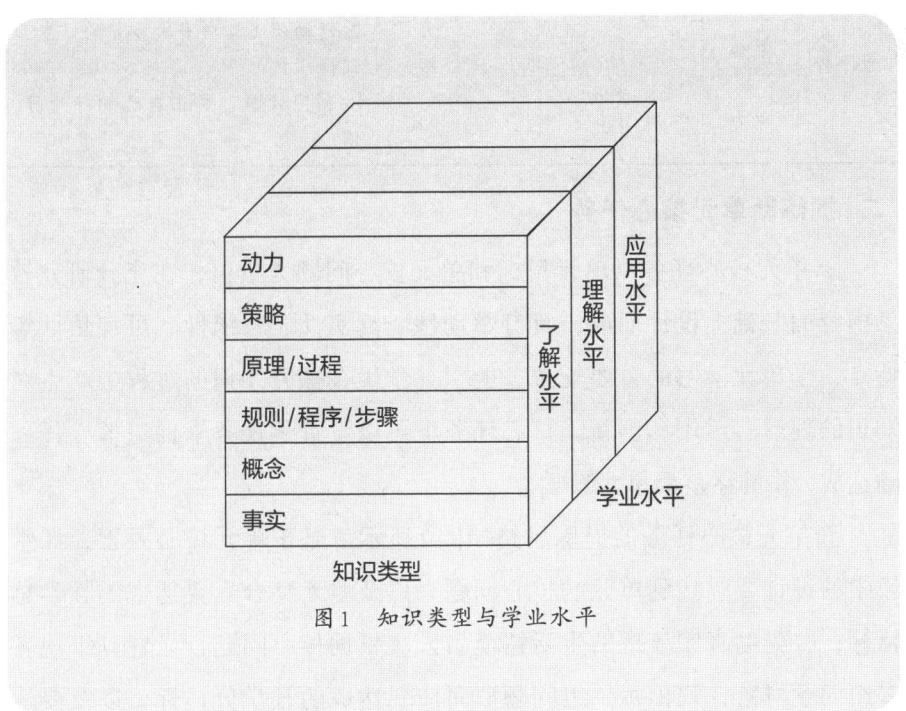

图1　知识类型与学业水平

表2就是依据知识类型与学业水平相结合理论，在统编版语文一年级下册第七单元教学中的具体运用。

表2　统编版语文一年级下册第七单元目标分类及对应水平

知识类型		学业水平				1.能认读59个生字和2个偏旁，会写33个字；掌握半包围结构字的书写笔顺规则。 2.朗读并积累关于学习的名言。 3.能正确、流利地朗读课文，特别是长句子，能分角色读好对话，能读出疑问句和祈使句的语气。 4.知道"通知"的6要素。 5.能联系上下文及生活经验理解"平平安安、后悔"等词语的意思。 6.能分辨形近字。 7.借助长文章中多次重复的信息，读懂课文。 8.利用故事，矫正自己的行为习惯。
		了解	理解	应用		
				基本应用	综合应用	
是什么	事实/概念	1				
如何做	程序/规则/步骤	2	3			
为什么	原理	4	5			
	策略		6	7		
	动力				8	

（二）提炼新单元核心任务

新单元核心任务以单元目标和单元核心问题为指引，在充分研究教学内容的基础上设计而成，具有驱动性、真实性、系统性、可评估性等特点，是单元学习的重要支架，能引导学生在探究知识的过程中产生对知识的理解、运用和创新。核心任务下可以设置子任务来促进核心任务的达成，并贯穿整个单元教学。

新单元核心任务的提炼思路如图2所示。基于单元核心要素，课堂教学的设计要寻找到单元的核心问题，以及单元整合后要达成的教学总目标，并借助真实落地的生活情境引入。根据核心问题，设置一组或者多组问题群落，列出每一组问题群对应要达成的教学分目标，以及要达成分目标所布置的学习活动，问题群之间相互联系并且层层递进，让学生有"登高望远"的成就感。而多个子任务的逐一解决使得核心任务的问题迎刃而解，达成单元主目标。

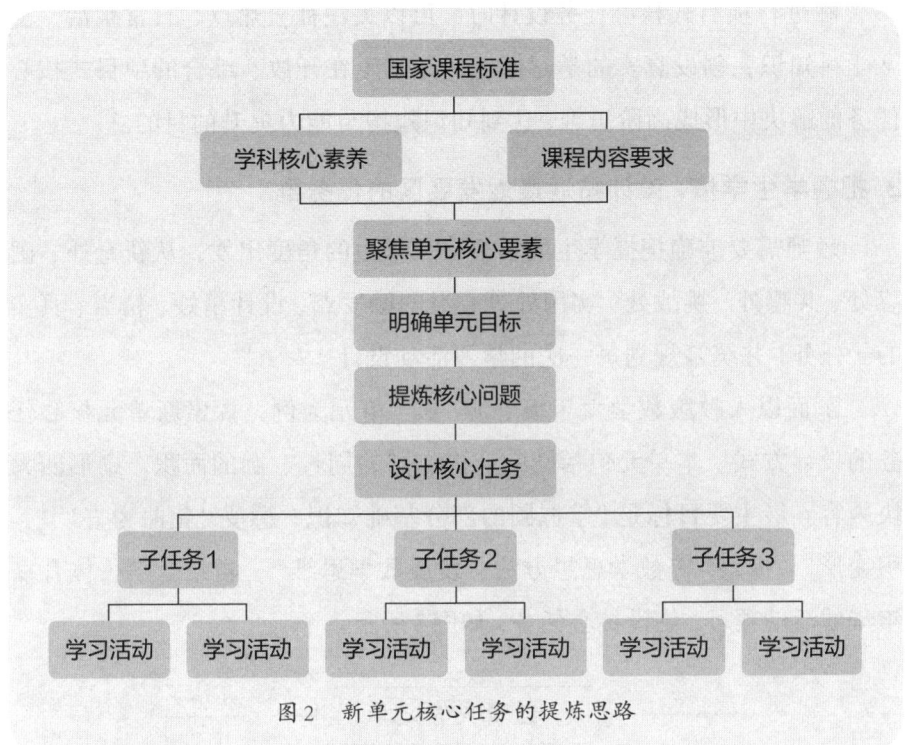

图2　新单元核心任务的提炼思路

新单元核心任务的提炼是否准确直接关系到单元整体学习的效果，核心任务既要符合学生的认知水平、生活经验，又要紧扣新课程标准要求的学习内容，适合学生体验、迁移和应用学习结果。着眼于学科核心素养的培育，经过实践和梳理，我们认为可以从以下三个角度来设计核心任务。

1.整合学习内容，设计基于核心目标的核心问题

在实践操作中，可以依据单元核心目标来设计核心问题及其子问题群，并依据逆向设计的思路优化教学设计，以终为始，通过核心问题的解决，建构学科大概念，深刻理解知识结构体系。

2. 联结真实情境，设计项目导向式的核心任务

在进行项目式核心任务设计时，可以关注社会热点、日常生活、交叉学科知识，创设真实的学习情境，让学生在开放、综合的项目式核心任务的解决中形成高阶思维，达到知识建构与能力提升的目的。

3. 把握学生学情，设计贴近最近发展区的任务群

教师需要准确把握学生的学情，从学生的角度出发，从新奇处、困惑处、共鸣处、挑战处、实用处等心灵的触发点，设计精妙、精当、真实的子任务，并统筹规划每一次的学习活动设计。

下面以人教版数学六年级上册"圆"单元为例，探索新单元核心任务的设计方式。本单元包括圆的认识、圆的周长、圆的面积、扇形四大块内容。最主要目标是"掌握圆的部分基础知识，感受'化曲为直''等积变形''极限'等数学思想方法，发展数学思维"，再结合学校体育嘉年华的活动项目，创设核心任务，如图3所示。

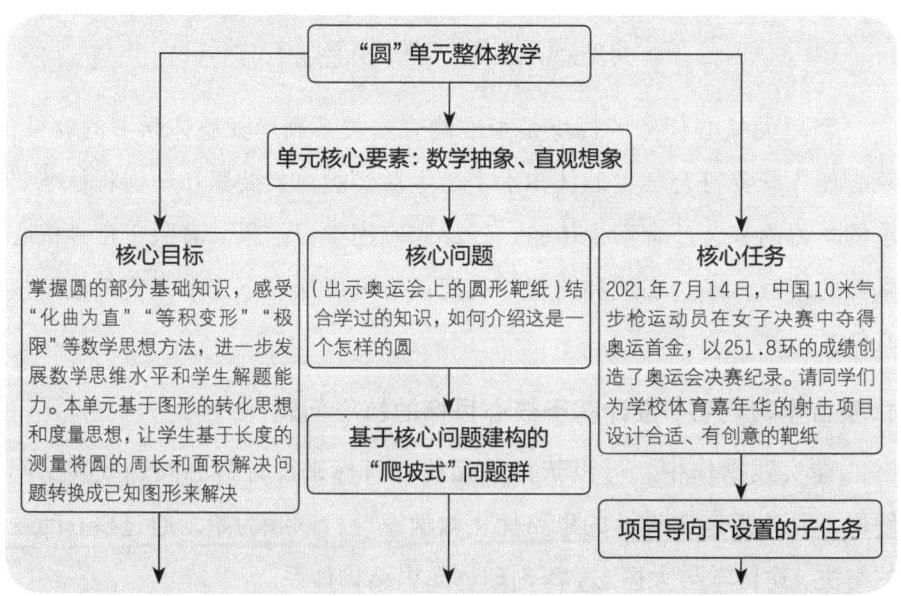

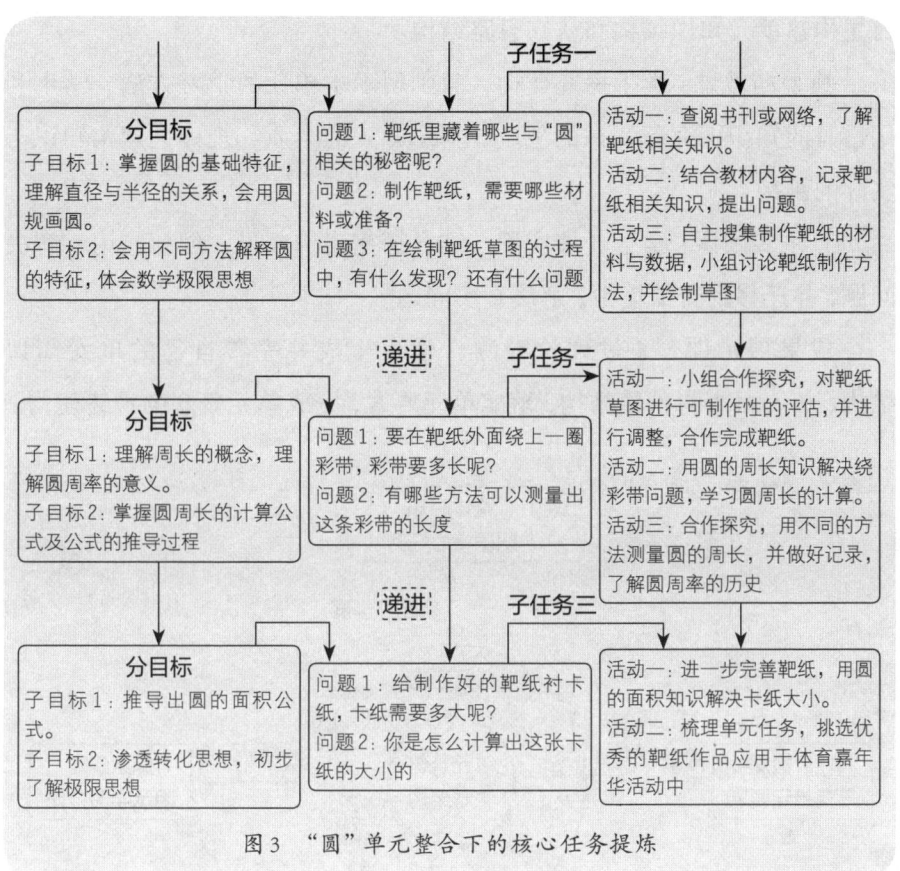

图3 "圆"单元整合下的核心任务提炼

（三）设定新单元教学课型

在整个单元的教学中，根据单元目标和单元核心任务的需要，教师可以对教材单元内容进行选择和排序，包括适当的增删、调换，甚至重新组合，各个课时的内容或任务可以进行边界消融或互相渗透。根据教学实际需求，教师可以设定多种不同的课型，如单元导学课、典型精教课、自主实践课、成果展示课等（图4），同时根据不同的课型设计对应学习内容的教学方法，分别是整体感知、探索建构、迁移应用、评价检测。

单元导学课：学生整体感知，体会学科大概念，明确单元核心任务，自主构建单元知识结构和认知思路结构。

典型精教课:学生探究建构,教师明示本单元的学习方法,学生利用已有的知识探究新知识的生成,揭示知识的本质、规律,建构知识与实际的链接。

自主实践课:学生迁移应用,结合探究建构成果,创新应用,解决问题,并迁移到新情境中,解决真实问题。

成果展示课:通过评价检测,学生生成并完善自己的单元知识结构、核心概念与价值结构,落实单元要素,完成单元概念的最终建构。

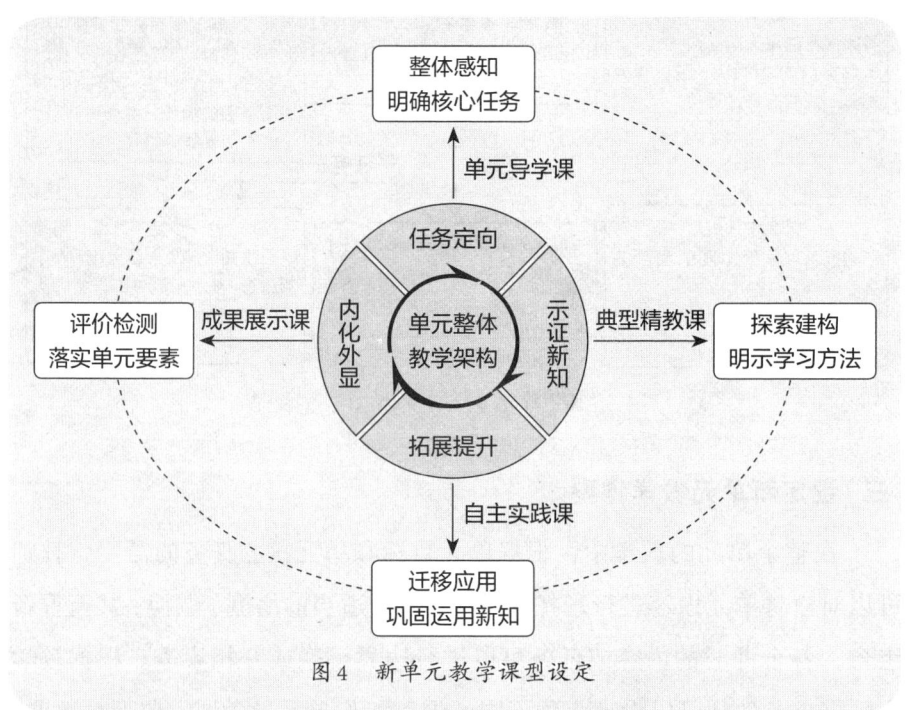

图4 新单元教学课型设定

新单元教学的课型及课时设定应注意以下问题:

1.充分体现学科课程性质

新单元教学要"导学"而非"导读"。以语文学科为例,语文学习是对母语书面形式的学习（识字即能读懂）。但学生读书想有兴趣，需要讲究方法，得学会"连滚带爬"地读书。教师要落实以学生为主体，以学生的自主学习为主。如果设置"导读课"，教师必然就成为"主体"，主要部分是教师的"导读"，而"导学课"则以学生为主体。

2.课型宜少不宜多，宜简不宜繁

课型繁多，不但会加重教师备课的任务负担，不宜操作，而且还不能避免各种课型之间教学内容的叠加、重复。以数学学科为例，只要满足了"新授""练习""复习"的课标要求即可，单元导学课、典型精教课、自主实践课、成果展示课这四类课型就可以达成某一大单元的学习目标。其中单元导学课和成果展示课占据1课时，典型精教课和自主实践课应随着年段和单元内容含量进行灵活变更（表3）。

表3 数学学科的课型与课时设定

课型	单元导学课	典型精教课	自主实践课	成果展示课
课时	1课时	1~6课时	1~2课时	1课时
说明	整体感知	小单元一般1~3课时；大单元一般4~6课时	低段1课时，中高段1~2课时	低段只展示结果，中高段评价检测

新单元教学下的课时划分，是对学习内容进行划分，划分的依据是主题所包含的具体内容及课型设置。每个课型的课时划分不是固定不变的，教师要根据单元目标、核心任务、学习活动来设计调整。

3.避免新单元教学模块化

在新单元教学中，教师要避免模块化，应凸显学生学习的个性化，增强学生学习的思维流量。换句话说，怎样落实学生的学是一切教法的根本立足点，而学生的学法应该是因人而异的，是有个性的。以统编版语文四年级下册第二单元为例，这是一个主题为"自然科技"的策略单元。语文能力训练点为"提出不懂的问题,并试着解决",与四年级上册第二单元(策略单元)"提出不懂的问题"一脉相承,是教材层级性与阶梯式编排特点的体现。从单元需要掌握的核心能力与每课的课后习题来看,策略单元可以按照"单元统整"理念进行设计。但不论进行怎样的教学设计,都逃不开"语文要素"。"语文要素"应该理解为"语文学习要素",既包括语文知识,也包括语文能力,还包括语文学习的方法和习惯。它们被分解成若干知识或能力训练点,由浅入深、由易及难地分布并体现在篇章页、课后习题、语文园地中。为此,教师一共安排了四篇课文《琥珀》《飞向蓝天的恐龙》《纳米技术就在我们身边》《千年梦圆在今朝》。作为科普文,教师在词句赏析上就不需要下大力气,内容的理解以及能力的掌握应该作为学生学习的重点,这样的题材也为"新单元教学"提供了天然的条件。

基于上述考虑,本单元的教学课型设定如图5所示:

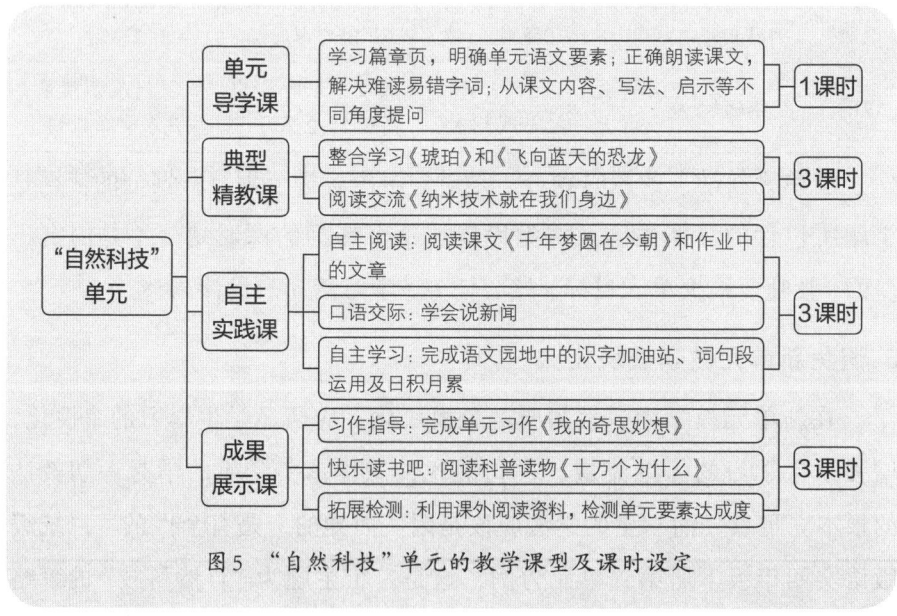

图5 "自然科技"单元的教学课型及课时设定

（四）丰富新单元教学素材

为保证学生探究的高效性、合理性，教师可以根据单元教学需求，对各种学习资源进行有效配置，为学生提供具有实用价值、有利于支持学生自主探究的材料和课程资源，从而引导学生的探究方向。教学的素材来源见图6。

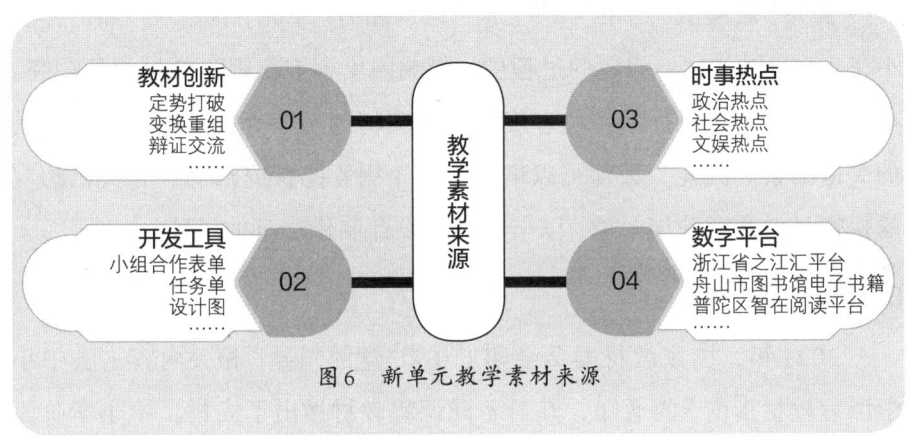

图6 新单元教学素材来源

1.教材创新

新单元教学中的"单元"不仅仅是"教材的单元"，而是对教学要素的选择和应用。教师可以把教学材料进行重新组合与排列，从而创造性地提出问题、分析问题和解决问题。解决教学中的问题时，应打破原来的思维定势，从新的角度、新的观点去观察事物，探索求解新的思路、新的途径，提出与众不同的学习方法，发展学生思维的独创性。

例如，人教版数学四年级下册"运算律"单元，设计"计算刘老师的客厅改造费"为单元的主任务，从运算律的结构角度将单元内容重组，关注运算律的结构特点，关注运算律的意义理解，关注运算律之间的联系和区别，引导并强化学生"猜想（发现）—验证—结论"的学习方式，发展学生的运算能力、推理意识。

2.开发工具

教师可以根据单元的教学需要，提供单元学习框架或学习支架，包括任务单、小组合作表单、设计图等，帮助学生了解学习的任务和目标，让学生通过这些支架一步一步地攀升，逐渐发现和解决学习中的问题，掌握所要学习的知识，提升问题解决的能力。

例如，教科版科学四年级上册"运动和力"单元，在解决"如何控制小车行驶距离"这一问题的过程中，影响因素不应仅限于教材中的探究。小车的重量、接触面的粗糙程度、气球喷嘴的粗细等都是影响小车行驶的关键因素。因此，教师可以增加这三个因素的探究活动，并提供相应的探究材料和实验记录单，以丰富学生设计制作小车的经验。

3.时事热点

2021年，国家教材委员会印发了《"党的领导"相关内容进大中小学课程教材指南》的通知，其对不同课程教材做出了安排。中小学阶段以道德与法治（思想政治）、语文、历史三科为主，艺术有重点地纳入，其他学科教材有机渗透。所以，在不同的单元课型中教师可以有机融入当今一些时事政治或热点，以此激发学生的爱国情怀，并调动学生的积极性。

例如，统编版语文四年级上册《蝙蝠和雷达》一课的讲授中，教师通过主情境神舟十五号载人飞船的成功升空，激发学生的好奇心和兴趣，并在此过程中渗透科学态度的培养和创新。这一单元是阅读策略单元，因此教师还可以在最后的成果展示课上，借助中国航天类时事热点来检测学生的单元要素达成度。

4.数字平台

数字平台可以更好地满足数字化教学的需求，提高教学效率和质量、转变教学模式。通过数字平台，教师可以更方便地创建和管理教学资源、开展在线互动教学、进行成绩管理和评价。学生则可以在数字化教学平台上获取优质的教学资源、参与在线互动、提交作业和查看成绩，从而提升学习效果。

例如，统编版语文五年级上册"民间故事"单元，要求学生阅读"快乐读书吧"中的指定书目《中国民间故事》《欧洲民间故事精选》《非洲民间故事》这三本书，学生可以借助普陀区的"智在阅读"平台跨校借阅书籍，从而实现资源共享。同时在阅读完成后，学生可以在该平台上进行读后检测，便于了解自己的阅读水平。教师也可以在最后的成果展示课中，借此平台进行学生阅读的评价检测。

（五）建构新单元教学模式

在新单元教学中，如果过度"扶"，就会导致学生探究过浅，思维停留在表面；如果"过度"放，就会导致学生探究过泛，缺少方向，最终也无法解决问题。所以在安排教学活动时，教师应当遵循扶放精准和扶放有度的原则——先扶后放，有扶有放，扶了一定要放手，逐渐培养学生的自主实践能力和思维迁移能力。

基于此，我们建构了扶放有度的新单元教学模式（图7），即通过教师示证、教师辅导、同伴协作和独立表现来实施教学，在整个单元的学习中，认知负荷逐渐从教师转移到学生身上，最后学生能独立运用所学去解决问题，学习真正发生了。在该模式中，"核心问题明确"是导向，"学习方法明示"是路径，"合作学习明效"是保障，"交流评价明了"是结果的呈现，最终目的是促进学生思维的迁移，实现核心素养下的自主探究。

教师示证的关键在于阐释，并不是让教师简单地给学生陈述知识。首先是明确新单元教学的目标，让学生在清楚单元学习方向的同时增强

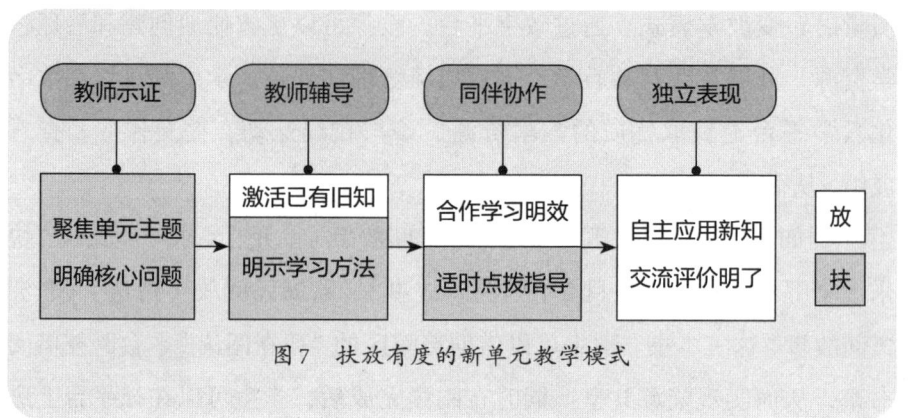

图7 扶放有度的新单元教学模式

他们学习的动机。其次是关注学生表现,从学生表现中既能看出前期教学是否有效,同时也决定了后续应该如何教学。

教师辅导阶段是认知负荷从教师向学生转移的阶段,教师通过提出问题、给出提示、提供线索、直接解释等方式为学生搭建学习的脚手架,学生分小组尝试应用技能或策略。教师要收集学生课堂即时的表现以及作业中体现出来的问题,还可鼓励学生相互打分。

同伴协作阶段是学生在情境中应用之前所学知识,或是积极参与评论旧知的理想时间。教师布置相应的任务,学生在共同交流中深入学习,从而巩固之前所学。可采取的方法包括圆桌讨论、互惠教学、切块拼凑法、文学圈及读书俱乐部、做实验与模拟演示等。

独立表现是给学生独立完成任务的机会,运用他们课上所学的知识和技能来解决问题,并在其中学有所获。形式包括校内的独立表现,如论文撰写、项目方案、研讨会等,以及校外表现,如家庭作业、数字化混合学习等。

扶放有度的新单元教学模式使得教师的教学方法多样化,能有效实现从教师主体到学生主体的转变。按照扶放有度的原则,案例学习任务（全扶）、补全学习任务（半扶半放）和独立学习任务（全放）是三种典型的单元教学任务。其中，案例学习任务主要采用教师讲解示范和实际引导；补全学习任务的教学基本上采用的是合作讨论、练习、质疑、论辩加上辅导和反馈；独立学习任务的教学主要采用独立学习与表现。当然，在每一课时的教学中，都应做到有扶有放、扶放有度，从而使学生的自学能力、思辨能力等得到培养。扶放有度的新单元教学模式的具体运用见表4的案例。

表4　统编版语文五年级上册"民间故事"单元教学案例

核心要素	学习创造性复述		
核心任务	讲民间故事，做中华文化传承人		
教学内容	牛郎织女（一）	牛郎织女（二）	口语交际：讲民间故事
课文定位	学习创造性复述的第一篇精读课文	进一步学习创造性复述民间故事的方法，是承上启下的课例	这是一堂成果展示课，主要考查学生掌握本单元语文核心要素的情况
教学模式	案例学习任务（全扶）	补全学习任务（半扶半放）	独立学习任务（全放）
教学目标	·回顾课文，重温故事主要内容。 ·大胆想象，增加合理情节，试着把自己设想成故事中的人物来复述故事。 ·交流课文及其他民间故事中不可思议的情节	·借助连环画，用变换人物角色和增加合理情节的方法讲故事。 ·学习变换情节的顺序，创造性地讲故事	能运用本单元学到的复述方法，有滋有味地讲述民间故事

续表

教学环节	教师聚焦"牛郎与老牛相依为命"这一情节,指导用第一人称来讲述牛郎的经历,再整合园地中"狼和小羊"片段,引导学生用神态、动作、语言等,使讲述更加生动。运用作业本题目再次实践,从而初步掌握创造性复述的两种方法——变换人物角色和增加合理情节	教师有意识地减少自己的指导作用,充分调动学生的主观能动性,通过同伴导学、同伴互学,加大语言实践力度	教师设置情境——讲民间故事,做中华文化传承人。课前,在海选阶段,各小组填写故事宣讲单,教师选出四组学生进入决赛,并在课堂上呈现。剩余小组作为评委,根据评价标准进行打分,最终评出一组"民间最佳传承人"
教学说明	第一种方法稍加点拨即可,把重心放在第二种方法上,采用全扶方式,多次提供语言实践支架,如借助园地中语言表达范例,借助习题展开想象,多形式表达练习,基本达成本课核心教学目标	半扶半放的教学方法,让学生在实践中习得了创造性复述民间故事的方法	教师完全让学生放开手脚自练、自讲、自评,只在必要时刻作一些提醒,课堂氛围十分热烈。从学生呈现的作品看,学生基本掌握了创造性讲述民间故事的方法,单元核心任务完成度高

(六)设计新单元教学评价

评价一直是学习目标达成和学生学习效果测量的有效手段,在学生核心素养的培育上起着至关重要的作用。教师在教学中不仅要注重评价的有效性,更要让评价与课堂契合,让学生学会评价,并逐渐乐于评价,享受评价。同时,评价应该基于新单元教学的整个实践过程,以激发学生深层次的学习和理解。

我们根据评价主体、评价内容、评价形式、评价工具四个维度构建了新单元教学的评价框架,并将每个一级指标分解成二级指标,以便对评价目标进行细化。评价主体是学生,教师作为支持者参加评价过程;

评价内容的一级指标根据各学科的课程标准来制定；评价形式多样，以过程性评价、成果性评价为主；除了评价量表外，教师借助班级优化大师这个数字化评价平台进行综合性、显性化的实时评价。图8是科学学科的新单元教学评价框架。

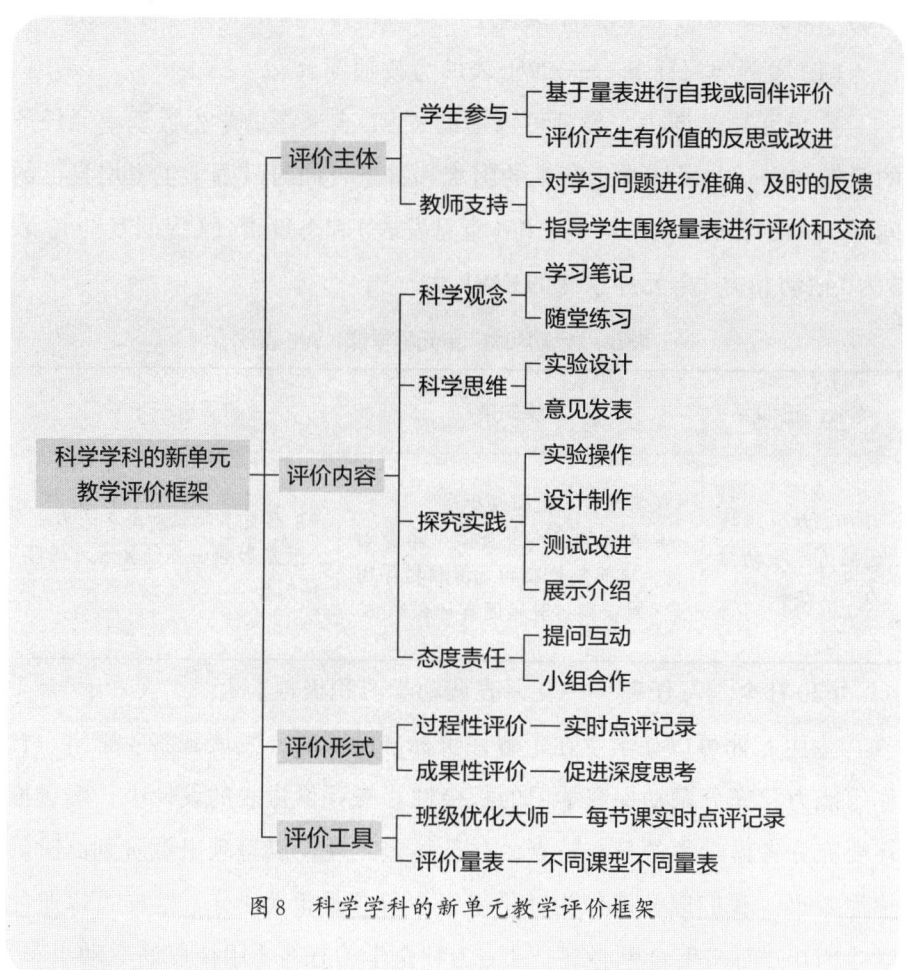

图8 科学学科的新单元教学评价框架

1.过程性评价，促评价全程化

过程性评价是与教学同时进行的共时性评价，无论从评价的价值取向，还是从评价的内容方法上看，过程性评价更加全面，能促进学生把最好的表现保留下来，符合人的多元智能的实际。

在不同的教学环节，有不同的评价内容，教师要根据实际教学过程设计好对应的评价量表。评价量表中的标准将会成为有效支持学生学习的"脚手架"。下面以四年级科学"运动和力"单元为例进行介绍。

（1）案例学习任务——KWL表助力教师评价。

在单元导学课中，教师可以借助KWL表来帮助学生梳理单元任务的已知和未知，暴露学生存在的困难和盲点，同时鼓励学生提出自己的问题，从而评价学生的科学思维（意见发表）和态度责任（提问互动）。表5为"运动和力"单元导学课的KWL表。

表5 "运动和力"单元导学课KWL表

我的已知	我想知道	我打算进一步学习
力：电力、磁铁的磁力、手的推力、拉力等	·还有哪些力能驱动小车？ ·车身重量、车身重心、车身材料、地面或轮胎的光滑粗糙等因素，对小车行驶远近有什么影响	·了解更多能驱动小车的力。 ·探究影响小车行驶远近的各种因素

（2）补全学习任务——互评表调动学习积极性。

生生互评可以让学生在了解评价标准的同时，发展观察、思辨、合作等能力，充分调动探究学习的积极性。在评价量表的设计中，等级描述要充分考虑学生的身心特点，并凸显差异性，以呈现由低阶到高阶的梯度效果。我们以分值作为评价等级，每项最低为1分，这样可以避免学生因0分而产生自卑心理。表6为补全学习任务《用橡皮筋驱动小车》一课的互评表，评价的二级指标与评价框架相对应，同时与单元目标相契合。

表6 《用橡皮筋驱动小车》一课互评表

评价者：_____

这节课，我想评价小组里的_____同学

评价 一级指标	评价 二级指标	分值		
		5分	3分	1分
科学观念	小车运动画图题画得是否正确	□正确	□错误，但是能及时改正	□错误，且没有改正
科学思维	是否参与小组实验设计	□有	—	□没有
	是否在小组里给出建设性意见，或积极举手发言	□有，3次及以上	□有，1~2次	□没有
探究实践	能否正确使用橡皮筋驱动小车	□能，小车能向前进	□能，小车能运动，但方向错误	□不能
	是否及时完成了实验数据的记录	□及时记录	—	□没有及时记录
态度责任	与小组同学的合作情况	□主动合作，合作默契	□能在小组同学推动下完成合作	□无合作

这位同学的总评分是_____分。
组内同学给我打的总评分是_____分。

（3）独立学习任务——自省表提升自我认知。

相互评价是外部评价，而自我评价是内部评价，是认识自我、分析自我、提高自我的过程，有助丁发展学生的反省思维，了解各个阶段自身的优劣，并适时提出下一阶段的计划与目标。学生在实施自我评价时只需要考虑自身发展的实际情况，只与"原来的我"进行对照评价。这个"原来的我"参照补全学习任务的互评记录，这样不仅可以减少不同能力基础的学生对照评价时引起的焦虑，还可以增强学生学习的自信力和成就感。表7是《影响小车行驶的其他因素》一课的自省表。

表7 《影响小车行驶的其他因素》一课自省表

自评者：_____

评价一级指标	评价二级指标	分值		
		5分	3分	1分
科学观念	能否说出本节课探究的小车重量和喷嘴粗细对小车行驶的影响	□能完整说出小车重量和喷嘴粗细对小车行驶的影响	□只能说出其中一个因素对小车行驶的影响	□不能
科学思维	是否积极参与小组实验方案单的填写	□有	—	□没有
	是否在小组里给出建设性意见，或积极举手发言	□有，3次及以上	□有，1~2次	□没有
探究实践	参与实验探究的数量	□两个，小车重量和喷嘴粗细都研究	□一个	□都没有
	是否及时完成了实验数据的记录	□及时记录	—	□没有及时记录
态度责任	与小组同学的合作情况	□主动合作，合作默契	□能在小组同学推动下完成合作	□无合作

这节课，我的总评分是_____分。
上节课，小组同学给我的总评分是_____分。
两次总评分相比较：□进步　　□保持不变　　□退步

2.成果性评价,促评价全面化

学习成果是指在学习结束时产生的作品、产品、报告等,指向驱动性问题,指向核心知识的深度理解。核心知识、成果、成果评价三者的一致性反映了新单元教学中教、学、评的一致性。

(1)多维度编制成果量规。

公开成果往往并不只是指"产品"本身,同时还要求学生能够汇报本小组的探究过程,而这些过程涉及思考分析、改进调试等。因此在编制成果量规时,教师应将任务分解成不同评价维度,包含任务所涉及的知识、技能和态度等,从而形成任务分析,这样学生能直观理解任务的构成要素,并获取比任务本身更多的信息。如表8是参考夏雪梅教授的成果量规开发框架而制定的"运动和力"单元小车模型成果量规。

表8 "运动和力"单元小车模型成果量规

项目	评价维度	低阶	良好	优秀
成果中的核心知识	小车动力	小车无前进动力	小车有前进动力	小车有前进动力,且能控制距离远近
成果的呈现样态	小车设计	方案不合理,设计图过于简单	方案较合理,设计图完整	方案合理,有严谨、详细的设计图
	小车制作	选择的材料不合适,制作工艺差,小车结构不完整	大部分的材料选取合适,制作工艺一般,小车结构较完整	各部件材料合适,小车结构完整,连接合理,车架扎实,车轴稳定,车轮转动灵活
成果表现	小车功能	未达到小车行驶的负重和距离要求	达到小车行驶的负重要求,但没有达到距离要求	达到小车行驶的负重和距离要求

续表

项目	评价维度	低阶	良好	优秀
成果中的能力	团队分工合作	没有分工合作	有简单分工和少量合作	分工合理，团队协作顺畅
	展示讲解	展示不清晰，内容不完整，讲解不流利	对设计和制作过程，展示较完整，讲解较清晰	对设计、制作和改进的过程，展示完整、讲解清晰、思路开阔

（2）多主体运用量规评价。

在成果评价中，学生不是被动地作为被评价者，等待教师用评价量表来衡量自己，而是积极主动地参与评价中，是评价的主要用户。教师主要起到指导者的作用，指导学生学会使用评价量表来评价伙伴的作品，并做出解释，从而促进学生成长为深层次的思考者。

（3）多环节开展成果评价。

充分发挥成果评价的"指挥棒"作用，多环节开展评价。学生参与评价不是到最后的打分环节才参与，而是重在过程中的交流反思，对成果互相发表意见，从而促进学生的认知理解和知识能力的建构。表9是"运动和力"单元小车模型的成果性评价环节。

表9 "运动和力"单元小车模型的成果性评价环节

成果性评价的环节			
展示介绍小车	测试小车功能	同伴相互评价	学生解释打分原因

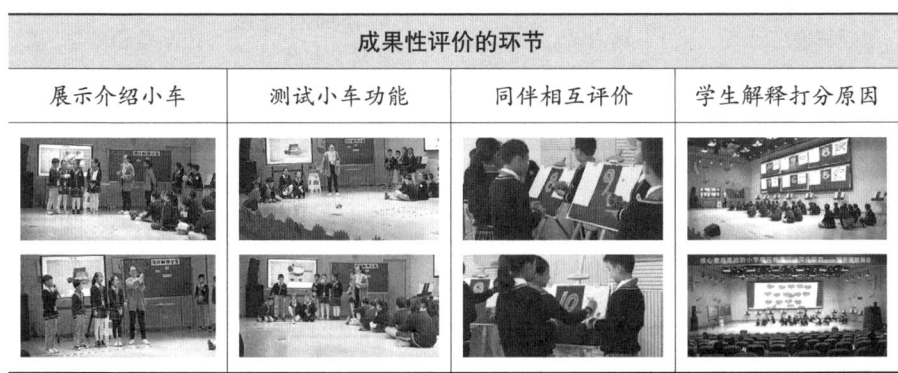

我们通过对评价量表的细化、对评价细则的描述、对评价等级的区分，解决了"怎么评"的问题，让学生在评价时能参照具体的标准。从课前准备，到课堂探究，再到最后的作业展现，我们对学生在课堂上的整个学习过程进行较为全面的评价，同时关注学生对核心概念的理解情况，促使学生在评价过程中也能对概念形成积极思考。

四、研究成效

（一）实现轻负高质，促进学生素养发展

1.重构学习观，激发了学生的学习热情

在课程资源方面，传统单元教学以单一的、有限的教材文本为主，新单元教学则打破教材和课堂的狭隘时空限制，灵活运用丰富、多元、鲜活的课程资源助推学习任务的完成。在学习方式上，传统教学以接受学习和机械训练为主，教师教得被动、学生也学得被动，新单元教学注重真实情境任务，在教学中增加了时代性和生活性较强的内容，并采取自主、合作、探究的教学方式，更贴合学生学习指向，学生兴趣更浓厚。

如在数学五年级上册"多边形的面积"单元中，教师以"为学校打造多边形劳动基地"这个整合性的真实情境为主题，以"划分多边形区域计算面积""设计多边形指示牌计算面积""铺贴多边形地砖计算面积"等成系列、有意义的开放性任务为驱动，学生化身成为设计师、测量师、计算师，不断生成问题、解决问题，感受"将未知知识转化为已知知识去解决新问题"的数学思想方法。在最后的展示和整理课上，学生汇报、互评了不同的基地改造方案，这些方案承载着无数的思考，让学生深刻体会到数学来源于生活、应用于生活，整体性、应用性、真实性深入学生内心。

又如在科学四年级上册"运动和力"单元中，教师以某病毒作为导入情境：一个学生被检测出可疑病毒阳性，暂时被隔离在学校的隔离教室，现在需要将课间餐的小面包送到这位同学的手中，但是又不能有近距离的直接接触，该怎么办呢？通过该真实情境，引出本单元的核心任务——设计制作一辆送餐小车。在本单元的学习中，学生经历了驱动小车—让小车运动更快—调试小车运动距离等子任务，在成果展示课的测试环节中，学生全神贯注，虽然部分小组没有成功完成送餐的任务，但依然会为成功的小组鼓掌加油。

我们以科学和数学两个学科的新单元教学班级为研究对象（实验班），与其他班级（对照班）一同进行调查，针对问题"你是否喜欢这个单元的学习方式？""你完成本单元的最终任务了吗？"进行比较分析（图9）。从调查数据来看，实验班的学生喜欢新单元教学方式的比例高于对照班，并且完成学习任务的学生人数也更多，同时可以发现大多数学生更倾向于合作探究学习。

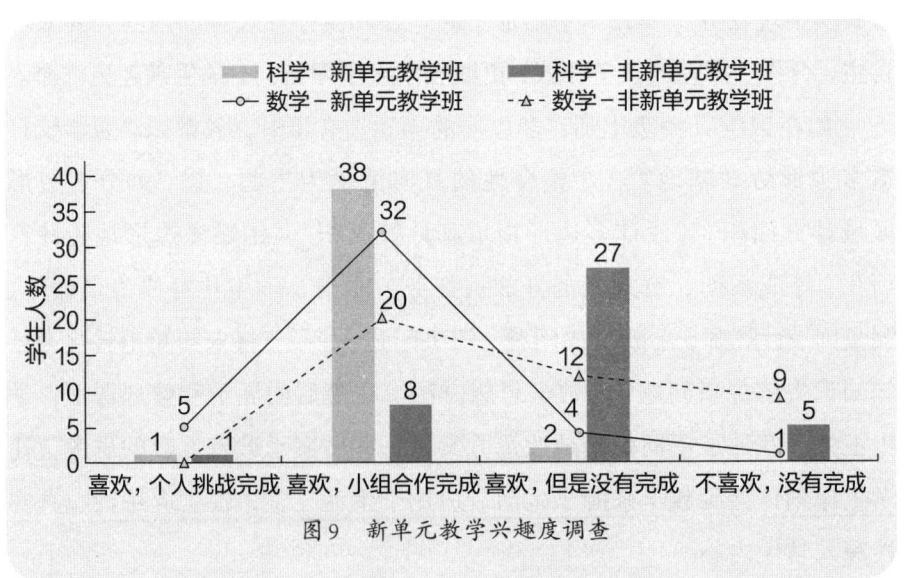

图9 新单元教学兴趣度调查

2.重构思维观,培养了学生的综合能力

在教学形式上,传统教学体现的是"部分—整体"形式,新单元教学体现的是"整体—部分—整体"形式,重视课程内容的结构化统整。新单元教学以任务驱动、情境体验、真实探究、迁移应用为特点,注重学习过程,注重大概念建构整体性、自觉性和创新性,避免知识、思维的碎片化,让真实的学习发生在每位学生身上。

以语文学科为例,我们以五年级的一个新单元教学实验班为研究对象,通过识字与写字、阅读与鉴赏、表达与交流、梳理与探究这四个方面对学生的单元核心知识进行检测,将测试结果转化成分数(1~5分),并通过SPSS进行独立样本t检验,获得统计结果见表10。

表10　五年级语文配对样本统计

项目	数量统计	均值		标准偏差统计
		统计	标准错误	
识字与写字-前测	41	3.15	0.138	0.882
识字与写字-后测	41	4.37	0.097	0.623
阅读与鉴赏-前测	41	3.10	0.125	0.800
阅读与鉴赏-后测	41	4.32	0.101	0.650
表达与交流-前测	41	3.17	0.144	0.919
表达与交流-后测	41	4.46	0.093	0.596
梳理与探究-前测	41	3.10	0.130	0.831
梳理与探究-后测	41	4.34	0.108	0.693
汇总-前测	41	12.51	0.507	3.249
汇总-后测	41	17.49	0.346	2.215

从表10可以得知，四个方面的单元核心知识前测汇总的平均值为12.51，后测的平均值为17.49。两者相差比较多，说明对于本班学生而言，在新单元教学后，语文学科素养能力取得了一定程度的进步。

表11的统计结果表明，识字与写字、阅读与鉴赏、表达与交流、梳理与探究的 t 检验 Sig.值 $P=0.000<0.05$，这说明学生学习前后差异极其显著。新单元教学的开展让学生不断吸收和运用语言文化知识，并主动获取和更新知识储备，主动建构语文知识素材库，从而在学习过程中更全面思考问题，最大限度地开发学生思维。

表11　五年级语文配对独立样本检验

项目		平均值	标准偏差	配对差值标准误差平均值	差值95%置信区间		t	自由度	Sig.（双尾）
					下限	上限			
配对1	识字与写字－前测，识字与写字－后测	−1.220	0.613	0.096	−1.413	−1.026	−12.741	40	0.000
配对2	阅读与鉴赏－前测，阅读与鉴赏－后测	−1.220	0.613	0.096	−1.413	−1.026	−12.741	40	0.000
配对3	表达与交流－前测，表达与交流－后测	−1.293	0.642	0.100	−1.495	−1.090	−12.892	40	0.000
配对4	梳理与探究－前测，梳理与探究－后测	−1.244	0.538	0.084	−1.414	−1.074	−14.815	40	0.000
配对5	汇总－前测，汇总－后测	−4.976	1.904	0.297	−5.577	−4.375	−16.735	40	0.000

我们的研究实现了课堂教学的增效和学生能力的提质。在2022学年普陀区六年级毕业生检测中，语文、数学、英语三科的平均成绩和优秀率大幅超过区教研室规定标准和其他学校，各项教学指标均居全区

前列(图10)。

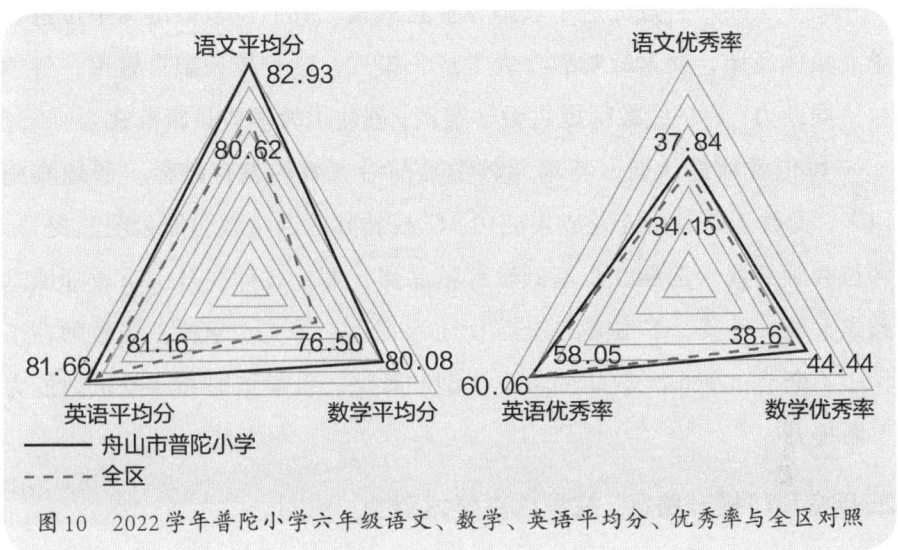

图10 2022学年普陀小学六年级语文、数学、英语平均分、优秀率与全区对照

3.重构评价观,提高了学生的自我效能感

评价在学生核心素养的培育上起着至关重要的作用,对于激发学生的学习动机,提高学生对学习的自我调节和控制的能力,改善学习现状,提高学习效率,都具有十分重要的意义。

在新单元教学中,成果展示课属于必不可少的一环,不仅可以更加突出学生学有所成、学有所获、学有所得的课堂目标,还响应了成果导向这一当今教学改革的基本方向。通过调查访问,我们了解到,学生在过程性的生生互评和自评中对自我能力的了解更深入,在探究中更投入,参与积极性更强,学习的自信逐步提升。

(二)尝新教学样态,促进教师专业成长

1.创建教学成长路径,培养专业师资团队

新单元教学专业性强,在研究之初首先面临的挑战是骨干师资匮乏,我们成立名师工作室以助力新单元教学研究,"鸿鹄引领"落实新单元教学实践,有效促进了教师专业化成长。我们以教研组为单位进行单元集体备课,探索教师教育教学成长模式。学校校长亲自表率,各学科协同助力,为一线教师提供教学案例,创建了教学成长新范式。

每位教师都认同,新单元教学是前沿有效的教育路径。课题实施以来,受益于课题研究及成果应用,学校教师的课堂教学能力明显提升,两位教师的课入选浙江省基础教育精品课,两位教师获舟山市教师课堂教学大赛一等奖,27位教师获区优质课评比一等奖。学校一线教师在工作中不断尝试新单元教学的各类课型和教法,教学策略和课堂执教能力不断提升。

2.拓宽科研提升路径,挖掘内在学术潜力

全体教师积极参与新单元教学的省、市、区各级研究课题,形成了新单元教学的核心理念。在课题研究期间,课题组成员将大量的精力投入新单元教学设计、实施、评价、反思中。在这样不断的探索中,教师有更多的机会且有意识地去总结经验,图11为新单元教学背景下,普陀小学的教师专业成长路径。教师的科研水平得到了提升,催生了教师的内在生长力。

图11 普陀小学教师专业成长路径

两位教龄仅7年的青年教师，作为学校课题组成员，积极学习和实践新单元教学，成长迅速，相关学科论文均获得2022年度市级一等奖，优质课均获市级一等奖，均被评为普陀区教坛新秀、普陀区教育学会先进个人、普陀区教科研先进个人。新单元教学相关的课题均入选了2023年浙江省教育科学规划"小学生综合评价改革专项"第一次和第二次认定性课题成果，每一次都是舟山市的唯一获评项。

（三）变革教学方式，提升学校辐射影响力

1.创新单元教学范式

学校在多年的实践中不断深化和创新新单元教学，不仅重新定义了教学单元，从较为单一的教教材转变为灵活多样的用教材，而且在实践上改变了学科本身内在逻辑的教学范式。

从单元目标体系—单元内容关系—单元核心任务—单元教学架构等方面逐步着手，我们构建了以学生为主、教师为辅的"扶放有度"的新单元教学模式。在该模式下，学生的自主实践得到解放，对科学的探究方式和核心实践更深入，从而增值学生的思维深度和创新空间。

我们还根据评价主体—评价内容—评价形式—评价工具四个维度构建了新单元教学的评价框架，并形成具体的指标描述，这有助于改变实践中无评价、低评价、错误评价的现象。同时，针对不同的课型，我们设计了不同的评价量表，真正实践了以生为本。

2.发挥区域辐射作用

我们的新单元教学引起了市内外众多学校对新型教学方式的关注，学校接待了省市内外专家、友好学校观摩交流近千人次。学校每学期与对口帮扶学校开展新单元教学课堂展示活动，将新单元教学的理念和模式辐射至四川省万源第三小学、新疆阿克苏市依干其镇中心小学和舟山

市岱山县长涂中心小学，每次的课堂教学直播观看人数逾千人次。在各类市、区级交流活动中，多位教师开展了《基于大概念的音乐单元整体设计》《单元整合，助力"双减"》《指向核心素养的单元整体教学设计与实施》等报告，主题发言得到了参会人员的高度肯定。

开展新单元教学课程建设与实践以来，学校新教学样态得到有效发展，多学科多课型的教学实践在众多新媒体平台报道，如科学四年级"运动和力"新单元教学展示在浙江省小学科学网上报道。两年来，学校荣获2021年度浙江省示范型儿童之家、2022年度全国优秀少先队集体等称号，"双减"优秀实践案例《和美驿站：课后服务 4.0》入选浙江省"双减"年度十佳样本，优质教育的品牌得到树立。

新单元教学需要比较强大的教师团队力量，不管是单元目标体系的构建，还是单元教学的架构，都需要教研组一起研讨、改进，有一定的难度。由于学科和单元内容的差异性，不是所有的评价量表都可以运用现成的模板，需要教师在教学中以新课标为基准进行开发。

随着"双减"政策的推进，全国各地都在提出作业改革方案。在教学设计单元整体推进的同时，必须从以课时为方向布置作业转变为以单元整体设计作业，从而实现课程目标的达成。这也是我们在下一阶段将要继续努力的方向，让学生在有意思、有意义的单元作业中"见树见林"，激发和推动学生自主学习、自主探究、自主建构，在真正意义上实现减负、增效、提质。

第四章
小学智慧问学课堂研究

随着信息技术的创新与发展,我们已经步入大数据时代,技术不断影响甚至改变教育,已经成为推动教育发展的重要因素之一。利用智慧课堂,结合数据的流通、交互、存储,如何改变教学中诊断反馈雾里看花、模棱两可的情况?如何降低学习中重复的机械操练,让学生的探究从浅层走向深入?如何面对个性差异的学生,改变千人一面的评价方式?基于以上思考,我们利用智慧课堂平台,从智导、智学、智评三方面开展实践研究,打造深度、高效课堂,促进学生核心素养发展。

一、问题提出

当下,不少教师在日常教学中凭借经验主义,采用"一刀切"的方式进行教学设计,组织课堂教学。这样的做法既忽视了学生学力水平的差异,也无法满足不同学生的个性化学习需求,课堂中教与学开展的效果不尽如人意。

(一)问题透视,引发思考

我们通过对杭州市萧山信息港小学的164位四年级学生以及语文、数学、英语、科学共14位教师发放调查问卷,以了解学生对现有学习模式的自我认知和情感态度,以及教师对现有教学模式的反馈诊断和评价。随后,我们收集到178份问卷结果,逐一进行分析、归纳和总结,发现了目前课堂教学存在如下问题需要解决。

1. 教学难精准，堵塞反馈渠道

绝大多数教师对于学生学习情况的了解是比较模糊的。日常教学中，教师往往凭借经验主义开展教学活动，设计教学内容。学生到底学得怎么样，哪里存在问题，只有一个朦胧大致的感受。师生之间的交流渠道堵塞，教师没有途径精准获取班级中存在的典型问题，也无法有效及时地反馈每一位学生的学习情况，学生有问题、有困难，也没有机会表达和提出（图1）。

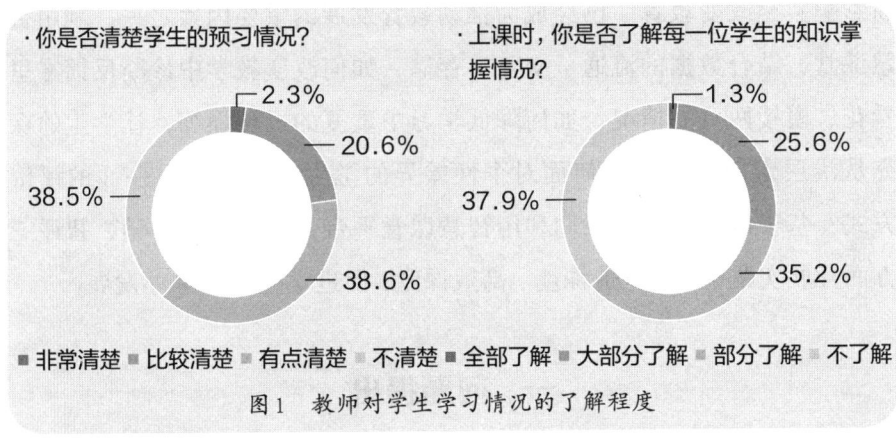

图1　教师对学生学习情况的了解程度

2. 学习低效率，缺乏深度探究

日常教学中，教师通过布置作业让学生巩固已学知识，以此来检验学习效果，其中大部分教师仍采用传统的书面作业批改方式来掌握学生的知识掌握情况。学生问卷的结果反映出大部分学生认为教师布置的练习作业并没有那么高效，能给他们的知识点掌握带来的帮助有限（图2）。究其原因，主要是机械重复的练习消磨了学生的热情，降低了学习的效率，让学生一直处于浅层学习状态。教师和学生将太多的时间和精力花在已经掌握的练习上，企图夯实基础，却缺少对于有挑战、有思维含量知识内容的深入探究。

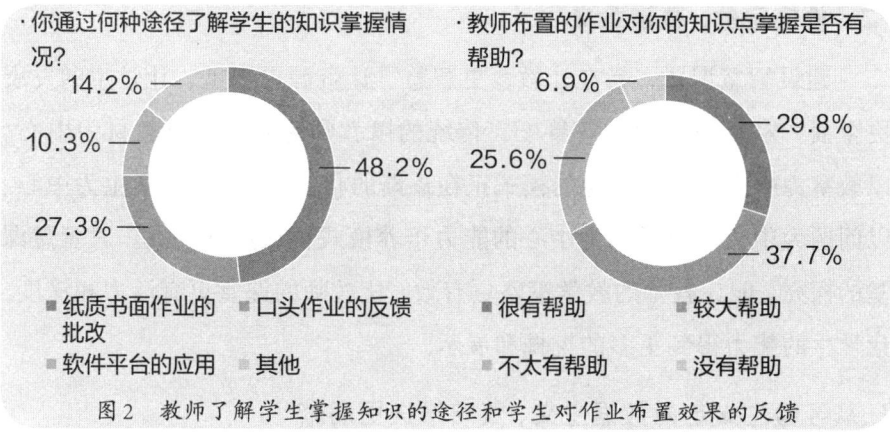

图2 教师了解学生掌握知识的途径和学生对作业布置效果的反馈

3.评价缺个性，阻碍全面发展

每位学生都是与众不同的，教师思想层面想要做到尊重差异，但实际行动往往与理念背道而驰。由调查问卷可知，日复一日琐碎的教学工作中，教师为了追求高效快捷，往往面向全体学生，教授一样的内容，布置一样的作业，规定一样的要求，由此形成以分数或等级为标准的单一而缺乏个性的评价（图3）。与此同时，各个学科之间彼此割裂，没有联系，对学生的学习表现没有形成综合而全面的分析和评价，这样的"平均主义"和"各自为营"在无形中使得学生丧失了自我发展的个性。

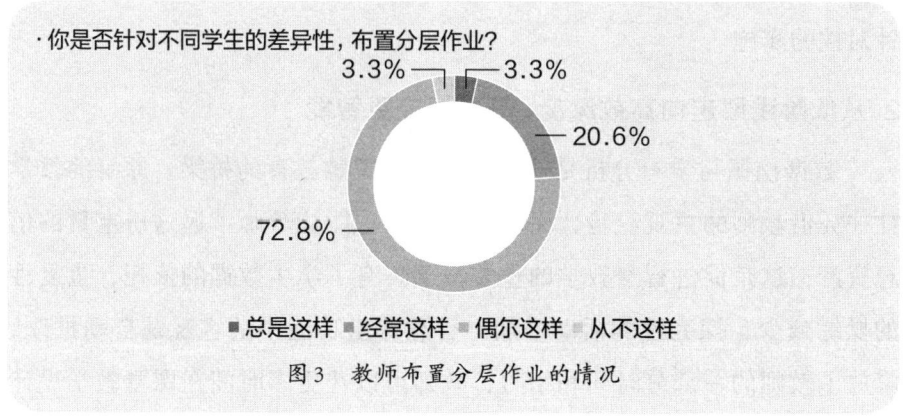

图3 教师布置分层作业的情况

（二）价值定位，厘清意义

建设智慧课堂，旨在让教育更智慧、让资源更丰富、让学生的发展更全面。在智慧平台的背景下，传统的以教师为中心、以教材为中心、以教室为中心的知识传递的模式正在逐渐弱化，相应地，以学生为中心、以问题为中心、以活动为中心的能力培养模式正在蓬勃发展。对智慧课堂的探究，能让教师的教学策略更有效，让教师的课堂更有活力和深度，让学生的能力得到更多的挖掘和展示。

1.从经验主义走向数据主义，策略推进更明晰

以智慧课堂为载体的教学活动，不再依赖教师的传统经验，取而代之的是对大量数据支撑下的教学问题及其解决方案的分析。借助智慧课堂平台，教师完全有可能对每位学生的学习数据加以分析，真实反馈学习现状，能积极促进教与学的有效展开。基于学习数据所采取的教学策略，可以说是从经验主义迈向数据主义，是依据学生的全面调查的反馈，能够更加客观而全面地反映学生的学习实情。从而，教师能够采取更有效的教学策略来应对学生学习的需求。换言之，教师将不再仅凭传统意义上的经验获取，而是从大量数据的归纳与分析中寻找依据和参考方向，让教师的教育教学工作能在数据量化的基础上，推进教学策略针对性的实施。

2.从低阶浅层走向高效深度，教学探究更智能

数据挖掘与学习分析是连接大数据和智慧教育的桥梁。原有的教学往往凭借教师的主观经验，而运用大数据，能让教师掌握这份宝贵的信息资产，这是促进智慧教学的重要基础。有了学生数据的依托，重复性的操练减少，探究性的活动增加。智慧课堂功能中的客观题自动批改，解放了教师的一部分时间和精力，教师可以花更多时间在课堂教学设计

的钻研上。教师可针对存在的共性问题，制作微课，不用一对一辅导，学生观看微课学习，提升效率。教师还可以记录学习探究的过程，展示典型作品和优秀作品，提升课堂教学的效率。同时，学习资源的获取渠道也会更广泛、更通畅。课前的调查、资料的收集、App的应用都使得学生学习更深入、探究更高效，促进学生深度学习和高阶能力的培养。

3.从单点统一走向多元个性，能力发展更全面

在智慧课堂平台应用中，海量的数据将学生的学习情况进行量化和记录，学生的学习兴趣、学习习惯和学习偏好被充分挖掘。通过数据，教师能够清楚地认识每一位学生，从而根据学生学习的特点来提供有针对性的教学。借助大数据分析结果，自适应学习系统被建立，为学生提供与其学习计划相匹配的教材或课程的服务，平时积累的错题能够存留和展开举一反三变式训练，促进学生学习达到最佳效果。大数据依靠其数据跨界流动、跨界挖掘和跨界整合的优势，可以对零散的教学资源进行有效汇集，实现个性化交互，教师能为学生量身定制相应的课程辅助学习，满足不同层级的学生需求。

二、研究设计

(一)概念界定

1.智慧课堂

智慧课堂是借助"互联网+"的思维方式，利用大数据、云计算、物联网和移动互联网等新一代信息技术打造的融"云+网+端"为一体的新型教学模式。教师运用大数据分析学生学情，针对性地进行智慧引导，学生通过智慧课堂提供的丰富、多媒介化的学习资源，趣学、乐学、探学。此外，智慧课堂提供的全面数据和个性化展示平台，让师生评价、

生生评价变得更加全面、精准和多元。智慧课堂是实现师生课前预学、课中研学、课后延学全过程应用的智能、高效的课堂，使学生学习朝着个性化、多元化、全面化方向发展，促进学生智慧发展。

2.大数据分析

本研究中的大数据，并不是单纯追求学生样本的量大，更多的是关注学生全面立体的数据。横向上来讲，大数据收集了学生各个学科的学情数据，展现学生当下的核心素养在整体中的表现；纵向上来讲，大数据收集了学生从低年级到高年级各个阶段的学情数据，体现学生动态的成长历程。大数据分析，其形式不仅是课堂教学中呈现的数据精准化分析，还包括前置学情、后续作业以及相关教学研究数据的精准分析。它指向教学前、中、后、末一体化平台、理念、软硬件融合的全域、全过程的完整内容，赋予课堂智慧，指导并改进课堂教学。

3.四科三学

"四科"是指语文、数学、英语、科学四门学科，"三学"分别指课前预学、课中研学和课后延学。针对新授课和复习课，教师将智慧课堂技术和教学方法广泛运用于"四科三学"，依据大数据分析，科学地、合理地确定教学起点、教学过程，选择合适的教学内容、教学方法，调整教学策略，并根据学情优化教学，让课堂高效、让学习可见、让思维可视，从而推进信息技术与教育教学的深度融合，变革教与学方式，提高教育教学质量。

（二）研究目标

回归课堂教学实践，在智慧教学理论的支撑下，研究作用于课堂教学效率的智慧化技术，研究技术支撑下的课堂教学理念，使技术为效能服务，以效能指引技术应用。探索技术融合、学生主体、个性发展、学法与教法在大数据理念下的有机融合，以智能高效教学促进学生深度全面发展。

（三）设计原则

1.交互性原则

智慧课堂是集教、学、评于一体的系统性工作。三者中以学生为教育主体，教师适度引导，协同发展，实现师生之间、生生之间、家校之间、师师之间等多重关系网络的交互与关联，保障教学工作的顺利推进和可持续发展。

2.高效性原则

智慧课堂架构的初衷就是实现教与学的高效推进，是按照满足学习者的环境、目标、方式、评价、管理等各方面的需求进行整体规划。数据信息高效反馈，教师教学减负提质，学生学习有效深入。

3.发展性原则

以发展和联系的眼光和适度超前的规划建构与实践智慧课堂的应用，结合信息技术手段的运用，及时调整教、学、评的方式方法，有效解决实践过程中的障碍困难，紧密联系各个学科，保证智慧课堂具有前瞻性、指导性和实验性。

（四）技术支持

在运用智慧课堂平台进行语文、数学、英语、科学四门学科的课堂教学实践过程中，整理和总结出特色功能和亮点应用，以此匹配和丰富课堂教学形式。主要功能包括微课录制、主观题上传、客观题批改、讨论功能、学生讲功能、过程性记录、畅言晓学等（图4）。

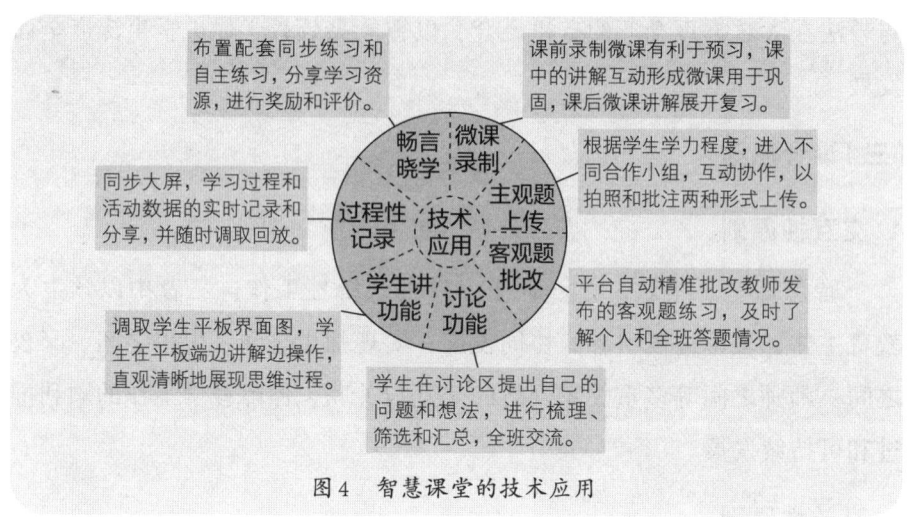

图4 智慧课堂的技术应用

（五）模式构建

基于数据驱动的智慧课堂教学模式从智导、智学、智评三个方面展开，通过教学中学情诊断、当堂反馈、问题指导，学习中发现疑问、过程记录、资源匹配，评价中多维互联、分层激励、全景纵览，建立起智慧课堂教学模式新样态（图5）。

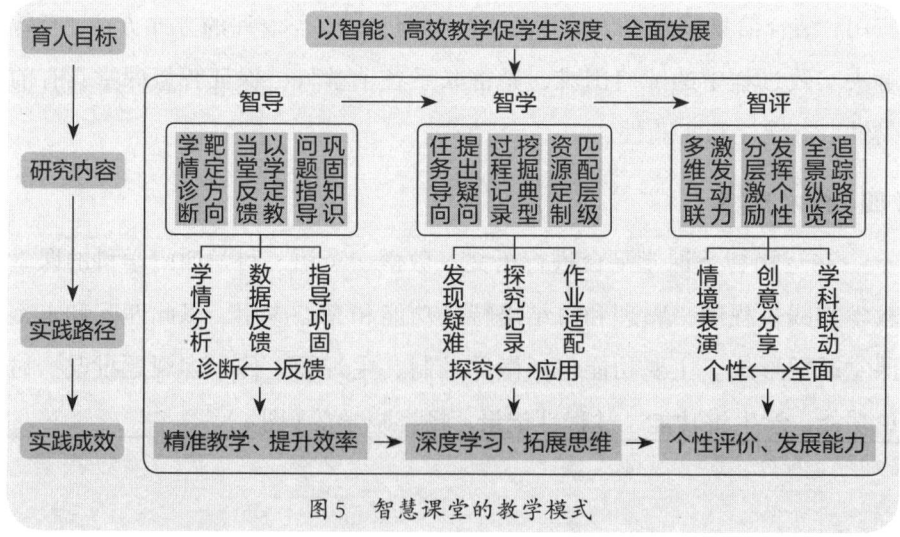

图5 智慧课堂的教学模式

三、实践应用

智慧课堂以智慧化平台为基础,以语文、数学、英语、科学四门学科的课堂教学为主阵地,利用大数据构建精准的学情分析系统,探索精准的课堂教学样式,创建精准的教学资源体系,从而形成符合学生能力发展需求的智慧课堂新样态。智慧课堂破传统、求创新、固能力,在教师引导、学生学习、师生评价三大维度进行"智慧"实践,着力打造知识创新课堂和教学方式的变革。

(一)智慧引导:教师的教从经验走向实证

智慧课堂与原有传统课堂进行了有效融合。课前教师利用资源进行高效备课,通过学情诊断来调整教学设计;课中教师通过分享、互动、数据呈现调动课堂气氛,实现及时的交流反馈和学情反馈,以学定教;课后教师通过作业平台个性化作业布置、批改及成绩分析来进行针对性教学。这样的课堂,弥补了现有教学模式的不足,以大数据为支撑,使教学方式更为灵活、更有针对性,真正实现因材施教。

1.学情诊断,靶定方向

教师在课前紧紧围绕不同学科的教材知识,提前录制微课,通过"畅言晓学"供学生观看学习,由教师或学生提出可以生长发散的问题引发思考,为新课的开展做好铺垫,轻松实现学生高效预习。同时,教师设计课前预习单,及时获取学生的答题数据,进行数据的整理,做好学情诊断,调整教学设计。以此为基础的课堂教学,教师心中有底气,教学方向不偏离(图6)。

以语文学科为例,朗读是语文教学的一个重要输出点,但这个家庭作业布置后,教师往往心里没底。教师利用"朗读作业"功能设定具体的要求,如流利、有感情、评测分要求85分以上等,然后将作业推送给每位学生，设定截止时间，这样学生就可以通过平板或者手机端进行朗读。完成后，教师可以对完成要求的学生进行一键奖励评价，也可以把没有达到要求的朗读作业退回去重读。作业时间截止后，系统会生成一份数据报告，教师可以实时监督学生的朗读作业，同时还能知晓不同学生的错误字词、语句，在课堂上有针对性地进行教学。

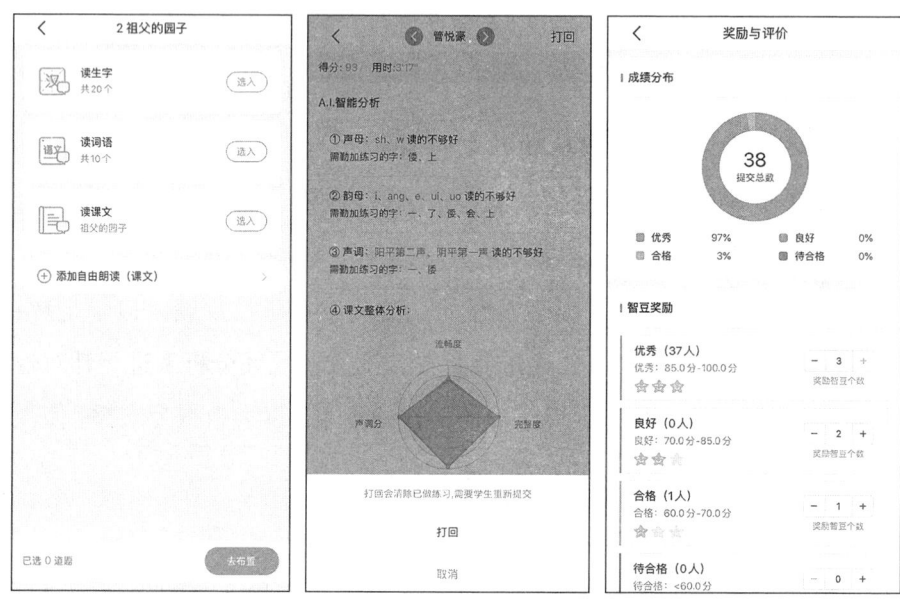

图6　语文学科的课前学情诊断

2. 数据反馈，以学定教

教师设置当堂检测评估例题，全班发布。学生认真答题，上传答案后就能立即获得反馈结果。教师和学生都能清楚了解学习的掌握情况，学生在课堂中充分经历学习全过程，师生及时互通信息，增进有效反馈，提升知识掌握的精准性。同时，教师还可以把学生的错误资源看作碰撞思维的火花，抓住这些错误点，进行延伸讨论并验证，能突破教学的重难点，提升思维的严谨性。

以数学学科为例,教师在智慧课堂平台发布两道判断题,学生快速判断答题。根据学生的完成情况发现,第一题的正确率是51%,第二题的正确率是71%(图7)。教师可以关注问题,利用错误,引导探究。运用平台提供的数据,精准定位到个人,做正确的学生可以进行解题思路和创新想法的分享;做错误的学生可以进行提问,找到自己的困惑点。同时,对正确率高的题目,教师可以跳过不讲,而将精力集中在错误率高的典型例题上。如第一道判断题,正确率较低,经过师生的共同分析,发现是由于之前课堂上呈现过 $a+b>c$ 的情况,所以很多学生想当然认为是对的,造成了一定程度的负迁移。课堂中的及时反馈,能让做错的学生马上调整思路。如果还有一部分出错的学生在课堂上未理解,教师可以利用平台数据,精准找出这些学生,在课后进行辅导巩固。

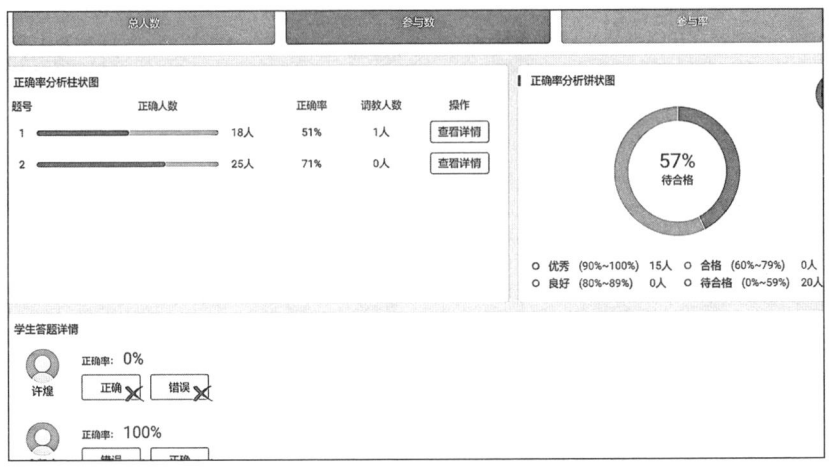

图7 数学学科的当堂学情反馈

3.问题指导,巩固知识

利用智慧课堂平台,教师可以布置个性化作业,并精准了解学生的完成情况和准确率,再根据学生的易错题和难点,展开强化训练,做到高效、有针对性。每位学生的作业都是针对其学习中出现的问题进行训练的，这样能够极大地提高学习效率，加深学生对于概念的理解。特别针对个别学生的薄弱问题，教师开展有效指导，促进学生知识的巩固。

以英语学科为例，借助平台，纠正学生发音。运用智慧课堂平台后，学生可以跟读英语电子课本的音频，并获得平台给出的纠音和打分。教师可以看到每位学生详细的学习报告。同时，针对课堂中学过的对话和单词，教师可以录制创新的对话示范视频，让这份口语作业更直观（图8）。

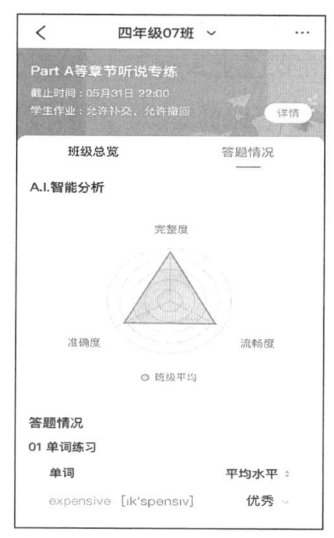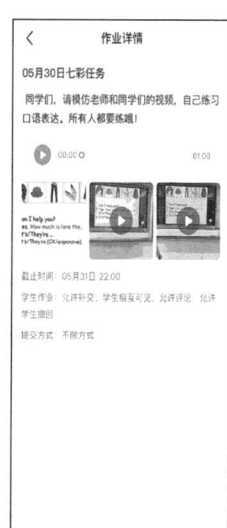

图8 英语学科的课后作业指导

（二）智慧学习：学生的学从低阶走向高阶

通过智慧教育的技术支持，我们形成了学生智慧学习模式（图9）。学生在课前通过学习任务，开展有针对性的学习，发现和提出学习过程中的疑问。课中反馈预学情况，针对新授课和复习课两种不同的课型，学生展开探究合作、交流讨论，以成果展示的形式进行研究学习。课后学生针对本课内容反思总结，梳理成果，并通过平台分布共享。数据的累积形成学生的个性画像，从而辅助学生查漏补缺，巩固提升。语文、数学、英语、科学四科的课堂效率得到提升，学生的思维也得到拓宽，实现了学生的学从低阶走向高阶。

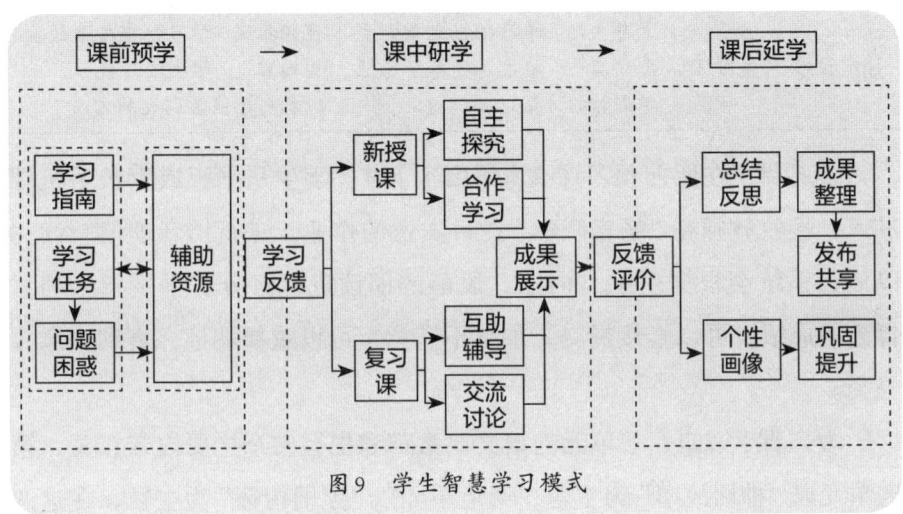

图 9　学生智慧学习模式

1. 课前任务先学，发现疑难困惑

课前紧紧围绕教材的基础知识，教师布置学习任务，形成微课等学习资源。智慧课堂平台根据学生对知识点的掌握情况，针对性地让学生进行预备知识点的回顾和巩固。学生带着任务，获取资源，为新课的开展做好铺垫，实现高效预习。同时，利用智慧课堂平台丰富的教学资源，学生可以提前收集和学习与教学内容相关的资料，辅助疑难解答。学生也可以引入多种形式的预学方式，如小游戏、视频展示、练习英雄榜等，点燃学习的兴趣和热情。

表1对比了语文新授课、复习课在传统课堂、智慧课堂上的课前预学情况。

表1 语文学科课前预学对比

学习阶段	课型	传统语文课堂	智慧语文课堂
课前预学	新授课	学生回家预习课文，朗读课文，自主学习生字	学生用平板朗读课文。大数据呈现学生个人朗读报告，包含生字、段落的评分
课前预学	复习课	复习主题"学习把握文章的主要内容"，学生复习本册已经学到过的方法	视频推送"学习把握文章的主要内容"，学生观看视频，回顾本册已经学到过的方法

新授课：在课前预习课文《挑山工》时，学生从平板或家长手机端进入，接收教师在"畅言晓学"栏目发送的作业，进行语音朗读。读完以后，系统会根据生字、词语、段落的朗读进行打分。学生如果满意自己的成绩，可以直接提交，如果不满意，可以重新朗读，直到满意才提交。

复习课：第四、七单元的语文要素都和把握文章主要内容相关，第四单元以"神话故事"为主题，第七单元以"家国情怀"为主题，在这两个单元中学生已经学到了多种方法。学生通过教师提前录制的微课，回顾三种把握文章主要内容的方法：题目提示；了解事情的起因、经过、结果；抓住主要人物和主要事件，以回顾单元学习过程，为复习课做好准备。

表2对比了数学新授课、复习课在传统课堂、智慧课堂上的课前预学情况。

表2 数学课前预学对比

学习阶段	课型	传统数学课堂	智慧数学课堂
课前预学	新授课	学生自主粗略地翻看教材，了解和学习分散的知识点	微课预学，学生提出问题，汇总整合各个知识点和疑难点，带着问题展开教学

续表

学习阶段	课型	传统数学课堂	智慧数学课堂
课前预学	复习课	学生自主复习零散的知识点,根据教师要求完成相应的配套练习	通过数据统计,快速获取学生知识点掌握情况,学生发现自身薄弱点,针对性开展复习训练

新授课:在学习《三角形三边关系》一课时,教师录制了3分钟左右的微课内容发送给学生。学生认真观看微课,通过测量的方式复习了知识点"两点之间所有的连线中,线段最短",复习了三角形的重要特征。以此为基础,学生提出了自己的疑问和困惑,从而引出关键问题"用三条线段一定能围成三角形吗?"引起全班学生思考,学生带着疑问进入课堂展开探究,为新课做好铺垫(图10)。

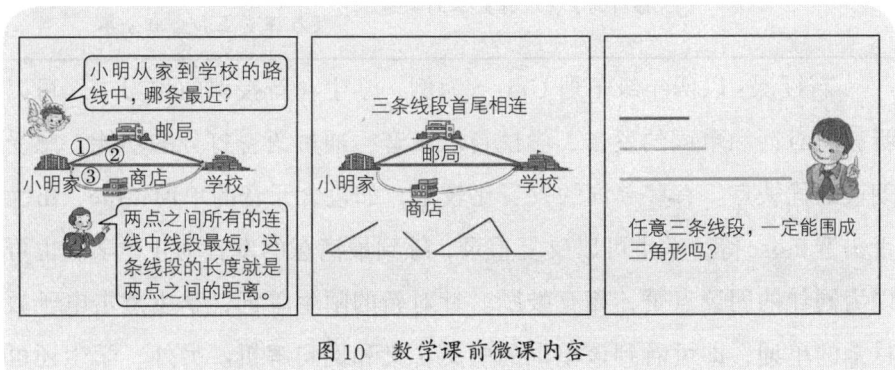

图10 数学课前微课内容

复习课:在长方体和正方体单元复习中,学生完成教师在"畅言晓学"栏目发布的检测练习,这份练习全面涵盖了这一单元的知识内容。学生做完后提交,根据数据的反馈,有近一半学生对表面积和体积这两大板块的内容掌握是比较薄弱的,答题错误率非常高,部分例题甚至只有四分之一的学生能够做对。数据报告发送到学生学习平台后,学生从反馈中认识到自己在本单元中的薄弱点。针对难点问题,学生在智慧课堂平台向教师或者同伴提出自己的疑问，并获得及时解答，这也为复习课的重点知识做了梳理。

表3对比了英语新授课、复习课在传统课堂、智慧课堂上的课前预学情况。

表3　英语课前预学对比

学习阶段	课型	传统英语课堂	智慧英语课堂
课前预学	新授课	学生听教材中的对话和课后单词的音频，自己练习跟读对话，不会的单词画线或查字典	学生听音频、录音，语音打分、点赞他人作品。点击电子教材中有疑惑的单词，查看单词含义。观看教材视频，跟唱歌曲
	复习课	学生朗读教材中单元单词表、句子对话，复习单词，准备听写，整理作业本的错题	学生参与单词、句子闯关游戏，观看微课视频，巩固难点、重点。录制错题讲解视频，以便在课堂上和全班分享

新授课：以四年级下册Unit 5为例，学生在新授课的预习中，可以听教材对话和单词的发音，尝试自己录音，通过语音打分的功能，感受朗读的优缺点。有些单词的发音比较难，如包含元音的单词mine，th大舌头音those等，学生可以反复重录，练到最满意的发音为止。学生也可以为同伴的朗读点赞，相互鼓励。针对新的陌生单词，学生点击电子教材上的单词，即可看到该单词的中文含义和例句解析。另外，学生还可以观看教师提前发送的与课文主题相关的英文歌曲和视频，激发兴趣，拓展知识。

复习课：在四年级下册Unit 1的单元复习课中，学生通过参与单词、句子闯关游戏，不仅有效地完成了关于学校、各类教室和地点描述的单词和句子复习，还通过游戏增加了对英语学习的兴趣和成就感。同时，学生通过观看微课进一步巩固方位词on、in、next to的用法。另外，学生在上课前录制自己错误的题目讲解视频，不仅加深了印象，还能帮助同伴理解，班级也形成了错题解析库。

表4对比了科学新授课、复习课在传统课堂、智慧课堂上的课前预学情况。

表4　科学课前预学对比

学习阶段	课型	传统科学课堂	智慧科学课堂
课前预学	新授课	学生回家预习课文，自己整理观察记录	学生上传自己的观察记录至班级圈，与教师和同伴交流分享
	复习课	学生复习本单元学到的知识点，做巩固练习	微课视频推送到学生平板，学生观看微课，回顾本单元的科学概念，绘制思维导图，梳理单元核心概念

新授课：在预习四年级下册《凤仙花的一生》一课时，学生汇总整理自己的长期观察记录，以观察日记或微视频等形式，上传至班级圈，与教师和同伴进行交流分享。同时，学生在线上完成教师下发的学情调查问卷。

复习课："植物的生长变化"单元主要学习了植物的根、茎、种子、花等器官的结构与功能，学生通过教师提前录制的微课，回顾8节课的主要内容，梳理单元核心概念，绘制本单元学习内容的思维导图。

2.课中数据画像，转变学习方式

美国教育家布卢姆把教育的认知领域分为六个等级，记忆、理解、应用属于低阶技能，分析、评价、创造属于高阶技能。智慧课堂的应用，就是利用信息技术再造传统课堂教学，突破教学重难点，从而达成高阶目标。新授课时，通过创建学习活动，学生展开自主探究，或以小组合作的形式完成学习任务。复习课时,通过师生之间、生生之间的互助辅导,交流碰撞,实现对知识的巩固和深层理解。学习活动的成果可以通过平板的交互、讨论、拍照上传、共享等功能进行展示,使学生的探究路径留痕,认知建构清晰,思维发展可视。

表5对比了语文新授课、复习课在传统课堂、智慧课堂上的课中研学情况。

表5 语文课中研学对比

学习阶段	课型	传统语文课堂	智慧语文课堂
课中研学	新授课	·揭示课题,初识"挑山工" ·了解阅读任务,整理"登山方式" ·体会品质,感受哲理 ·再读课文,发现写作特色 ·回顾知识,完成作业	·结合报告,初识"挑山工" ·呈现数据,厘清"登山方式" ·体会品质,感受哲理 ·再读课文,发现写作特色 ·回顾知识,完成作业
	复习课	·学生做题,经验判断 ·随堂练习,反复操练	·小组合作,数据呈现 ·随堂练习,拓展实践

【课例】:智慧语文四年级下册《挑山工》新授课教学实践

板块一:结合报告,初识"挑山工"

(1)出示报告,纠正发音。

课前学生朗读课文,但从朗读报告中发现题目中的"挑"有24.4%的学生读错了。

(2)借助理解,初识"挑山工"。

了解职业,理解挑子。平板推送资料,学生补充理解。

板块二:呈现数据,厘清"登山方式"

(1)提炼"不解之谜"。

学生提炼问题的表述：为什么挑山工走的路比游人多，速度反而更快？

（2）聚焦作业本大数据，梳理"登山方式"。（图11）

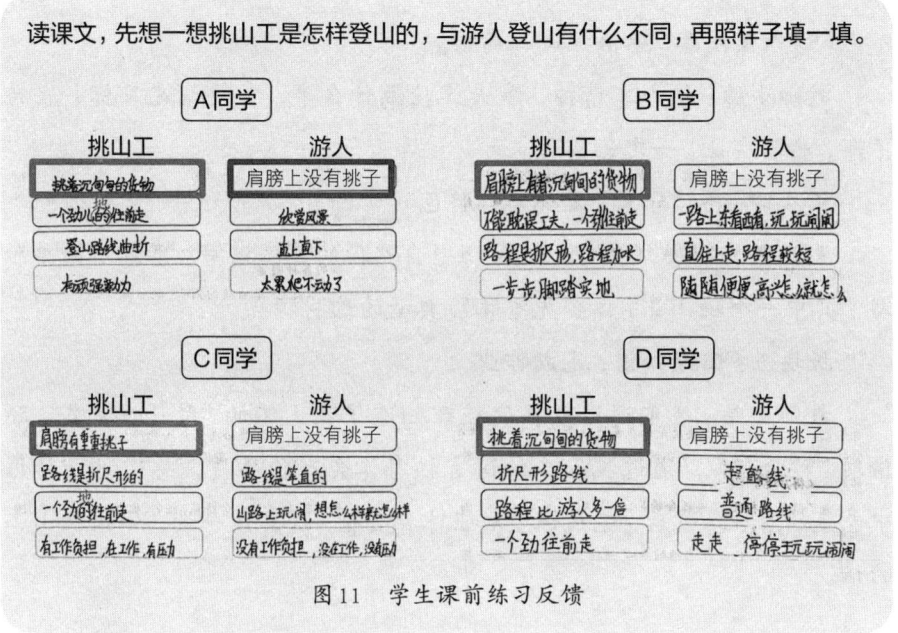

图11 学生课前练习反馈

教师小结：现在我们知道了挑山工是怎样登山的，也解开了作者刚才的谜团。正因为挑山工是这样登上的，所以他才比游客走得快。

板块三：体会品质，感受哲理

（1）平板推送微课，了解"放大镜"的方法。

（2）小组合作，聚焦语言描写找品质。

默读课文第3～5自然段，尝试完成：
·独立思考
找出文中描写挑山工的语言句子并简单批注。
·四人小组讨论：
圈出句子中的关键词，想想这体现了挑山工怎样的人物品质。

在题板上尝试用一个词语概括人物品质,上传到平台,并派代表准备汇报。

(3)小组交流,派代表汇报。

(4)补充资料,平板推送。

(5)朗读段落,感悟挑山工精神。

教师小结:挑山工精神,就是无论做什么事,只要认定目标、坚持不懈、脚踏实地,一定能实现。

板块四:再读课文,发现写作特色

关注课文写法,学生发现第1~2自然段的整体描写,再到后面单独写了其中一个挑山工,体会先整体后典型的选材特点。

板块五:回顾知识,完成作业

教师小结:我们通过表格的梳理知道了挑山工的"登山方式",还借助"放大镜",通过挑山工的语言描写体会人物品质,感受朴素话语中包蕴的哲理。课后,完成课堂作业本第3题,认真读一读,体悟挑山工的话。

【课例】:智慧语文四年级上册"把握文章的主要内容"主题的复习课教学实践

板块一:小组合作,呈现数据

(1)学生做题,写理由。

(2)小组讨论交流,汇报观点和说明理由。

(3)现场修改,拍照上传。

捅马蜂窝(节选)

爷爷的后院虽小,它除去堆放杂物,很少有人去,里边的花木从不修剪,快长疯了;枝叶纠缠,荫影深浓,却是鸟儿、蝶儿、虫儿们生存和嬉戏的一片乐土,也是我儿时的乐园。这里,最壮观的要数爷爷窗檐下的马蜂窝了,好像倒垂的一只大莲蓬,无数金黄色的马蜂爬进爬出,飞来飞去。

"真该死,连透透气儿也不能,哪天请人来把这马蜂窝捅下来!"奶奶总为这个马蜂窝生气。

"不行,要蜇死人的!"爷爷说。

"怎么不行?头上蒙块布,拿竹竿一捅就下来。"奶奶反驳道。

"捅不得,捅不得。"爷爷连连摇手。

我站在一旁,心里却涌出一种捅马蜂窝的强烈渴望。那多有趣!当我给这个淘气的欲望鼓动得难以抑制时,就来妹妹,趁着爷爷午睡的当儿,悄悄溜到从走廊通往后院的小门口。我脱下褂子蒙住头顶,用扣上衣扣儿的前襟遮盖下半张脸,只露一双眼。又把两根竹竿接绑起来,作为捣毁马蜂窝的武器。我和妹妹约定好,她躲在门里,把住关口,待我捅下马蜂窝,赶紧开门放我进来,然后把门关住。

妹妹躲在门缝后边,眼瞧我这非凡而冒险的行动。我开始有些迟疑,最后还是好奇战胜了胆怯。当我的竿头触到蜂窝的一刹那,好像听到爷爷在屋内呼叫,但我已经顾不得别的,一些受惊的马蜂"轰"地飞起来,我赶紧用竿头顶住蜂窝使劲摇撼两下,只听"嗵",一个沉甸甸的东西掉下来,跟着一团黄色的飞虫腾空而起,我扔掉竿子往小门那边跑,谁料到妹妹害怕,把门在里边插上,她跑了,将我关在门外。我一回头,只见一只马蜂径直而凶猛地朝我扑来,好像一架燃料耗尽、决心相撞的战斗机。这复仇者不顾一死而拼死的气势使我惊呆了。我抬手想挡住脸,只觉眉心像被针扎似的剧烈地一疼,挨蜇(zhē)了!我捂着脸大叫。不知道谁开门把我拖进屋。

当夜,我发了高烧。眉心处肿起一个枣大的疙瘩,自己都能用眼瞧见。家里人轮番用了醋、酒、黄酱、万金油和凉手巾把儿,也没能使我那肿疱迅速消下去。转天请来医生,打针吃药,七八天后才渐渐复愈。

下面几个选项是对这篇文章主要内容的概括,你认为最合适的一项是什么?说说你的理由。(　　)

A.爷爷的后院有个很壮观的马蜂窝,我去捅了它,妹妹把门关上了,我挨蜇了。

B.我和妹妹去捅马蜂窝,我挨蜇了,妹妹害怕得逃跑了。

C.爷爷的后院有个马蜂窝,我出于好奇心,冒险把它捅了下来,却挨蜇了。当夜我发了高烧,七八天后才好。

D.爷爷的后院除去堆放杂物,很少有人去,那儿有个壮观的马蜂窝。奶奶想把它捅下来,可爷爷不同意。趁爷爷午睡,我溜到后院的小门口,让妹妹把住关口,我去捅马蜂窝。一开始我有些迟疑,最后还是好奇战胜了胆怯,但还没捅几下,就被马蜂蜇了。当夜,我发了高烧,眉心处肿起一个大疙瘩,后来请了医生,打针吃药,七八天后才复愈。

板块二：随堂练习，拓展实践

（1）学生练习，教师巡视。适时提醒：内容完整、语言简洁。

（2）教师用平板拍照两种学习单：起因过于繁多；内容要素不全。师生交流文章的主要内容，打星评价。

（3）学生修改答案后，自己读一遍。

精卫填海

太阳神炎帝有一个小女儿，名叫女娃，是他最钟爱的女儿。炎帝不仅管太阳，还管五谷和药材。他事情很多，每一天大早就要去东海，指挥太阳升起，直到太阳西沉才回家。

炎帝不在家时，女娃便独自玩耍，她非常想让父亲带她出去，到东海太阳升起的地方去看一看。可是因为父亲忙于公事，总是不能带她去。这一天，女娃没告诉父亲，便一个人驾着一只小船向东海太阳升起的地方划去。不幸的是，海上突然起了狂风大浪，像山一样的海浪把女娃的小船打翻了，女娃不幸落入海中，终被无情的大海吞没了，永远回不来了。炎帝固然痛念自己的小女儿，却不能用医药使她死而复生，也只有独自神伤嗟（jiē）叹了。

女娃死了，她的精魂化作了一只小鸟，花脑袋，白嘴壳，红脚爪，发出"精卫、精卫"的悲鸣，所以，人们便叫此鸟为"精卫"。

精卫痛恨无情的大海夺去了自己年轻的生命，她要报仇雪恨。因此，她一刻不停地从她住的发鸠（jiū）山上衔了一粒小石子，或是一段小树枝，展翅高飞，一直飞到东海。她在波涛汹涌的海面上飞翔着，悲鸣着，把石子、树枝投下去，想把大海填平。

大海奔腾着、咆哮着，嘲笑她："小鸟儿，算了吧，你这工作就算干一百万年，也休想把我填平！"精卫在高空答复大海："哪怕是干上一千万年，一万万年，干到宇宙的尽头，世界的末日，我终将把你填平！"

"你为什么这么恨我呢？"

"因为你夺去了我年轻的生命，你将来还会夺去许多年轻无辜的生命。我要永无休止地干下去，总有一天会把你填成平地。"

精卫飞翔着、鸣叫着，离开大海，又飞回发鸠山去衔石子和树枝。她衔呀、扔呀，成年累月，往复飞翔，从不停息。

后来，一只海燕飞过东海时无意间看见了精卫，他为她的行为感到困惑不解，但了解了事情的起因之后，海燕为精卫大无畏的精神所打动，就与其结成了夫妻，生出许多小鸟，雌的像精卫，雄的像海燕。小精卫和她们的妈妈一样，也去衔石填海。直到今天，她们还在做着这种工作。

读短文，写一写故事的主要内容。

_____

_____

```
自评 ☆☆☆                           同桌评 ☆☆☆

评价标准：
·说清楚事情的起因、经过、结果。
·语言简洁。
```

表6对比了数学新授课、复习课在传统课堂、智慧课堂中的研学情况。

表6 数学课中研学对比表

学习阶段	课型	传统数学课堂	智慧数学课堂
课中研学	新授课	·情境学习，开启新课 ·操作探究，合作交流 ·练习巩固，强化提升 ·课堂小结，完成作业	·获得预学反馈，引出探究问题 ·几何软件辅助，自主合作探究 ·小组交流演示，突破知识难点 ·练习自动批改，了解掌握程度 ·课堂反思小结，思维导图梳理
	复习课	·复习回顾，知识梳理 ·随堂练习，反复操练 ·归纳总结，形成方法	·思维导图，知识梳理 ·问题驱动，探究交流 ·练习巩固，精准掌握 ·拓展提升，挖掘本质

【课例】：智慧数学四年级下册《三角形三边关系》新授课教学实践

板块一：获得预学反馈，引出探究问题

根据课前获得的预学情况数据，学生了解自己的预学掌握程度。教师反馈学生在课前提出的问题，确定探究的关键核心问题"用3条线段一定能围成三角形吗？"

板块二：几何软件辅助，自主合作探究

（1）小组合作分一条长12cm的线段，动手操作。

学生在平板端利用geogebra软件进行操作，与小组成员分享操作情况后,将主观题的答题结果上传至智慧课堂平台。

(2)根据数据,讨论发现。汇总数据,组内进行交流讨论。

(3)组长记录,拍照上传。每组上传学习单和能围成三角形的截图(图12),小组派成员上台进行交流展示。

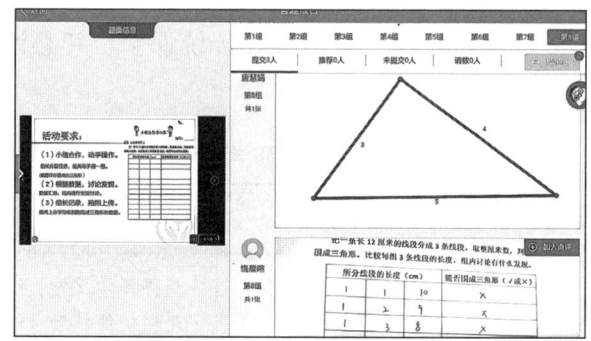

图12 课中小组上传学习单和能围成的三角形截图

板块三:小组交流演示,突破知识难点

(1)学生聚焦问题:线段3cm、3cm、6cm能否围成三角形?

在分享交流的过程中,学生对由12cm长的线段分成的3cm、3cm、6cm线段能否围成三角形存在争议,进而对此问题进行操作演示探究。

(2)学生运用智慧课堂平台的"学生讲"功能,两人合作进行平板演示。一位学生讲解,另一位学生进行移动演示,大屏幕清晰呈现移动的每一个细节(图13)。

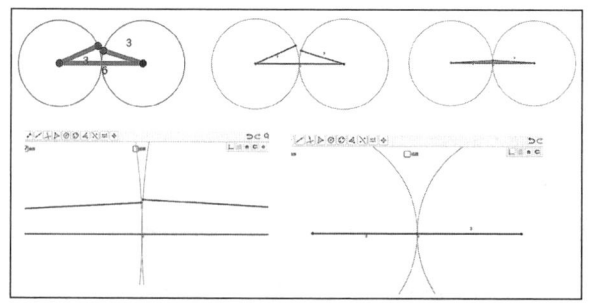

图13 课中学生操作演示情况

（3）通过操作演示，得出结论：两边之和等于第三边不能围成三角形。

板块四：练习自动批改，了解掌握程度

> 例题：判断题。
> ①因为$a+b>c$，所以a、b、c三条线段可以围成三角形。
> ②长为3cm、5cm、7cm、10cm的四条线段，任选三条线段围成三角形，有2种选法。

运用智慧课堂平台自动批改判断题，发现这两题的答题情况不是很理想（图14）。需要逐题详细分析：第1小题明确了$a+b>c$，但要围成三角形，必须是a、b表示最短的两条边；第2小题，需要把所有符合情况的都罗列出来，四条线段选三条，存在4种情况，这4种情况中，只有2种能够围成三角形，因此是对的。

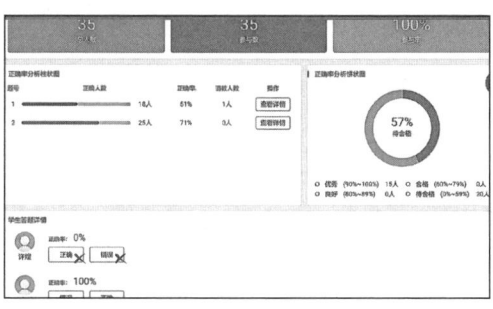

图14　课中例题2答题情况1

> 例题：选择题。
> 要用木条做一个三角形木框，已经选了两根长分别是16cm、10cm的木条，第三根选（　　）cm的合适。
> A.5　　　　　　　B.6　　　　　　　C.7

运用智慧课堂平台自动批改选择题，发现这道题班级都能做对（图15）。在此基础上，教师进行了拓展，学生思考第三根木条的长度是否有一个范围区间。经过讨论，确定最小长度要比6cm大，最大长度要比26cm小。

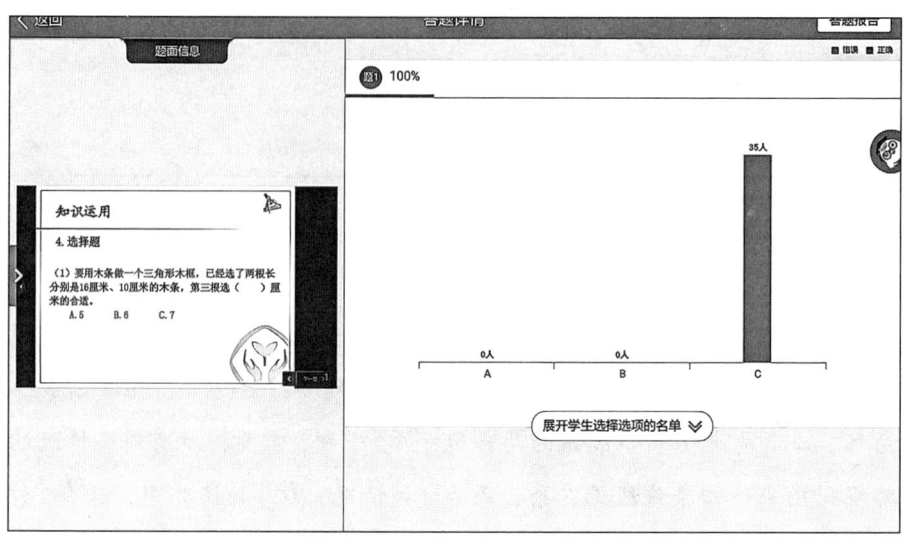

图15 课中例题答题情况2

板块五：课堂反思小结，思维导图梳理（图16）

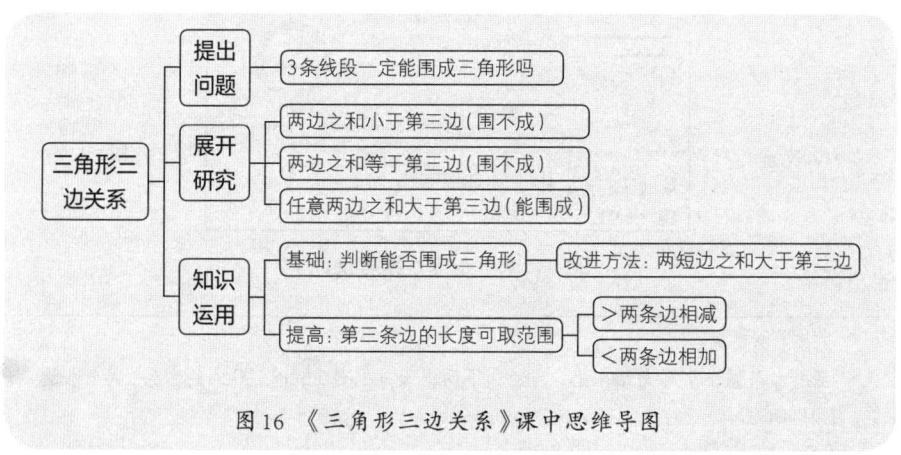

图16 《三角形三边关系》课中思维导图

【课例】：智慧数学五年级下册"长方体和正方体"单元复习课教学实践

板块一：思维导图，知识梳理

以小组为单位，分享自己梳理的关于长方体和正方体知识内容的思维导图,并进行及时修改完善(图17)。

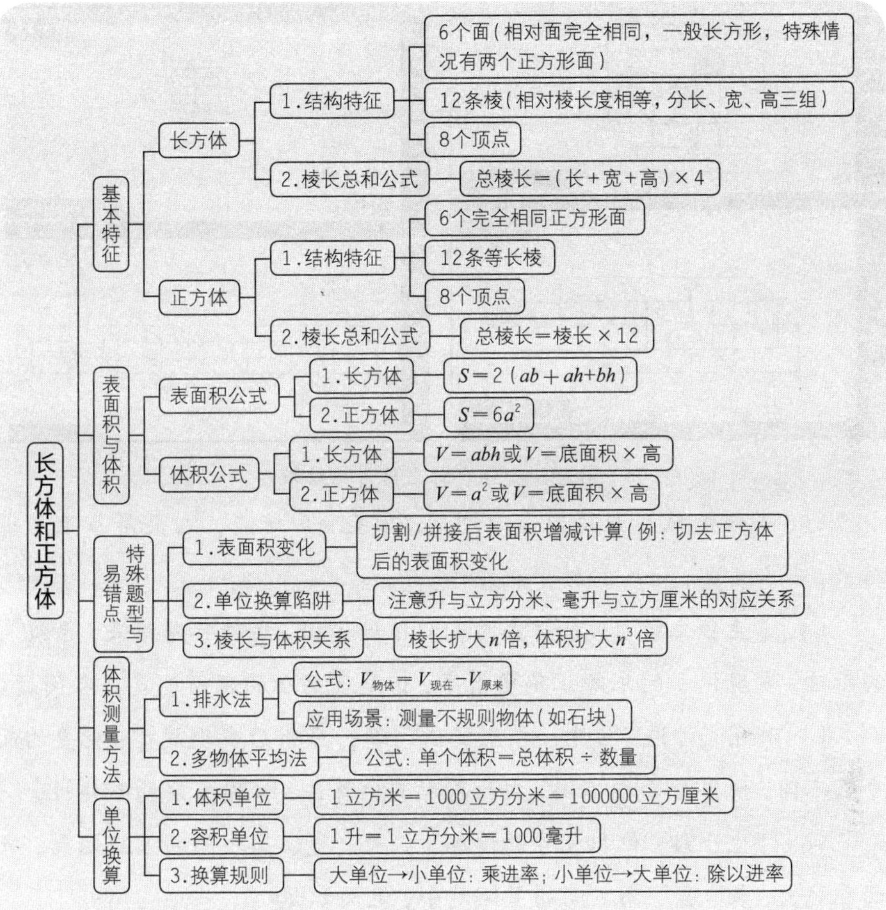

```
长方体和正方体
├─ 基本特征
│   ├─ 长方体
│   │   ├─ 1.结构特征
│   │   │   ├─ 6个面(相对面完全相同,一般长方形,特殊情况有两个正方形面)
│   │   │   ├─ 12条棱(相对棱长度相等,分长、宽、高三组)
│   │   │   └─ 8个顶点
│   │   └─ 2.棱长总和公式 ── 总棱长=(长+宽+高)×4
│   └─ 正方体
│       ├─ 1.结构特征
│       │   ├─ 6个完全相同正方形面
│       │   ├─ 12条等长棱
│       │   └─ 8个顶点
│       └─ 2.棱长总和公式 ── 总棱长=棱长×12
├─ 表面积与体积
│   ├─ 表面积公式
│   │   ├─ 1.长方体 ── $S=2(ab+ah+bh)$
│   │   └─ 2.正方体 ── $S=6a^2$
│   └─ 体积公式
│       ├─ 1.长方体 ── $V=abh$ 或 $V=$底面积×高
│       └─ 2.正方体 ── $V=a^3$ 或 $V=$底面积×高
├─ 特殊题型与易错点
│   ├─ 1.表面积变化 ── 切割/拼接后表面积增减计算(例:切去正方体后的表面积变化)
│   ├─ 2.单位换算陷阱 ── 注意升与立方分米、毫升与立方厘米的对应关系
│   └─ 3.棱长与体积关系 ── 棱长扩大n倍,体积扩大$n^3$倍
├─ 体积测量方法
│   ├─ 1.排水法
│   │   ├─ 公式:$V_{物体}=V_{现在}-V_{原来}$
│   │   └─ 应用场景:测量不规则物体(如石块)
│   └─ 2.多物体平均法 ── 公式:单个体积=总体积÷数量
└─ 单位换算
    ├─ 1.体积单位 ── 1立方米=1000立方分米=1000000立方厘米
    ├─ 2.容积单位 ── 1升=1立方分米=1000毫升
    └─ 3.换算规则 ── 大单位→小单位:乘进率;小单位→大单位:除以进率
```

图17 学生思维导图作品交流分享

板块二:问题驱动,探究交流

(1)呈现问题。

> 问题1:一个棱长为1dm的正方体,它的表面积和体积分别是多少?
> 问题2:如果增加一个小正方体,用2个小正方体拼,得到的长方体的表面积和体积分别是多少?
> 问题3:8个小正方体拼成一个长方体,其表面积和体积分别是多少?共有多少种不同的拼法呢?

（2）小组合作，动手操作，展开探究，并上传讨论结果（图18）。

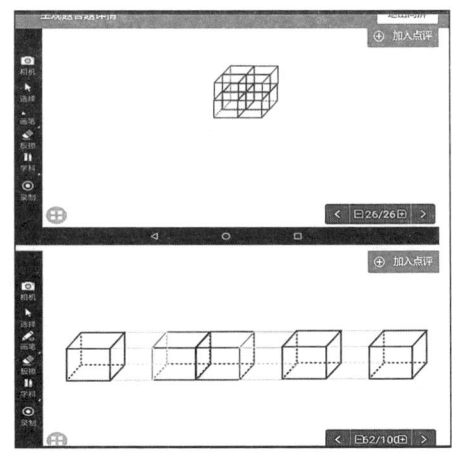

图18 小组合作上传讨论结果

（3）小组汇报，组员配合。利用"学生讲"功能，在大屏幕上呈现结果，一人讲解，一人拼搭小正方体。

（4）学生独立计算3种拼法的表面积和体积。上传答题结果，系统自动批改。发现体积的求解正确率很高，但是表面积的求解还是存在问题。

（5）利用"讨论"功能，学生提出问题，分析后发现规律：重叠的面个数不同，使得表面积不同。由此思考其他算法，体现算法的多样性。

（6）师生小结：体积相等的情况下，长、宽、高之间的差距越大，表面积越大，长、宽、高之间的差距越小，表面积越小。

板块三：练习巩固，精准掌握

（1）呈现问题。

问题4：现小正方体的个数增加，变成27个1dm³的小正方体，一共有几种拼法？
A.2种　　　　　　　　B.3种　　　　　　　　C.4种　　　　　　　　D.5种

（2）大数据反馈：全班有12人选择错误（图19）。学生提出疑惑：27明明比8大很多，怎么也只有3种拼法？

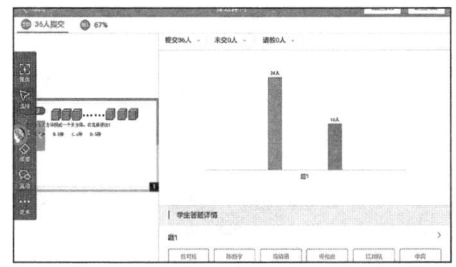 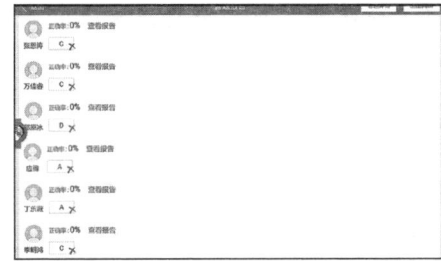

图19　问题4选择几种拼法的答题情况

（3）沟通知识之间的联系，因为27的因数是1、3、9、27，因数个数只有4个。

（4）独立计算第三种拼法的表面积和体积。系统自动批改，答题分析统计。

（5）具体分析答题情况。学生答题已有明显进步，只有1人出错，原因是他写错了表面积和体积数据的位置。

板块四：拓展提升，挖掘本质

（1）呈现问题。

> 问题5：这27个小正方体组成的大正方体，如果挖掉其中一个小正方体，剩下图形的表面积和体积分别是多少？

（2）以小组为单位，再次展开探究合作。每位学生利用平板端教师提供的电子学具，动手操作探究，讨论分享想法。

（3）选择一个小组操作演练挖的过程，利用"学生讲"功能，一人讲解，一人平板操作演示，呈现动态过程。

（4）梳理出3种挖法，回答3种挖法的表面积和体积，进行数据统计分析。

（5）难度提升。刚才挖了一个小正方体，现在多挖几个，请独立练习，分别计算出表面积和体积，并将答题结果上传（图20）。

（6）师生小结：体积正确率比较高，但是表面积的求解有一定难度，很多学生没有找到更好的方法。学生在学习过程中获得启发，可以联系第一单元"三视图"的知识内容，从不同的方向来计算正方形面的个数，从而求出表面积。

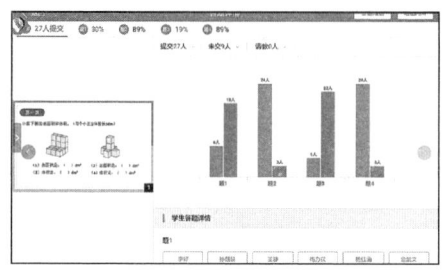 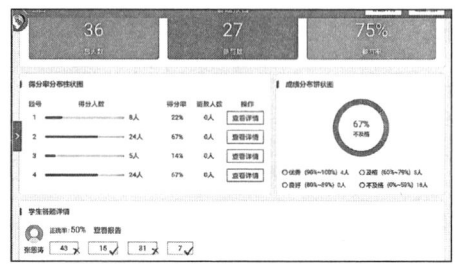

图20　求解不规则物体的体积和表面积的答题情况

表7对比了英语新授课、复习课在传统课堂、智慧课堂中的研学情况。

表7　英语课中研学对比

学习阶段	课型	传统英语课堂	智慧英语课堂
课中研学	新授课	·歌曲视频、提问导入 ·跟随引领，深入思考，师生问答 ·全班齐读，演绎对话 ·纸质任务单，拓展新活动 ·回顾知识，完成作业	·分析学情，歌曲视频、提问导入 ·层层答题，数据呈现，全班共享 ·平板跟读，系统纠音，配音演绎 ·平板助力，拓展新活动 ·回顾知识，完成作业
	复习课	·复习单词、句子，测验 ·师生问答，讲解错题	·小组答题，游戏闯关 ·错题分享，资源拓展

【课例】：智慧英语四年级下册《Let's talk》新授课教学实践

　　板块一：分析学情，歌曲视频、提问导入

（1）分析学情，攻克难点。

课前学生跟着音频朗读单词和课文对话，从数据报告中发现23人的mine、those朗读发音是良好，25人对"Whose pants are those？"的朗读发音是良好，所以学生还要跟着教师学习这些难词和难句的口型和语音语调。

（2）歌曲视频、提问导入，了解新课主题。

学生在平板上观看与主题相关的英文儿歌和动画视频，并且完成2～3题相关题目。教师了解全班学生的理解程度，并给予即时反馈。

板块二：层层答题，数据呈现，全班共享

（1）看图预测，即时答题，全班分享。

看课文图片进行预测，并回答教师在平板上发布的问题。教师展示预测部分问题的全班数据，同时邀请持不同答案的学生进行表述。

Where are they?
A. At home　　　　　B. In the school
What does mom put away（整理）?
A. Food　　　　　　B. Clothes　　　　　　C. Toys

（2）深入文本，教师引领，组内分享。

在深入理解文本内容时，学生听完课文音频，完成平台上的选择题，教师展示答案，学生在四人小组中讲解自己的选择并说出理由。

Whose coat is this?
A.Mother's　　　　　B. Father's　　　　　C.Sam's
Whose pants are those?
A.Mother's　　　　　B. Father's　　　　　C.Sarah's
How do you think of Sam?
A. happy　　　　　　B. Sad　　　　　　　C. Funny

（3）微课视频，攻克重难点，保持兴趣。

为了巩固学生对this和that以及these和those的理解与应用，教师制作微课进行讲解，并用不同的衣物图片设置简答题。学生戴上耳麦，进行口语简答题的回答，然后听取同伴的想法，进行点评。教师的提问

如下:

```
Whose _____ is this?
It's _____'s.
Whose _____ are those?
They're _____'s.
Whose pants are _____ (these)?
They're _____.
Whose shirt is _____ (that)?
It's _____.
```

学生通过微课学习 Amy's 和 Amy 的区别,然后教师邀请学生找班级中的物品举例练习。例如:This is Lucy. This pencil is Lucy's.

板块三:平板跟读,系统纠音,配音演绎

(1)跟读有示范,发音有评分。

学生在平板上先听课文的音频,再点击一句一句模仿朗读,查看系统的打分,挑选不满意的句子再次练习。教师根据朗读报告,有针对性地示范和纠音。

(2)软件配音和现场演绎,助燃学习热情。

学生通过平板软件对课文对话进行配音,教师挑选代表性作品给全班展示。优秀学生代表现场演绎对话,教师将视频共享给全班。

板块四:平板助力,拓展新活动

(1)提前拍照,准备创新对话。

学生在上课前拍摄好自己和家人的衣物,并学习好相关的单词和句子。

(2)观看教师的口语表达示范视频。

学生观看教师关于介绍自己和家人衣物的英文口语表达短视频,学习重点句型。

(3)尝试创新,将语言应用于生活。

学生在平板上看着自己准备的照片进行口语录制，上传到班级平台上，与全班共享，并给喜欢的作品点赞。

（4）即时反馈，挑选优秀作品。

教师在课堂上给出即时反馈，挑选优秀作品作为家庭口语作业示范发到平台上，供学生在家练习时参照。家长也可以在手机端看到所有作品，实时了解班级的学习进度。

板块五：回顾知识，完成作业

（1）练习单词和课文跟读，比较自己的朗读是否有进步。

（2）在平台上完成10道重点知识点题目，并立即提交系统批改，有错的进行重答。

（3）观看课堂优秀口语示范视频，完成自己的口语视频录制，全班共享。

【课例】：智慧英语四年级下册"My School"单元复习课教学实践

板块一：小组答题，游戏闯关

为了提高学生对复习课的兴趣和热情，教师利用智慧教育平台设置闯关题目。学生以4人小组为单位进行抢答，由此复习第一单元的单词、句子和对话（图21）。

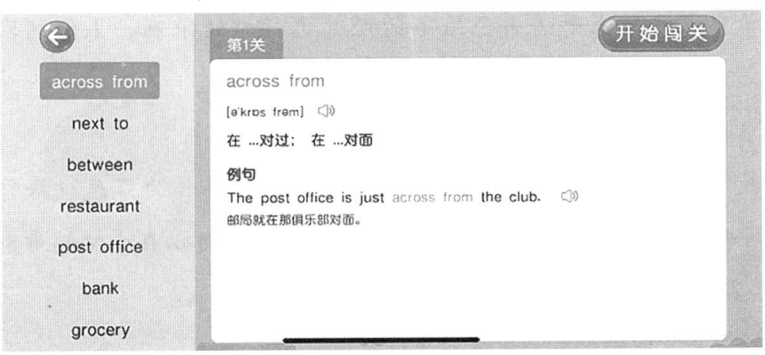

图21 课中复习游戏闯关

板块二：错题分享，资源拓展

（1）课前录制好错题讲解的视频，全班共享。

（2）适当练习，提升巩固。

表8对比了科学新授课、复习课在传统课堂、智慧课堂中的研学情况。

表8 科学课中研学对比

学习阶段	课型	传统科学课堂	智慧科学课堂
课中研学	新授课	·提问导入，揭示课题 ·交流凤仙花的生长变化 ·认识植物的生命周期 ·认识凤仙花的结构 ·回顾知识，完成作业	·结合学情调查，反馈问题 ·交流凤仙花的生长变化，绘制折线统计图 ·认识植物的生命周期 ·研讨拓展，制作凤仙花模型 ·回顾知识，完成作业
	复习课	·梳理学习内容，回顾探究活动 ·随堂练习，巩固提升	·小组合作，呈现数据 ·随堂练习，拓展提升

【课例】：智慧科学四年级下册《凤仙花的一生》新授课教学实践

板块一：结合学情调查，反馈问题

通过课前的调查问卷，78%的学生完成了种植凤仙花并坚持观察这一长时间探究活动。同时,班级圈里也看到了大家分享的各种凤仙花生长的观察记录。

教师提问:谁能根据自己的观察记录来分享所观察到的凤仙花一生的变化?

(1)学生用平板分享自己的记录,形式可以是日记、照片、视频等。

(2)观看凤仙花生长的视频,说一说凤仙花的一生经历了哪些阶段。

板块二:交流凤仙花的生长变化,绘制折线统计图

(1)学生根据凤仙花生长的观察记录,统计每个阶段所经历的时间,填写分析表。

(2)学生汇报分析表,教师通过"一键同屏"功能显示给全班学生看。

(3)教师用平板记录学生汇报的数据,计算出平均数,以这个平均数作为凤仙花生命周期中从一个阶段到下一个阶段大约所要经历的天数。

(4)学生统计凤仙花的植株高度,并用EXCEL制作折线统计图(图22)。

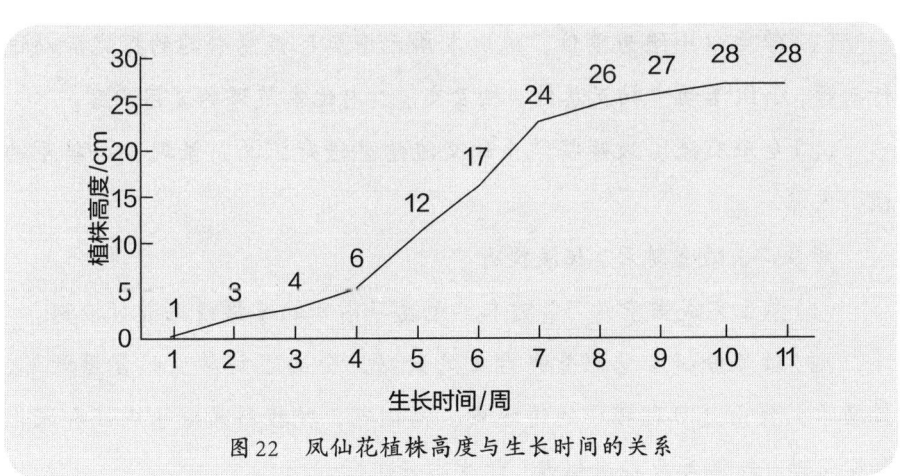

图22 凤仙花植株高度与生长时间的关系

板块三：认识植物的生命周期

教师提问：植物王国其他成员的生命周期是怎么样的呢？

（1）平板推送微课，了解"植物的生命周期"。

（2）小组合作，交流分享，认识不同的植物有着不同的生命周期。

板块四：研讨拓展，制作凤仙花模型

（1）学生制作凤仙花模型，完成作品后上传至班级圈。

（2）线上展示交流，评选出最佳模型作品。

（3）相互浏览模型作品，反馈评价意见，并给每一个作品打分。

板块五：回顾知识，完成作业

教师小结：我们了解了凤仙花一生的变化，认识了植物生长变化规律及生命周期，还根据凤仙花的特点制作了模型，这丰富了我们对于植物的认识。课后，根据评价意见，继续完善自己的模型作品。

【课例】：智慧科学四年级下册"植物的生长变化"单元复习课教学实践

板块一：小组合作，呈现数据

（1）学生以小组为单位，选取本单元中自己最感兴趣的探究活动进行回顾。小组活动中相互总结、相互交流，内化本节课的复习内容。

（2）全班交流。教师将学生的交流意见进行汇总，呈现整个单元的核心内容。

板块二：随堂练习，拓展提升

（1）学生完成当堂练习，对本单元复习内容的掌握情况进行检测。

（2）教师分析智慧课堂平台上的数据，全面了解学生的复习效果，帮助学生找出复习过程中的遗漏点、模糊点，挖掘科学概念内涵和深化探究活动。教师再次推送错题，学生当堂巩固。

3. 课后资源匹配，实现按需定制

教师布置作业有选择，学生练习巩固有选择，实现资源的有效利用。教师利用智慧课堂平台已有资源和校本资源，精选优化作业，为不同层次的学生提供不同难易程度的题目，学生也可以根据自身情况，选择适合自身程度的题目，从而实现有效匹配，真正实现按需定制。

表9对比了语文新授课、复习课在传统课堂、智慧课堂的课后延学情况。

表9 语文课后延学对比

学习阶段	课型	传统语文课堂	智慧语文课堂
课后延学	新授课	完成作业，抄写生字词语	完成平板推送的作业，大数据呈现错误习题，根据举一反三的原则，推送相关习题，完成作业，巩固知识
	复习课	拓展练习，完成阅读。完成作业后教师批改，再集体讲解	完成平板推送的阅读习题，做完后直接提交，根据教师批改的情况订正作业，再次提交

语文课后：在复习主题"把握文章的主要内容"时发现，学生做题容易产生3个问题：起因过于繁多；内容要素不全；语言不简洁。教师推送阅读习题《那片绿绿的爬山虎》，学生完成作业后上传平台。教师收到作业后进行批改并反馈。学生找到错误原因进行订正，再次上传作业。

表10对比了数学新授课、复习课在传统课堂、智慧课堂的课后延学情况。

表10 数学课后延学对比

学习阶段	课型	传统数学课堂	智慧数学课堂
课后延学	新授课	统一布置作业，没有根据学生学情分层布置	根据学生学情布置分层作业，激发学生学习热情
	复习课	题海战术，存在重复操练，学生容易厌烦	根据学生学情，针对性布置习题，取消已掌握知识的重复操练

数学课后：在学习数学综合实践类的"鸡兔同笼"问题时，学生的学习掌握情况差异较大（图23）。优等生已经不满足常规题型，想要挑战更高的难度；学困生往往还没有消化理解基础的题目，不适合增加难度，否则会降低积极性；中等生已经掌握了基础题型，但是题目稍一灵活还难以招架。为了让不同层次的学生都能强化巩固，学生会收到分层布置的作业。简单题侧重基础，学困生接收习题辅助理解掌握；中等题主要是变式题，包括情境的变化、条件的变化等，已经掌握的学生进行巩固强化；挑战题灵活开放，暗藏"陷阱"，学有余力的学生可以展开探索挑战。

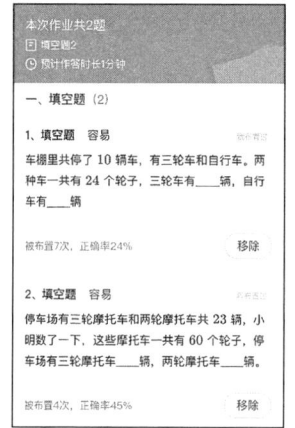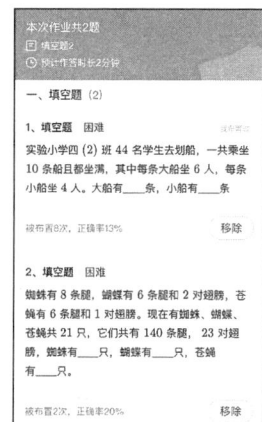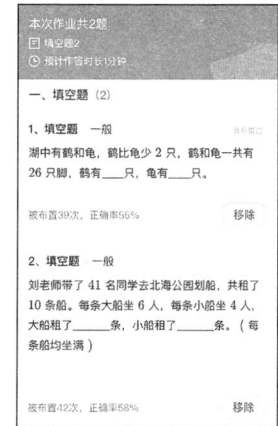

图23 "鸡兔同笼"问题课后分层作业

表11对比了英语新授课、复习课在传统课堂、智慧课堂的课后延学情况。

表11 英语课后延学对比

学习阶段	课型	传统英语课堂	智慧英语课堂
课后延学	新授课	完成作业本习题，朗读课文	完成朗读作业，系统给出数据分析，学生根据自己的薄弱项，再次朗读。口语作业上传平台
	复习课	拓展练习，教师批改，集体讲解和二次批改	观看课堂中学生的错题讲解视频，完成平台的测验，并订正

英语课后：在四年级下册Unit 5《Let's talk》的新课后，学生主要练习的对话知识点是：Whose hat is this？ It's Sarah's. Whose pants are these？They are Mike's. 首先，学生朗读课文对话，由平台打分，学生根据平台提示的发音不标准的单词，再次朗读，直到读标准为止。然后，教师为了帮助学生灵活应用语言，可以布置看图说话的口语作业，并由教师本人录制的口语视频作示范，如"Whose dress is this？""It's Sarah's.""Whose coat is this？""It's Mike's.""Whose shoes are these？""They're Sarah's."教师还可以录制微课，讲解衣物的单数和复数的使用区别。学生上传自己的口语表达视频后，可以开展师生评价和生生互评。

表12对比了科学新授课、复习课在传统课堂、智慧课堂的课后延学情况。

表12　科学课后延学对比

学习阶段	课型	传统科学课堂	智慧科学课堂
课后延学	新授课	完成教师布置的作业	完成平板推送的作业，大数据呈现错误知识点，根据举一反三的原则，推送相关习题，完成作业，巩固知识
	复习课	熟记概念，反复练习。完成作业后，教师批改，再集体讲解	完成平板推送的习题，做完后直接提交，根据教师批改的情况订正作业，再次提交

科学课后：在复习"植物的生长变化"单元时发现，学生对根和茎的结构与功能掌握得不是很好，容易将两者混淆。教师通过平板推送相关练习，学生在平板上完成练习，教师收到作业后进行批改并反馈，学生找到错误原因进行订正，再次上传作业。

（三）智慧评价：从单一走向全面

心理学家德韦克（Carol S. Dweck）指出，具有成长型思维的学生更有能力发展为终身学习者,因为他们相信可以通过不断努力让自己学得更好。这就要求教学评价不能过于注重结果,而忽略过程,否则会打击学生的学习热情。结合智慧教育的技术后,教学评价变得更灵活和动态,不仅评价形式变得多样化,评价内容也更注重学生的成长过程,从而培养了学生健康积极的成长型思维。

1. 多维互联,激发动力

传统课堂中,教师主要是围绕教材展开练习,但是有了智慧教育的资源后,教师在备课过程中,可以通过搜索平板的资源中心,选择适合课堂主题的课外歌曲、动画片、巩固词汇的小游戏以及课外阅读绘本。四年级下册英语Unit 5的主题是"clothes",教师可以选择《粉红小猪》动画片中的《Dressing up》,还有歌曲《A Fashion Show》,以及绘本阅读《Whose dress is this?》。这些资源不仅能调动学生学习英语的积极性,还可以大大提高学生的英语输入量,让学生的听力能力和口语发音能力逐步提升。学生的优秀作品通过平台分享,实现师生、生生、家校等的多元互联。

2. 分层激励,发挥个性

利用智慧课堂平台布置课外探究活动,将学生的课堂学习延伸到课外,让学生动脑思考、动手探究,从而培养科学探究能力,发展科学思维,提升科学素养。以往,科学课的课外探究活动总是流于形式或半途而废,主要原因是缺乏有效的监督和及时的评价鼓励。而通过"畅言晓学"来布置探究任务,学生可以将自己探究各个阶段的学习成果以图片、视频等形式上传到平台,向教师及全班同学展示、分享自己的学习收获。同时,学生也能学习同伴的学习成果,在比较中发现自己的不足,完善自己的探究学习。教师也能通过学生阶段性的反馈,掌握学生的探究情况，开展有针对性的指导，提高探究活动的成功率和有效性。针对学生的作品，教师采用分层评价，多鼓励学困生，多给优等生提建议，让不同层次的学生均有不同的创意，均有所得。

3.全景纵览，追踪路径

智慧课堂平台的记录跟踪功能可以保存学生每次完成的学习动态，教师和学生均可以查看每次完成的学习任务情况，以及全班整体情况，从而进行横向对比，也可以查看近一段时间、一个学期或一个学年的学习变化情况，了解是否进步或退步，从而实现纵向对比。图24呈现了A学生各学科的核心素养发展情况。

针对语文、数学、英语、科学四门学科的情况，智慧课堂平台提取数据，进行分析量化，绘制成班级一位学生的学科核心素养发展评价雷达图（图25），对比地呈现出其与班级整体学科核心素养的平均发展水平，该图可以更直观地明确学生的优势，找到不足。

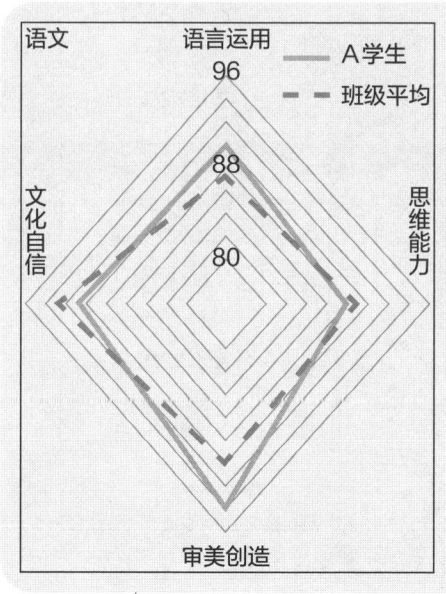
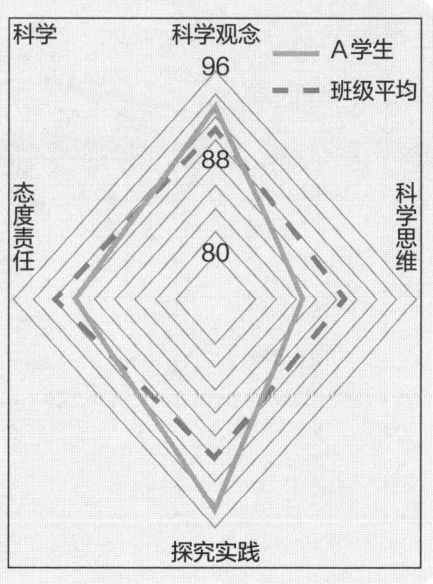

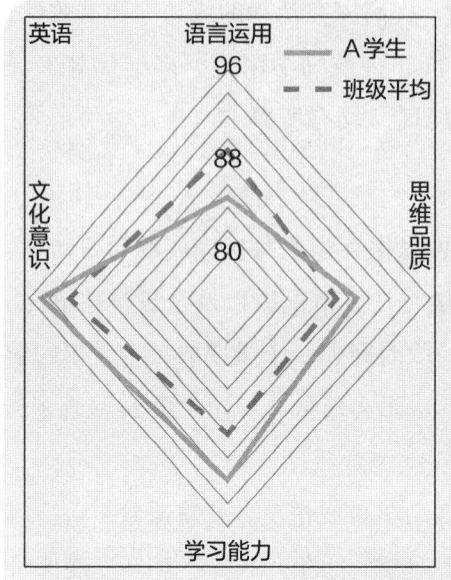
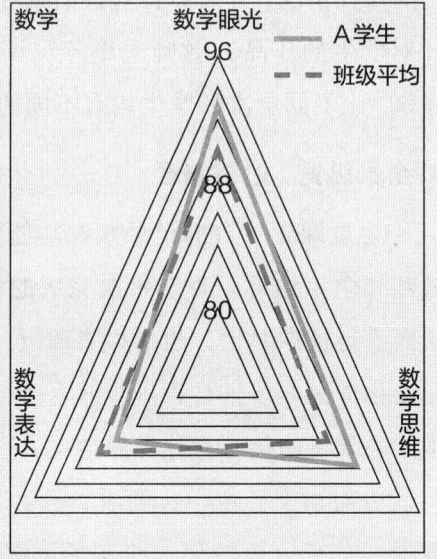

图24 A学生各学科核心素养雷达图

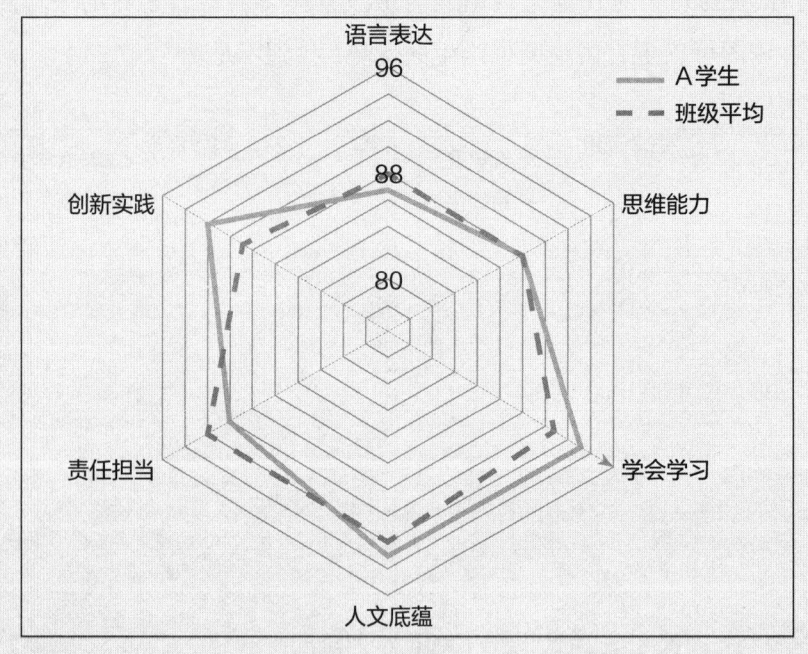

图25 A学生四科核心素养雷达图

其实，不同学科之间是交叉联结、紧密依存的，因此将语文、数学、英语、科学四门学科的核心素养进行整合提炼，将语言运用（语）、语言能力（英）统整为语言表达，将科学思维（科）、数学思维（数）、思维品质（英）、思维能力（语）统整为思维能力，将学习能力（英）、科学观念（科）、数学眼光（数）统整为学会学习，将文化自信（语）、文化意识（英）统整为人文底蕴，将态度责任（科）调整为责任担当，将探究实践（科）、审美创造（语）、数学表达（数）统整为实践创新，由此构成了以语言表达、思维能力、学会学习、人文底蕴、责任担当、创新实践这六个维度的全面综合评价体系。

四、研究成效

以智慧课堂平台为载体的"四科三学"课堂教学，已经成为转变教师教学方式和学生学习方式的主要抓手之一。依据大数据，教师科学地确定教学起点、教学过程，选择合适的教学内容、教学方法，调整教学策略，并根据学情优化教学，让课堂更高效。同时，教师对不断变化的学习过程及学生动态情况进行多形式、多层次、多元化的评价，学生不断经历着知识学习、运用与掌握，效果远优于普通课堂。

（一）教师教学"精准"了——交互的平台，高效的课堂

运用大数据采集学习数据，大大提高了教师的课堂效率。同时，因为有了学生学习数据的参照，教师在具体教学设计和课堂教学的过程中，能够更具针对性和实效性，让数据真正为课堂赋能。

1. 资源共享，交流与互动的数据应用

资源电子化是教育信息化不断发展的方向，教师可以在多元的资源库中寻求自己需要的素材。经过实践的积累，我们构建了资源库，通过

"教学云平台、教学资源、智能学习终端"一体化的资源构建，既为教师提供了备课资源、优化了教学模式，也为学生扩大了学习空间。教师通过个性搜索，精准定位教学资源，结合自身实际教学情况，融会贯通，用之于教，以达到数据资源使用最大化效果。

2.理念升级，浅层到深度的课堂实践

结合智慧课堂平台的应用功能特点，我们从学习核心、学习目标、学习资源、学习活动、学习评价、学习效果、教学组织形式、师生角色等方面，进行传统教学模式和智慧课堂精准教学模式的对比（表13）。大数据的归类呈现，更方便教师能够因材施教，并找到教学的起点、难点开展有效教学。

表13 传统教学模式与智慧课堂精准教学模式对比

项目	传统教学模式	智慧课堂精准教学模式
学习核心	围绕知识内容进行学习活动，侧重具体知识点的掌握	以个体已有经历作为起点进行学习，注重教材与生活经验之间的链接
学习目标	根据课程标准和教材内容制订，侧重对知识的获取	根据学习主题，基于个体经历起点，制订相关知识、情感、能力目标，侧重多元智能的发展
学习资源	主要以教材为依托组织的	借助平板端的有效资源载体，自由探究与学习知识
学习活动	以教师的"传递—接受"式为主	以问题探究、任务驱动式的学习活动为主
学习评价	对学习结果进行模糊笼统的评价	精准及时的过程性评价和阶段性学习结果评价，积累跟进，数据留痕，了解每位学生在不同知识内容和不同阶段的学习变化情况
学习效果	比较机械地获取知识，缺乏探索、实际动手操作的体验和运用	相对灵活地获取知识，并能在实际操作中解决问题
教学组织形式	主要为课堂集体教学	教学组织形式灵活多样，合作互学，分享交流，不局限于课堂集体教学

续表

项目	传统教学模式	智慧课堂精准教学模式
师生角色	教师是知识的主要传递者,学生主要还是被动接受知识	教师是学习环境的创建者、资源提供者、学习活动的合作者和促进者,学生可以小组为单位,以问题为导向,主动构建知识

(二)学生学习"高效"了——思维的拓展,智慧的成长

应用智慧课堂教学模式,实现多元交互学习,让学生的知识面不再局限于教材,让学生的思维往纵深向拓展,并给学生创造了更多发挥和展示综合能力的机会。

1. 首尾兼顾,学力与素养的双线发展

通过分析智慧课堂平台的数据,学生可以对自己的薄弱点有更直接、更科学、更全面的了解。精准定位后,学生围绕薄弱点寻找针对性练习,减少不必要的练习带来的时间和资源浪费,减轻课业负担。同时在解题过程中,学生积累形成了自己的错题库,能够反思错因,提出改进措施。

2. 由智生慧,应用与创造的成功实践

在研究的实施应用中,我们发现,使用平板开展智慧课堂教学,学生总是满心期待、兴致高昂。学生对于课堂学习由原来被动接受到主动期待,在态度上已经有了明显转变。智慧课堂平台的功能和上课形式丰富多样,对小学生来说特别有吸引力。趣味挑战的知识内容、参与动手的操作实践、小组的合作竞争、激励为主的多维评价机制,正在逐步提高学生对学科学习的兴趣和喜爱,从而提高了他们的综合实力。

(三)评价体系"丰实"了——多元的呈现,综合的分析

传统教学评价,往往只局限在教师对学生某一门学科的评价,而且评价体系单一,常常只是分数或等级评价。智慧课堂平台技术,全面收

集了学生在各学科、各发展分支上的数据，加以系统性的凝练提取、整理分析，建立起学生个性化的学情模型，从而展现出一个多元、丰满、全面的评价体系。

1. 广泛参与，单点到多元的范式建立

利用智慧课堂平台技术，教师对学生学习动态数据进行收集、整理、分析，评价的视角不再局限在纸笔练习的分数或等级评价，而是从多个维度、多种方式展开全面评价。学生完成作业不仅看作业的正确率，还考查学习的效率和积极性，包括作业的完成速度、订正的及时性。作业的上交也不仅仅是以纸质内容的形式提交，还可以有录制微课、绘制图画、朗读等形式，这样能更全面、多元地考查学生各方面的能力。评价不仅仅是针对个人的评价，还通过学生有层次、有目标、有组织地分组结对，进行"强强联手""培优扶弱""平平共生"等分层学习，讨论交流、高效分享，展开对团队合作小组的评价。

2. 连点成线，立体、全面地勾勒个性

智慧课堂平台的深度应用，涵盖了各学科学生学习的方方面面，也记录了学生各年级的学情数据，将这些某个学科、某个时间点、某个学生的学情数据"点"联系起来，加以整理分析，提炼出学生核心素养，就能立体、全面地勾勒出学生的学情个性。针对学情个性，学生可以及时发现短板问题，进行针对性学习，也可以深挖优势，凸显亮点。智慧课堂平台根据学生的表现，形成班级的排行榜，教师可以及时对优秀的学生进行表扬，对于学习有困难的学生进行线上沟通帮扶，形成每位学生独特的成长记录档案。

五、畅想展望

技术助推教学的发展，成为课堂的助推器。我们利用大数据构建

合适的学习平台,与现实教学形成合力,让课堂能真正以生为本、学为中心。但是在实践过程中,我们也需要结合教学方式的变革,不断更新、完善智慧课堂系统,提升教师的教学力、学生的学习力和学校的软实力。

(一)优化智慧课堂平台,丰富资源库

随着信息技术的迭代更替,智慧课堂平台的选择范围和技术应用水平都在不断提升。这对我们已有的硬件设备是一大冲击,对教师的教学应用也表现出诸多困难。因此,需要教师利用好互联网技术,结合自身实际,积累更丰富的学习资源,形成更强大的数据网络,让学校的智慧教学资源库更加充实。

(二)延长学习循环周期,固化生态圈

智慧课堂的开展,更关注学生自主学习能力、合作学习能力的养成。在智慧课堂的模式下,教师更需要关注学生的学习循环,做到长期有跟踪的培养,定期进行数据后测,及时改进教学方案。我们要在数据追踪中努力构建智慧化教学的生态系统,形成可借鉴、可模仿的教学新模式。

(三)扩大学习研究广度,形成研究链

目前,我们只是探索了语文、数学、英语、科学四门学科的课型,而如何在此基础上构建其他学科的课堂新样态,我们将在后期研究中继续探索前行。同时,我们需进一步加强学科与学科之间的联系,利用好智慧工具,开展跨学科的项目式学习,扩大学生学习的广度。学科教师之间要形成学科研究链,挖掘、整合、设计符合学生核心素养培育的学习项目,形成学校特色。

参考文献

[1] 格兰特·威金斯,杰伊·麦克泰.理解为先模式——单元教学设计指南(一)[M].盛群力,沈祖芸,柳丰,等译.福州:福建教育出版社,2018.

[2] 诺曼·E.格朗伦德,苏珊·M.布鲁克哈特.设计与编写教学目标(第八版)[M].盛群力,郑淑贞,冯丽婷,译.北京:中国轻工业出版社,2017.

[3] 格兰特·威金斯,杰伊·麦克泰.追求理解的教学设计(第二版)[M].闫寒冰,宋雪莲,赖平,译.上海:华东师范大学出版社,2017.

[4] 马兰,盛群力.课堂教学设计——整体化取向[M].杭州:浙江教育出版社,2011.

[5] L.W.安德森,D.R.克拉斯沃尔,P.W.艾雷辛.学习、教学和评价的分类学:布卢姆教育目标分类学(修订版)[M].皮连生,译.上海:华东师范大学出版社,2008.

[6] 郭华.落实核心素养,促进学生全面发展[N].中国教育报,2022-5-6(10).

[7] 孙重阳,孙德志,刘国康.单元教学设计:学科核心素养落地的有效途径[J].江苏教育,2018(51):52-54.

[8] 余文森.以核心素养为导向:建立与义务教育新课标相适应的新型教学[J].中国教育学刊,2022(05):17-22.

[9] 盛群力.核心素养落地呼唤"新课型"——兼论教策略越教越聪明[J].中国电化教育,2023(02):29-39.

[10] 周莹,冯华.深度学习视域下的单元教学任务设计——以初中物理为例[J].基础教育课程,2021(08):56-61.

[11] 程菊.重构学习单元,促进核心素养落地[J].基础教育课程,

2019（07）：41-47.

[12] 盛群力. 设计单元教学的要义[J]. 上海教育科研，2022（03）：1.

[13] 道格拉斯·费希尔，南希·弗雷. 扶放有度实施优质教学[M]. 徐佳燕，张强，译. 福州：福建教育出版社，2018.

[14] 盛群力，倪鉴. 人工智能时代的课堂教学革新[J]. 数字教育，2021，7（02）：1-8.

[15] 夏雪梅. 指向核心素养的项目化学习评价[J]. 中国教育学刊，2022（09）：50-57.

[16] 宋兴欢，姜黎，徐胜勇，等. 基于培养初中生科学素养的项目化学习评价体系探究[J]. 成才，2022（02）：6-11.

[17] 王云. 项目化学习的评价设计[J]. 上海课程教学研究，2021（04）：59-65.

[18] 荣维东. 大单元教学的基本要素与实施路径[J]. 语文建设，2021（23）：24-28.

[19] 孙静妮. 以大概念为核心的科学课单元整体学习设计[J]. 小学科学：教师，2021（02）：2.

[20] 维克托·迈尔-舍恩伯格，肯尼思·库克耶. 与大数据同行——学习和教育的未来[M]. 赵中建，张燕南，译. 上海：华东师范大学出版社，2015.

[21] 唐斯斯，杨现民，单志广，等. 智慧教育与大数据[M]. 北京：科学出版社，2015.

[22] 谢幼如，邱艺. 走进智慧课堂[M]. 北京：北京师范人学出版社，2019.

[23] 杨现民，刘雍潜，钟晓流，等. 我国智慧教育发展战略与路径选择[J]. 现代教育技术，2014，24（01）：12-19.

［24］唐烨伟，李施，彭芸. 教师信息技术应用能力测评：基于教学数据流的课堂事理图谱［J］. 开放教育研究，2021，27（03）：85-95.

［25］杨鑫，解月光. 智能时代课堂变革图景：智慧课堂及其构建策略［J］. 电化教育研究，2021，42（04）：12-17.

［26］梁文鑫. 大数据时代——课堂教学将迎来真正的变革［J］. 北京教育学院学报(自然科学版)，2013，8（01）：14-16.

［27］徐显龙，沈王琦，张琦慧，等. 面向学习过程的复杂技能测评设计及成效［J］. 中国电化教育，2021（06）：112-120.

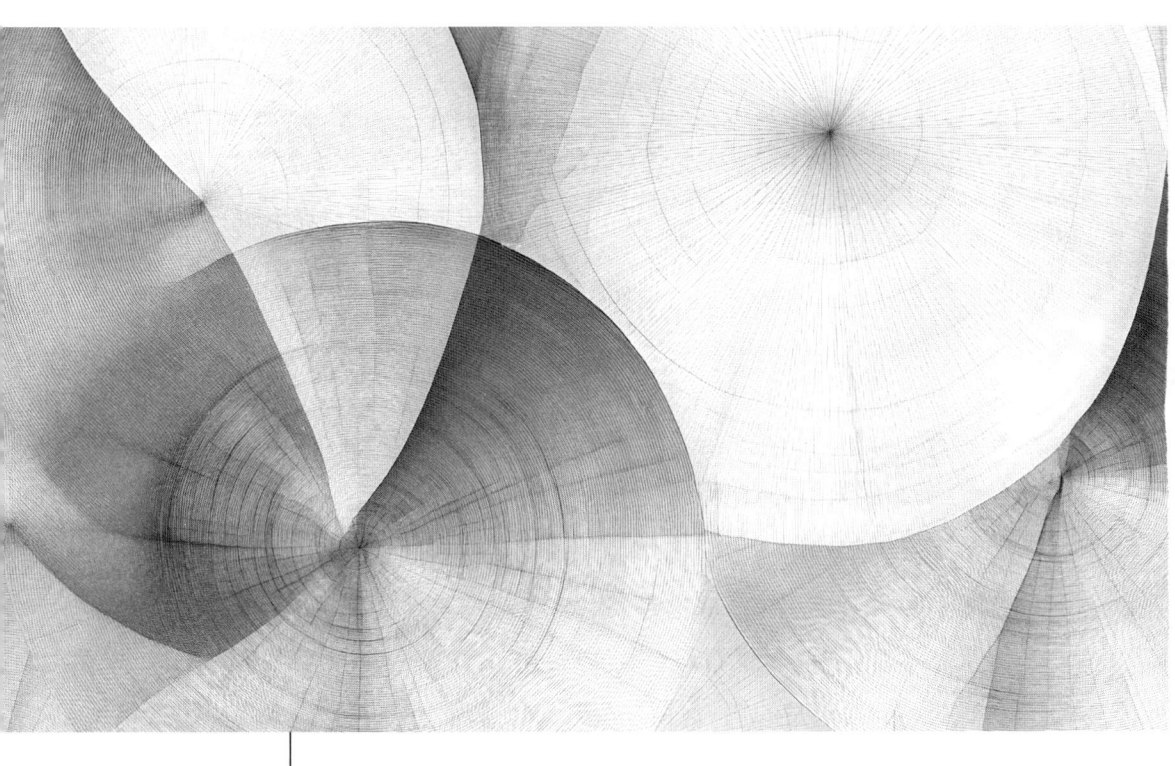

第三编 学科案例

小学语文《海底世界》教学设计

杭州市萧山信息港小学　俞肖旦

一、教材分析

（一）语文要素概念分析

统编版语文三年级下册第七单元以"奇妙的世界"为主题，编排了《我们奇妙的世界》《海底世界》《火烧云》三篇课文，旨在引导学生发现宏大、丰富、神奇的大自然。本单元的语文要素是"了解课文是从哪几个方面把事物写清楚的"。何谓"清楚"呢？《现代汉语词典》（第7版）的解释为"事物容易让人了解、辨认；对事物了解很透彻"。阅读时，学生要了解课文是怎样把事物写得让人容易了解、辨认，习作时加以迁移运用，从而言简意赅、明白无误地描绘事物、传递信息和交流思想。

那么，如何从阅读中学习"写清楚"？

首先，了解课文明确想表达的意思。这些明确的意思或在课文的开篇，如《我们奇妙的世界》开门见山出示了句子"这是一个奇妙的世界，一切看上去都是有生命的"；或在课文的结尾点明，如《海底世界》的结尾"海底真是个景色奇异、物产丰富的世界"；虽然《火烧云》没有在开篇或结尾点明文章的主题，但全文也是紧扣"这个地方的火烧云变化极多"这个意思来写的。这就是古人讲的"意在笔先"。阅读时，学生要快速把握住文章"意思"，然后了解作者从哪些方面把事物写得容易让人了解、辨认。

其次，了解课文围绕明确的意思写了哪些关键信息。如《我们奇妙的世界》是从天空和大地两个空间中不同种类的事物把奇妙的世界写清楚的;《海底世界》是从海底的动物、植物、矿物三个重要类别把海底世界写清楚的;《火烧云》则从颜色和形状两个方面写出了火烧云变化多、变化快的特点。可见作者描述一件事物时，并非"眉毛胡子一把抓"，而常常根据主要意思有选择地写清楚关键的内容信息，抓住事物的主要过程。

最后，了解课文的表达顺序。课文总是按照一定的顺序来表达的，或按空间、时间顺序，或按事件发展顺序，或按人们对事物的认识过程，或从上到下，或从近到远，或从前至后，或由表及里，层次分明、脉络清晰、有条有理。《我们奇妙的世界》是按照空间顺序来写;《海底世界》是按照事物组成的类别来写;《火烧云》是按照同一事物的不同方面来写。

(二)语文要素关联分析

纵向看，三篇课文是对课程标准第二学段阅读目标"初步把握文章的主要内容"这一要求的精准落地，也是对教材第三单元"了解课文是怎么围绕一个意思把一段话写清楚的"这一语文要素的进一步提升。从"把一段话写清楚"到"把事物写清楚"，体现了能力训练和基本素养的渐进与梯度。图1呈现了三年级语文要素的纵向分析结果。

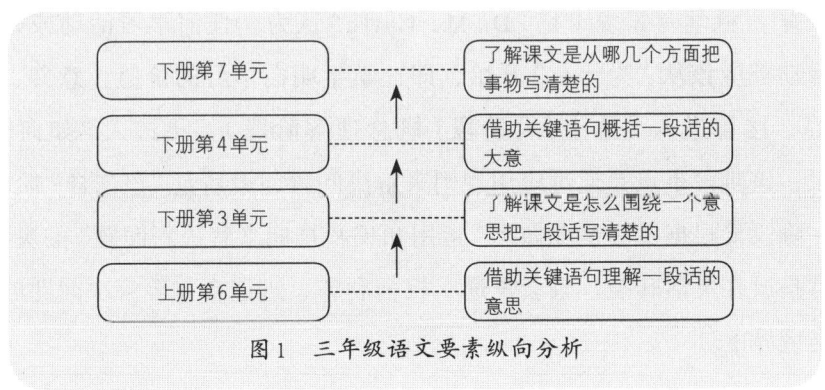

图1　三年级语文要素纵向分析

横向看，三篇课文的编排阐释了单元要素"写清楚"的具体内涵。《我们奇妙的世界》从天空和大地两个方面介绍了人类所处世界的奇妙；《海底世界》从海底的动物、植物和矿产等方面介绍了海底奇异的景色和丰富的物产；《火烧云》从颜色和形状两个方面展现了火烧云急速变化的美景。三篇课文描写的对象虽然各不相同，但在表现手法上，都是从几方面来把事物写清楚的（图2）。

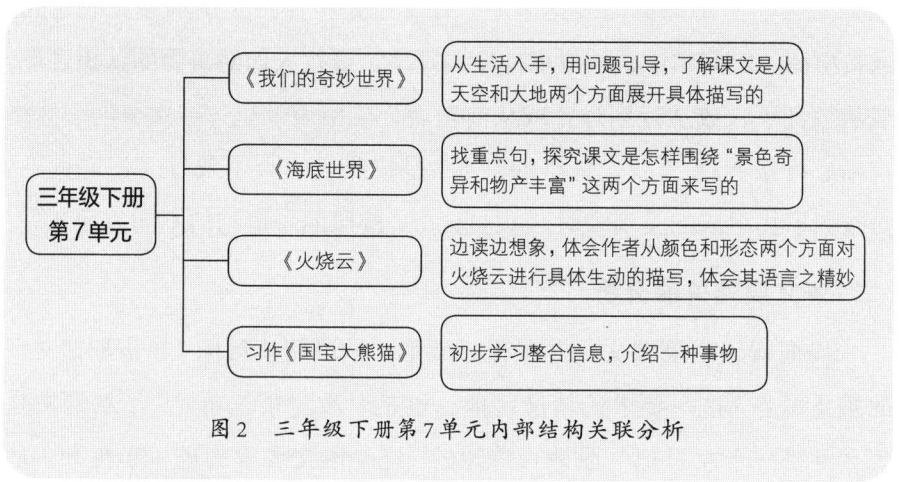

图2 三年级下册第7单元内部结构关联分析

二、教学设想

学习科学专家麦卡锡（D. Mc Carth）认为，任何学习活动或是教学活动都应该从"为什么"开始，即让学生明白学习的价值、意义、作用等，接着进入"是什么"阶段（概念理解阶段），再进入"如何做"阶段，该阶段重点是通过应用规则来解决问题，最后是"该怎样"阶段，这一阶段要根据实际情况做出"运用知识和技能来解决新问题"的决案，重点是放在灵活转换、融会贯通、权衡利弊、进退自如等解决问题的状态与境界上。

由此可见，概念理解后的规则生成以及策略选择成为了提升学生核心素养的重中之重。那么，如何进行规则的迁移和有效的策略选择呢？这就需要构建一类学习任务，在目标统摄下，以学为中心，坚持教学评一致，逐级搭建学习支架，再由扶到放，最终使得策略解决实际问题掷地有声。

（一）解读教材，创设情境

学习情境的设置要符合核心素养整体提升和螺旋发展的一般规律。语文学习情境源于生活中语言文字运用的真实需求，服务于解决现实生活的真实问题。创设情境，应建立语文学习、社会生活和学生经验之间的关联，符合学生认知水平；应整合关键的语文知识和语文能力，体现运用语文解决典型问题的过程和方法。

本单元导语是"天地间隐藏着无穷无尽的奥秘，等待我们去寻找"。三年级的学生活泼好动，爱探究、爱思考，尤其对大自然的探秘活动充满兴趣。结合学生喜欢的课外读物《神奇校车》系列，本单元的学习设想让学生成为神奇校车的一员，化身为"小小探秘家"去开启探秘活动，使整个单元学习融入一个探秘的情境中。从第一篇课文《我们奇妙的世界》开始，学生已经尝试将天地间的各种景象，以探秘的方式展开学习活动。延续上节课的真实情境，上课伊始教师带领"小小探秘家们"先回顾本单元的整体任务，再提出海底世界探秘的新任务，开启奇妙海底的旅程，"海底世界"对学生来说是比较陌生的，但又充满着兴趣。

（二）聚焦实践，建构任务

如果说"情境"将语文学习与学生生活关联起来，那么"任务"就是将单篇的学习目标、零散的学习内容关联起来。有学者曾讨论过"真实"的学习任务，区分了"真实"与"现实"的不同。完全的生活真实的学习任务是可遇不可求的,教师为了落实学习目标而精心创设的学习任务,应该称作"现实"的学习任务。当学生在"现实"学习任务中习得的知识、技能,尤其是概念性理解,能够迁移到生活真实中,运用于解决真实问题时,其学习的意义就凸显了出来。在"神奇校车探秘海底世界"这个情境下,教师重组、整合教材内容,将识字写字、朗读理解、能力训练等内容统整在"探寻海底印象""绘制海底地图""破解植物密码"这三项任务中。学生在读、思、说、写中感受海底世界的奇妙,发现作者如何将事物写清楚的写作密码。在读与诵的融合、读与说的结合、读与写的互动中聚焦重点,发展素养。

(三)设置梯度,深度学习

《海底世界》一课从多个方面来介绍海底世界景色奇异、物产丰富的特点,中间部分的每一个段落都明确围绕一个意思来写。统整教材体系中关于该语文要素的梯度设计,我发现在学习三年级上册第六单元时,学生已经掌握了"借助关键语句读懂一段话"的方法,在此基础上,引导学生寻找2~6段的关键语句,梳理思维导图来把握文章结构是符合学情的。联系三年级下册语文园地四"交流平台"找关键语句的旧知去解决问题,遇到关键语句不明确的段落,则需要采取比较、讨论的方法来让学生判断,并借助思维导图促进学生在课堂上深入思考,具体教学策略如下。

1.找出关键语句,重温旧知

要概括大意,就得先找到关键语句,那关键语句是什么、有什么用?在什么位置、怎么找?根据艾宾浩斯的遗忘规律,学生在经过一段时间后,可能会对关键语句相关的几个问题有所遗忘。因此在开课伊始,我先向学生抛出问题,让学生尝试回忆关键语句有可能出现的位置，再组织学生进行交流，接着将学生的交流结果反馈在课件上。

2.借助朗读分析，尝试概括

唤起学生对关键语句的作用及其在段落中的位置等已学内容的记忆后，课文的第3、4、5自然段都可以通过直接提取关键语句的方式进行内容概括，而第2、6自然段需要进行概括整合。在第2自然段的学习中，我让学生用自己喜欢的方式读一读，考虑到三年级学生的学习能力、思维能力、理解水平还处在初始阶段，我在引导学生用多种方式读了第1自然段后，提示学生数一数第1自然段有多少句话，讲清楚每句话各写了什么内容，思考它们之间的关系，提取出关键词"宁静""黑暗"。第6自然段直接利用课堂作业本的答案提示，引导学生去发现同类事物之间的归类整合，使段意全面，语言简洁。

3.迁移课外语段，学以致用

在落实《海底世界》第2～6自然段"借助关键语句概括一段话的大意"这一学习任务中，通过引导，学生已大致掌握"借助关键语句概括段落大意"的初步方法。在小结方法后，我提供课外语段《形形色色的植物》，通过找一找关键句，运用摘录法、概括法、归类法尝试概括自然段的意思。

（四）优化作业，育高阶思维

1.以预学作业为导向，找准教学"切入点"

课前任务侦查单的第1题"选择最感兴趣的段落"（图3），学生在选择的过程中，比一般的预习朗读更关注内容和语言表达，加深初读课文的理解，同时也便于教师了解学生的兴趣点，以便顺学而教。

逐一学习生字词耗时多、效率低。因此我设计了图3所示的课前任务侦查单,通过第2题中四组词语的认读,找准难读字词。在教学设计时,有的放矢地采用"难读词语排行榜"的形式反馈,不仅充满趣味,还直击难点,使学习更高效。

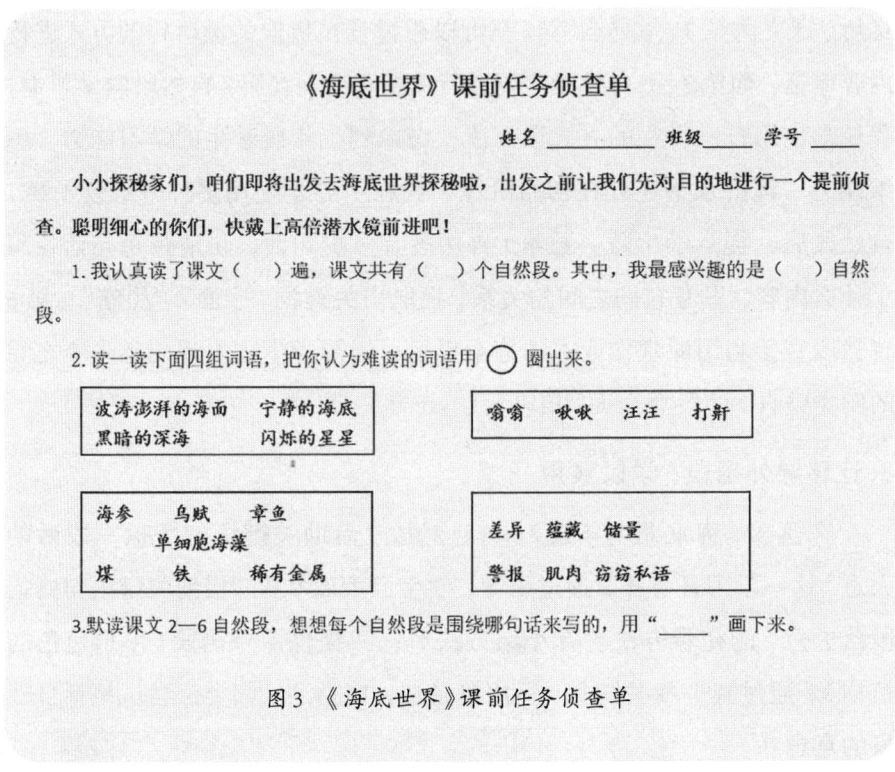

图3 《海底世界》课前任务侦查单

2.以课堂作业为支架,驱动思维"深入点"

用好作业本,找准使用方式、优化作业设计等,都能让课堂变得扎实、灵动。

作业本第4题在课堂中使用了4次,分别在这样的层层递进中,实现了语文要素的学习和作业本练习的有机融合(图4)。思维层级也由低阶到高阶,有效实现了思维的增量。

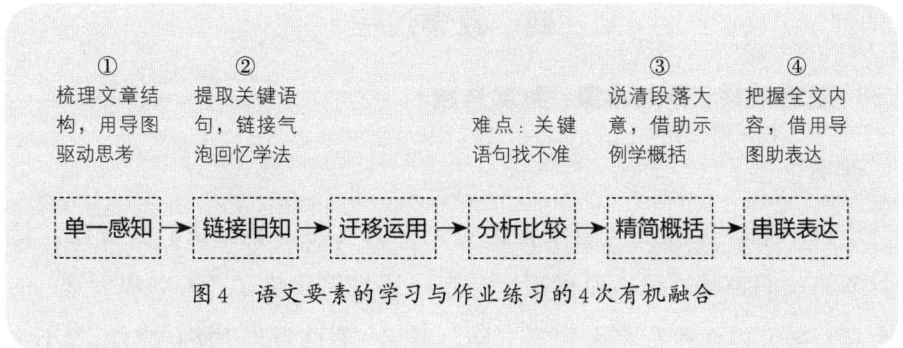

图4 语文要素的学习与作业练习的4次有机融合

3.以拓展作业为载体,迁移要素"生长点"

课中拓学的思维导图,是建立在学生课堂学习了"寻找关键语句梳理"的方法之后的。实施过程中,考虑学生的能力有差异,我采用小组合作的方式来梳理图表,这样可以体现小组内组员独立思考、交流分享、质疑讨论、认同记录的学习过程,这也是学习他人经验的过程,最后小组内推选出代表进行交流汇报,这个填写的思考过程,也是对"由扶到放"理念的充分体现。

三、教学目标

· 通过预习反馈,聚焦错误率高的词语,重点认读。

· 借助作业本思维导图,梳理课文是从哪几个方面来介绍海底世界的,进一步提升学生提取和整合关键信息的能力。

· 结合已学关键语句相关的知识储备,运用摘录、概括和归类等方法去提取、整合关键信息。

· 借助课外文本《形形色色的植物》,对"了解课文是从哪几个方面把事物写清楚"的语文要素进行迁移运用。

四、教学过程

(一)课前谈话,导入新课,激发兴趣

1. 课前谈话

孩子们,天地之间蕴藏着无穷无尽的奥秘,等待我们去发现。这个单元我们都是"小小探秘家"。上一站我们领略了"天空和大地"的珍藏,今天神奇校车将来到第二站,开启"海底世界"探秘之旅。"小小探秘家"你们都准备好了吗?我们出发了!

2. 导入新课

好多同学都去过海边,聊聊你所了解的大海吧!那大海的深处又是怎样的呢?今天我们就要潜入大海的深处,去探寻海底印象。

(二)初读课文,整体感知,字词反馈

1. 初读课文

> **探秘活动一:探寻海底印象**
> - 自由朗读课文,读准字音,读通句子,注意带拼音的字词。
> - 小小探秘家们,海底世界给你留下了怎样的印象?

2. 整体感知

初读课文,大家对海底世界的印象也是各不相同!有的关注了海底奇异的景色,有的关注了海底丰富的物产。作者在文中写到了他对海底的印象。(景色奇异、物产丰富)

3. 字词反馈

相信预学单中的词语也难不倒大家,一起来挑战吧!

(三)找关键句,梳理内容,习得方法

1.出示探秘任务

> **探秘活动二:绘制海底地图**
> 默读第2~6自然段
> - 找一找:用横线画出每个自然段的关键语句。
> - 想一想:怎么借助关键语句进行填写?
> - 写一写:完成地图填写。

提问:课文是从哪几个方面来介绍海底世界的?出示课堂作业本的第4题(图5)。

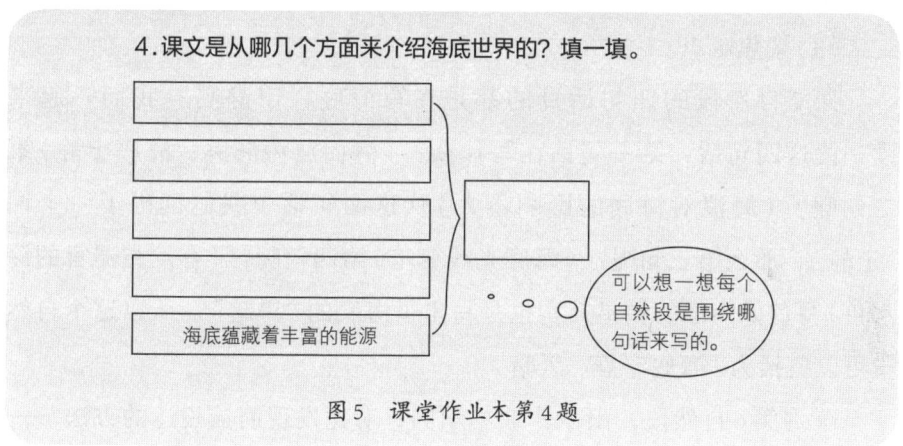

图5 课堂作业本第4题

2.重温关键句的概念

提问:每个自然段是围绕哪句话来写的?自然段中这样的句子我们也叫关键句。那么,什么是关键句呢?(出示关键句的概念特点)

关键句可能在一段话中的不同位置。你们还记得关键句一般会出现在自然段的哪些位置呢?(提示:主要出现在一段话的开头、结尾,有时也会出现在中间位置。)

3. 独立找关键句，交流反馈

（1）知道了关键句可能出现的位置，默读第2~6自然段，画出关键句。

（2）交流反馈关键句。

4. 联系旧知，概括段意

找到了重要的关键句，怎么借助关键句来概括段意呢？一起来看看园地四"交流平台"是怎么告诉我们的。

（1）回顾旧知：园地四"交流平台"中借关键语句概括一段话大意的两种方法。（板贴：摘录法、概括法）

（2）课文中哪些自然段可用直接摘录法，哪些需要用概括法？（提示：第3、4、5自然段可以用直接摘录法，第2、6自然段需要用概括法）

（3）聚焦难点。

第2自然段的四句话真的都是在写海底很宁静吗？我们一起来读一读这四句话，第一句话在写什么？（海面波涛澎湃，海底宁静）第二句呢？（海浪对海底的影响不大）从这两句话中我们读出了一个词"宁静"，那么第三句呢？（海底光线变暗）第四句呢？（有发光器官的深水鱼）写鱼像闪烁的星星其实也是写出了海底的"黑暗"。所以这个自然段可以概括为"海底宁静、黑暗"。

学习第6自然段，出示作业本示例，对比发现简洁表达的方法——归类概括（图6）。（板贴：归类法）

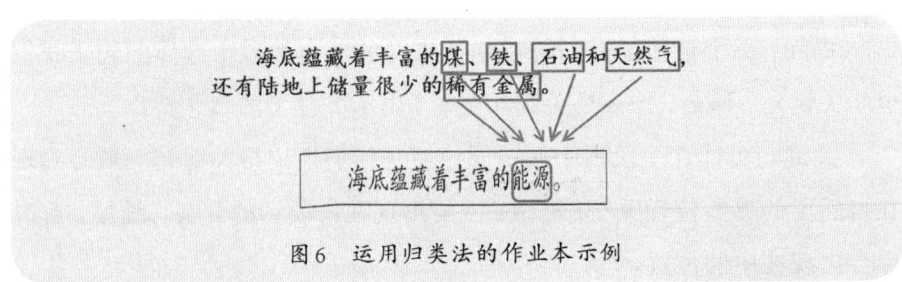

图6 运用归类法的作业本示例

（4）自主完成课堂作业本第4题。

（5）反馈校对，小结学法。

借助关键句，我们运用摘录法、概括法、归类法进行段意的概括，知道了课文是从这五个方面来写海底世界的景色奇异和物产丰富的。

（四）课外文本，运用方法，实践迁移

像这样围绕多个方面把事物介绍清楚的文章，我们在日常阅读中会经常遇到，一起来研读《形形色色的植物》这篇文章，它和我们的课文有很多相似之处。请你运用今天学习的提取关键句的多种方法，试着完成课文内容的梳理。

> **探秘活动三：探秘植物世界**
> - 默读课外文本，四人小组合作，想一想文本是通过哪几个方面来介绍形形色色的植物的，并用"＿＿"画出各自然段的关键句。
> - 借助关键句，运用今天所学的方法试着去完成课文导图的梳理。
> - 小组派代表汇报。

形形色色的植物（节选）

①植物世界是一个庞大复杂的世界。人们已经知道的有四十万种以上，可以肯定地说，还有许多植物没有被人们发现。

②植物的体型千差万别，有巨人，也有矮个儿。澳大利亚的杏仁桉树，有一百多米高；孟加拉国有一种榕树，树冠可以覆盖十五亩土地，树荫下可以容纳万人乘凉。而微小的植物，小得让你用肉眼看不见。

③植物的寿命也长短不一。有些植物的寿命很长，如北美洲的"世界爷"巨杉，能活几千年。有些植物的寿命极短，仅有几十分钟的生命。

④山间竹笋，一场春雨过后，一天能蹿几尺高。热带有一种芭蕉，你要是在树下待半天，眼看着树叶就把你遮盖起来了，真像俗语说的那样"随风见长"。有的植物长得却很慢，如沙漠地带的一些植物，几年也看不出长高了多少。看来，植物的生长速度也大不一样。

⑤也许你以为植物都是不能运动的吧？不是。有些植物不但能够运动，还会"跳舞"呢。在印度、斯里兰卡有一种电信草，它的每片大叶子旁边长着两片小叶。白天这两片小叶就像贪玩儿的孩子一刻不停地"跳舞"，夜晚才会安静下来……

⑥植物世界里的故事和秘密是说不尽的，还有许多秘密正等着你去发现呢！

1. 制作导图

默读文本,想一想文本是通过哪几个方面来介绍形形色色的植物的,完成导图(图7)。

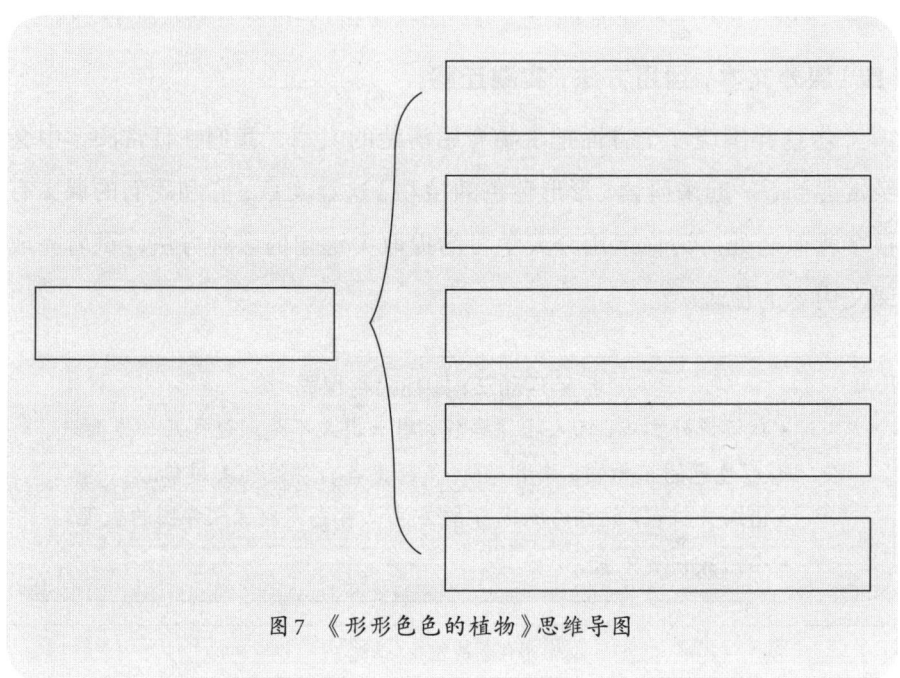

图7 《形形色色的植物》思维导图

2. 小组交流,完善导图

开展小组交流活动,成员之间分享观点,共同审视思维导图,查漏补缺并优化结构,让思维导图更完善。

3. 课后延学,实践展示

有时一个自然段中含有多个关键句,遇到这样的情况我们又该怎么进行关键句的查找和概括呢?认真阅读片段,先找一找片段中的关键句,再试着完成图8的梳理、填写。

《植物的睡眠》片段

花的种类不同,其睡眠的姿态也各不相同。蒲公英在入睡时,所有的花瓣都向上竖起来闭合,看上去好像一个黄色的鸡毛帚。胡萝卜的花则垂下头来,像正在打瞌睡的小老头。更有趣的是,有些植物的花白天睡觉,夜晚开放。如晚香玉的花在晚上盛开,格外芳香,以此引诱夜间活动的蛾子来替它传授花粉。

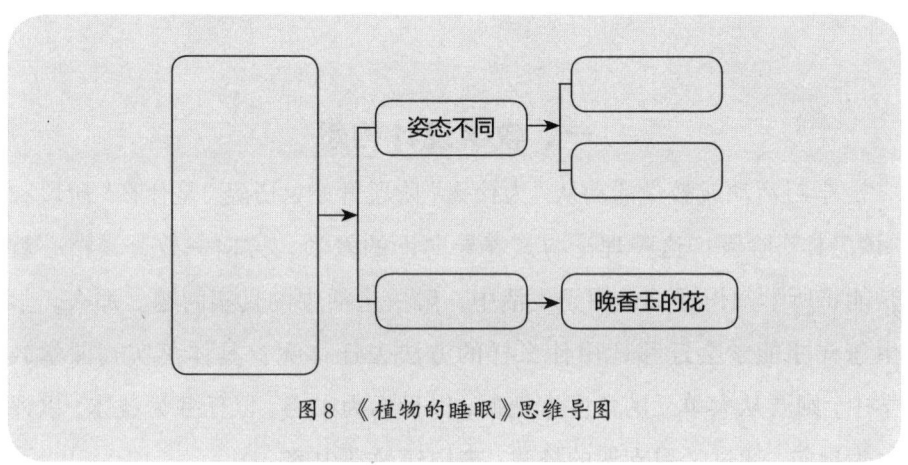

图8 《植物的睡眠》思维导图

(五)课时小结,设置悬念

这节课,我们走进海底世界,大家收获了什么?

小结:这节课,我们学习了借助关键语句,去概括课文是从哪几个方面把事物写清楚的。在概括内容时我们可以借助不同的方法:有时可以直接摘录关键语句,有时需要联系上下文对关键语句进行必要的概括,有时需要将事物归类整合,使语句更加简洁。

今天我们成功解密了海底地图,下节课我们将潜入海底去探秘海底动物、植物的奇妙之处。

小学语文《产品发布会》教学设计

杭州市萧山信息港小学　黄　卉　朱海霞

一、教学设计构想

学习活动或教学活动从"为什么"阶段开始，历经"是什么"阶段和"该怎样"阶段，这种理论与素养导向下的教学，方向一致，其核心就是能将所学知识迁移运用于生活中，解决生活中的真实问题。那么，学生怎样才能学会迁移，用什么样的方法去迁移呢？具体落实到课堂教学中，则要从大单元的角度来把握，以目标为中心，以任务为载体，以评价为导向，通过学习支架的搭建，来构建教学内容。

（一）突破困境，从文体功能出发明确学习内容

1.写作方法要为写作目的服务

五年级语文下册第五单元是说明文单元，说明文是与生活联系非常紧密的一种表达方式，其目的指向实用性。本单元的语文要素为"阅读简单的说明性文章，了解基本的说明方法"，习作要素为"搜集资料，用恰当的说明方法，把某一种事物介绍清楚"。根据习作单元的编排特点，围绕语文要素，我们将单元内容进行重组（图1），但在实际教学中发现学生能够很快地辨别说明方法，也能够准确说出这些方法的作用，有的学生甚至可以运用说明方法，将散文改写成说明文，但无法介绍清楚一个自己制作的手工作品。这种与生活脱节的教学，让我们陷入沉思，从麦卡锡提出的四个阶段来看，我们更多的要关注"该怎样"阶段，这才是

从教科书走向生活的关键阶段。

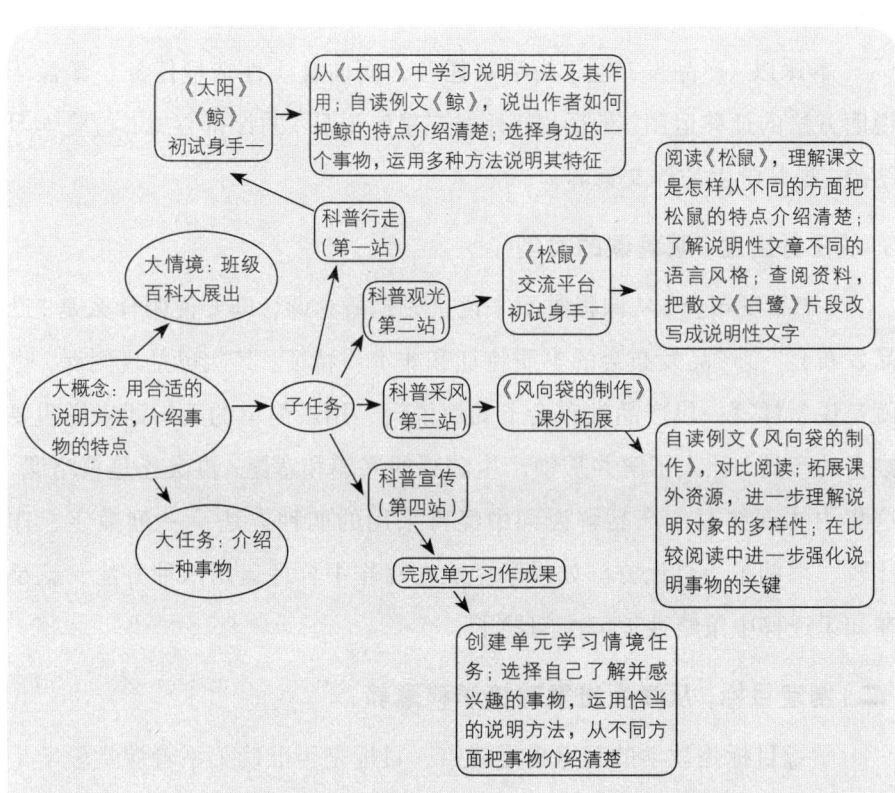

图1　五年级语文下册第五单元内容重组框架

2.写作知识学习要落实在实际情境中运用

"产品发布会"是一个新的类型，它以口头表达为主，这在本单元的课文中是没有涉及的，然而语文能力要为生活服务，方法不是为了体裁服务，而是要灵活运用。如今快速发展的网络时代，人们对于信息接受的要求越来越高，他们可能更喜欢一些直观生动的信息传递方式，如"直播带货""微课视频""产品广告"等。联系生活需要，再结合学校的科创节，聚焦新课标"发展型任务群"下的"实用性阅读与交流"的学段要求，我们考虑拓展教材的新类型，开发了一节活动课，这也是本单元教学内容的一个拓展。

本课以"产品发布会"为活动任务，面向真实性情境任务，聚焦于说明方法的迁移运用，最后以"评选三星解说员"的评价方式，检验学习结果，提升学生的语文素养。

3.从任务出发，明确课的类型

《产品发布会》从课程类型来说首先是概念课，即要说明什么是"产品发布会"，产品发布会的本质特征和非本质特征；其次也是规则课，也就是说怎样写一段产品发布会上的解说词，用最简单的几句话来说明要推介的产品，让人了解并从中产生购买的兴趣和意愿；再次还是策略课，这集中体现在写作产品解说词中经常采用的四种方法——列数字、作比较、举例子、打比方。如果学生能在写作中合理运用四种方法，就是在知识迁移中策略性地解决问题了。

（二）制定目标，从学生出发对接学科素养

学习目标是教学的起点也是终点，目标是否准确关系着课堂教学是否有效，目标是否明确关系着学生学习是否有效，在制定目标时教师应该充分考虑学生已具备的知识结构与学习能力，同时还要考虑这节课能给学生带来怎样的思维增量，获得什么样的新知能。

1.分析学生学情

从学生知能结构来说，五年级的学生通过之前对说明性文章的学习，已积累了一些相关知识，如对说明文严谨性、科学性的文体特点的认知，对说明方法的比较区别，也能结合文本解释说明方法的作用，但他们对说明方法的逆向运用不熟练，存在不考虑对象的乱用、混用现象，这就是学生学习说明文的难点所在。因此对于目标的制定，要分

层级，不能过于宽泛，也不能太难，尽可能地让学生都有可达成的目标。

2.对接学科素养

学习目标如何体现与核心素养对接？钟启泉教授提出，真实性是核心素养的精髓。真实性，是指"超越学校价值"的知识成果，而教育教学要考虑学生在校所学的知识是否可以迁移到他们未来解决的真实问题中去，因此我们以本单元"说明方法"的运用为核心目标，采用解决真实性问题为核心任务，经过概念理解、规则学习、选择运用三个环节的学习，不仅能在实际中运用说明方法，更重要的是形成"根据不同的对象选择合适的方法和语言风格"的表达意识，从而与语文学科核心素养相对接。

于是，我们将具体目标设计如下：

· 利用微视频直观呈现、与故事大会作比较的方式，理解"产品发布会"这一概念。

· 链接三则产品解说词，明确三星解说词的标准就是要写清楚产品的性质、功能、优势。

· 联系旧知，再现说明方法的作用，在练习中总结出作用"针对产品用户，运用合适的说明方法可以更好地介绍清楚产品"。

· 抽选要介绍的产品，利用所学方法撰写产品解说词，以"评选三星解说员"的方式分享撰写的产品解说词。

（三）设计任务，从学习活动出发助推思维进阶

学习活动是课堂教学得以推进的学习方式，而适切的学习任务是支撑目标落地的载体，任务的设计要考虑情境、任务、活动之间的整合。

1.设计真实性情境任务

无论问题是真正地解决，还是模拟地解决，都可以称之为真实性情境任务。因为，学生在完成这一任务时所反映的思维品质与心理机制是一样的。本课以第五届全国行知科创大赛为真实情境，引发学生兴趣。在此基础上，我们提出"评选出优秀产品解说员，代表学校参加全国科创大赛"这一真实性情境任务，利用学生高涨的积极性，再将这一大任务，分解成两个子任务，即"撰写解说词""评选解说员"，其中"撰写解说词"属于规则的应用，是本课的重点，"评选解说员"是语言实践，是学习目标的成果分享。最后通过模拟产品发布会的形式去完成情境任务，做到任务的"以始为终"。

2.任务变式助推思维进阶

学习任务是课堂教学的主要载体，想要目标落地，课堂教学应围绕任务的核心开展系列化学习活动。以若干个相互关联且层级进阶的子任务促成学习任务的达成，并最终指向核心素养的落地。在新课型的呼唤下，引导学生基于事实概念的理解，习得规则，结合生活实际进行迁移，使教策略和学策略相互融合，并在策略的选择和运用下，直指学生核心素养的提升。

（1）理解概念，夯实基础。

所谓概念，是指从相关事实中抽象出来的反映共同特征或本质特征的东西，其具有概括力、抽象力和推断力，能大大地提高认知学习的深度和效率。概念理解则是以了解事实为前提，也是规则运用与策略选择的基础。本课以两个概念为核心，采用不同的教学方式对概念加以理解与辨析。

概念一：产品发布会。

在理解此概念时，首先通过元认知复现的方式，借助某品牌电子产品的发布会视频，调动学生的生活认知，链接生活经验，对产品形成初步印象。其次,引导学生表达对"产品发布会"的理解,与故事大会进行比较,寻找差异点。最后,顺势引出"产品发布会"的概念,即在特定的时间和地点举行的一次宣布新产品的会议,其目的是要让别人了解产品的性质、功能和优势,从而对产品产生浓厚的兴趣。

概念二:产品解说词。

在概念一的理解上,学生根据事实性知识,在交流讨论中进一步理解"产品解说词"的概念。明确"产品解说词"即在产品发布会上向听众介绍产品的文稿,它需要写清楚产品是什么、有什么功能、突出的优势有哪些。

(2)学习规则,尝试运用。

结合产品发布会的两大概念,在各个学习任务中组成相关规则,明确规则能为后续学习活动即"撰写"和"评说"铺设有效路径。

以三则例文为学习支架,在"了解规则""寻找规则""修正规则"进阶式学习过程中,明确"撰写产品解说词"的三条标准规则,层层递进,加深规则的内化。

立足例文1——了解规则。产品解说词的三条规则具体为:产品是什么,即产品的性质;产品能做什么,即产品的功能;产品与别的产品比较有什么突出特点,即产品优势。

借力例文2——寻找规则。学生在交流讨论中强化对产品解说词三条规则的理解。

拓展例文3——修正规则。基于概念理解和规则习得,对一篇规则混乱的解说词进行修改,使解说词变得完整且符合规则。

(3)选择策略,深度思维。

学科核心素养蕴含在除了事实以外的概念、程序和元认知中,而元认知又涵盖了任务、策略和自我。那如何用策略、教策略再至善用策略呢？应建立在所有其他类别的知识之上，从概念和规则中来，又高于概念和规则。学生在学习任务的实践中，能根据实际任务、情境、条件、成功的风险与可能及自我状态等，综合运用多种策略用以解决问题。

形象的广告用语——追求规则的润色。交流归纳三则例文的特点，发现都有一些能够激发听众兴趣的话语。结合学生生活实际，教师引导学生进行关于事实性材料的探讨。小结为规则"润色"的方法：一句形象的广告用语。

多样的说明方法——实现策略的优化。怎样才能更有科学性地写好产品解说词？借助教材中的单元文本，回忆四种说明方法及其作用。组织学习活动"从几个事物中选择喜欢的一个，想一想采用哪些说明方法能将事物介绍清楚"，对说明方法进行正向学习迁移，同时也为下一个学习任务"抽签选择产品，独立撰写解说词"搭建学习支架，实现思维能力的进阶。

学生在产品发布会的相关规则促成的相对成熟稳定的策略运用之上，加上适恰的说明方法，视具体情况将所需的说明方法作为首选用以解决问题，如此用策略便转化为人格特质和素养了。在任务变式助推思维进阶的过程中，课堂教学融合教策略和用策略，实现越教越聪明。

（四）设计评价，从教学活动出发检验目标落实

设计评价，是新课程理念下的重要环节。评价是目标的具体化，它必须与目标保持一致，然而，不是每一个任务结束都会有相应的评价任务，它有时候是与教学活动整合在一起的。

1. 学习活动就是学习评价

在"小试牛刀，根据对象选择说明方法"这个教学环节中，创设活动任务"假如让你从学习单上的五幅图片中选择一种事物来介绍，你会使用哪种说明方法？说说你的理由"。该学习活动虽说是对说明方法的理解性应用，但学生在反馈、交流的同时，也是一个自我反思、自我评价、自我修正的过程，学生在说明理由时，同伴会提出疑问，在师生共同答疑解惑时，学生其实也会进行自我评价，在一次次的质疑、答疑中，逐渐澄清自己的问题所在。此时，评价就是一个学习的过程，也是素养形成的一个非常重要的因素。

2.评价标准检验目标达成

检验学习目标是否达成，还需要有明确的评价标准。因此，针对两个子任务的不同，我们设计了两个评价标准。每一次的成果展示，都会以此为评价标准，这既是教师直观感知学生目标的掌握情况，也是学生高效完成任务的参考内容。评价的标准应在每次任务之前就给到学生，通过这个评价标准，引领学生的成果表现。此外，教师还可以在设计时留有空白加分项，让学生根据自己的价值判断标准，去发现亮点。

学习有三种水平：了解、理解、应用。本课在目标的引领下，有意识地在教学设计中体现这三种水平，并将其整合在整个学习活动中，同时又在理解概念、学习规则、运用策略三个阶段中逐级提升，最后通过"三星解说员"的评选活动获得思维的提升，达成教学目标，这是对接核心素养的一次尝试，也是有别于传统教学的"新课型"。

二、教学过程设计

（一）设计意图

布卢姆将知识分为事实、概念、程序、元认知，学科核心素养就蕴含在除事实以外的概念、程序和元认知中，而策略是在理解概念的基础上，要选择适合的规则去解决问题。基于此理论，本单元尝试以活动课的形式，在真实情境中运用规则。

本单元是说明性文本组合的习作单元，从概念本质上来说属于实用文，基于实用文的表达特点及应用价值，将本课内容定为对所学说明方法的合理运用；从课型上来说，属于"概念+规则"课，因此在设计上也应有所转型。本课以"产品发布会"为活动主题，采用协同教学的形式，从理解概念、运用规则、展示成果三个板块入手，由扶到放，逐步引导学生利用已有的知识经验来解决综合性问题，提升学生的能力素养。

根据布卢姆新目标分类学中的"元认知"：任务、方法、自我，在具体操作时，我们先创设"全国行知科创大赛"的真实情境，以"为学校发明的科技产品开产品发布会"为任务驱动，在理解"什么是产品发布会"的基础上，再从已有事例中，总结写好解说词、说好解说词的方法，最后，能结合产品特征，选择恰当的规则进行产品解说。

(二) 教学过程

1. 激趣导入，创设真实任务情境

导入：在第五届全国中小学生行知科创大赛中，我们科技小组搭建的"火星未来城"作品获得全国大奖，今年他们又有了几项创意新发明。现在学校要为这些小发明开一个产品发布会，你们对发布会有了解吗？

（1）链接生活，理解概念。学生根据自己的生活经验交流对"产品发布会"的认识。

a. 播放视频：什么是"产品发布会"？

b. 对比故事大会，"产品发布会"有什么不同？

c. 小结：产品发布会的作用就是通过介绍，让别人了解产品的性质、

功能和优势,从而对产品产生浓厚的兴趣。

(2)创设"学校产品发布会"任务情境,出示挑战任务。

过渡:今天,我们来模拟一个产品发布会,从中选出三星解说员,代表学校去参加明年的科创节,向全国介绍我们的小发明。

出示:两个挑战任务。任务一:撰写三星解说词。任务二:评选三星解说员。

2.方法指导,写好产品解说词

(1)学生交流什么是"产品解说词"。

(2)出示"牛奶解说词",明确"产品解说词"的内容指向:说清楚产品的性质、功能、优势。

> ××品牌牛奶,生牛乳源配方,无添加,天然高钙奶。(性质)具有补充钙质的功效。(功能)口感香醇可口,奶味浓郁,顺滑;牛奶中的新贵族,包装精美,是送礼的佳品。(优势)

(3)出示"伸缩晾衣架"解说词,用横线画出产品的性质、功能和优势。

> ××品牌伸缩晾衣架是唯一拥有专利,大角度、小角度不受空间限制的聪明衣架。不管是阳台、客厅、卧房、小套房,爱怎么用就怎么用,大小、长短变化随心所欲,符合人体工学设计,瞬间伸缩一秒钟,让你晒衣、收纳更轻松。

(4)出示"手机"解说词,在交流中修改完善解说词。

a.对比前两则解说词,发现这一则产品解说词内容指向不明确的问题。

b.通过删减、添加的方式,修改产品解说词,明确"手机"是什么,有什么功能和优势。

> ××品牌手机引领折叠屏手机新潮流，带来时尚智能新体验。和盒子一样，这款手机操作简单，是真正的文明生活标配。展开时，它是一款纤薄的6.9英寸智能手机，纵横比为21∶9；关闭时，它变成了一个只有一般大小的美丽宝箱。这款手机可以让你一边购物一边看电视，随时随地办公，真正实现一机多用。

（5）教师总结解说词的内容指向：产品的性质、功能、特点，突出优势。出示：解说词的"三星"标准。

"三星解说词"评价标准
*写得真：能真实准确地介绍产品的性质（是什么产品）。
*写得准：能具体形象地介绍产品的功能（有什么用处）。
*写得妙：能用恰当方法介绍产品的优势（有什么特色）。

（6）交流补充：优秀的解说词可以在形式上创新，还可以再加一句形象的广告词，来激发听众的兴趣，增强顾客的购买欲望。

3. 聚焦文本，理解说明方法的合理使用

过渡：想要把事物特点介绍清楚，那就需要方法，用什么方法呢？让我们从下面这些文段中找一找吧！

（1）借助已学文本，联系新文本，回顾列数字、作比较、举例子、打比方这些说明方法的表达效果。

a. 师生借助选段，共同回忆、再现说明方法的作用。

b. 小结：说明方法的运用目的是使事物的特点更加清楚、真实。

（2）对比文本特点，回忆语言风格和说明对象之间的关系。

（3）小结：针对不同的事物，要选用合适的语言风格，再选用合适的说明方法，这样就更能突出说明对象的特点，吸引读者的阅读兴趣。

4. 小试牛刀，根据对象选择说明方法

（1）呈现学习活动一：从图片中选择其中一幅，你会选用哪种说明

方法？请在括号里打"√"。（图片中的事物：珠穆朗玛峰、猫、扫地机、金箍棒）

（2）学生自主完成。

（3）学生说理由，同伴评价。评价围绕：说明方法、说明对象及阅读对象；从评价中进一步感知作比较、列数字等说明方法的正确使用。

5.融入情境，自主选择，撰写解说词

过渡：下面就让我们运用学会的方法，来撰写解说词。今天我们要解说的有以下三款产品（小萌机器人、智能投影手环、智能代步车）。

（1）呈现学习活动二：撰写"三星解说词"。

小组代表抽取要介绍的产品，组内讨论方法。

（2）各自撰写解说词。解说词要写清楚产品的性质、功能和特点，最好有一句吸引人的广告语。

（3）集体评改解说词。

（4）学生根据意见进行修改。

（5）小结：选择恰当的说明方法把产品的特点介绍清楚；其次，还应关注到介绍的对象，观众不同，选择的方法也不同。

6.现场演练，评选"三星解说员"

过渡：接下来，我们完成第二个任务：评选三星解说员。

（1）学生回顾课前某品牌手机解说员的视频，说说一名优秀解说员的标准是什么。

（2）出示"三星解说员"的标准。

"三星解说员"评价标准
*特点清晰：能真实准确、形象生动地介绍产品。
*表达恰当：能根据产品特点，选择合适的语调、语速等进行介绍。
*表达形象：有一句话能让人印象深刻，记住或者联想产品。
*其他

（3）解说员进行解说，其他学生点评。

a.小组内练习讲，组内推选代表。

b.全班展示讲，评选三星解说员。

（4）授予"三星解说员"的奖牌。

7.链接生活，反思所学

（1）反思所学。通过这节课的学习，收获了什么？是否还有不太清楚的地方？

（2）链接生活，拓展了解。说明性文章在生活中的应用很广泛，随着我们的继续学习，还会发现更多不同形式的说明性文章。

（3）课堂小结。我们通过撰写产品解说词，知道了可以从"写得真""写得准""写得妙"三个小妙招去介绍事物的特点，也了解了根据事物选择合适的语言风格和说明方法，这样就可以把事物的特点写清楚。其实运用合适的方法进行表达，不仅适用于说明性文章，也适用于其他体裁的文章。

小学语文《普罗米修斯》教学设计

杭州市萧山信息港小学　俞肖旦　朱海霞　吴露依　倪小莉

一、单元结构

结合单元组构的原则，并遵循真实生活的需求，我们将本单元的学习内容进行重新组合。"神话"单元涉及中外的神话故事有《盘古开天地》《普罗米修斯》《女娲补天》《精卫填海》等，这些神话故事最大的特点是"神奇"，再结合本单元第二条语文要素"感受神话中神奇的想象和鲜明的人物形象"，我们定下本单元的核心词——神奇，并以"神奇"来开展一组教学设计：神奇的神话、神奇的故事、神奇的想象、神奇的人物和神奇的一天。每一个板块都是链接单元教学任务，一步步有序进行教学，从最开始感受神话故事的神奇，到学习把握故事的主要内容，再到最后自己展开想象进行故事的编写。"神话"主题单元的结构梳理见图1。

二、单元教学设想

本单元的学习要帮助学生在语文实践活动中达成以下概念性理解。

1.神话的概念

神话是关于远古人民对自然及文化现象的理解与想象的故事。它是人类早期不自觉的艺术创作。神话并非现实生活的科学反映，而是由于远古时代生产力的水平很低，人们不能科学地解释世界、自然现象和原

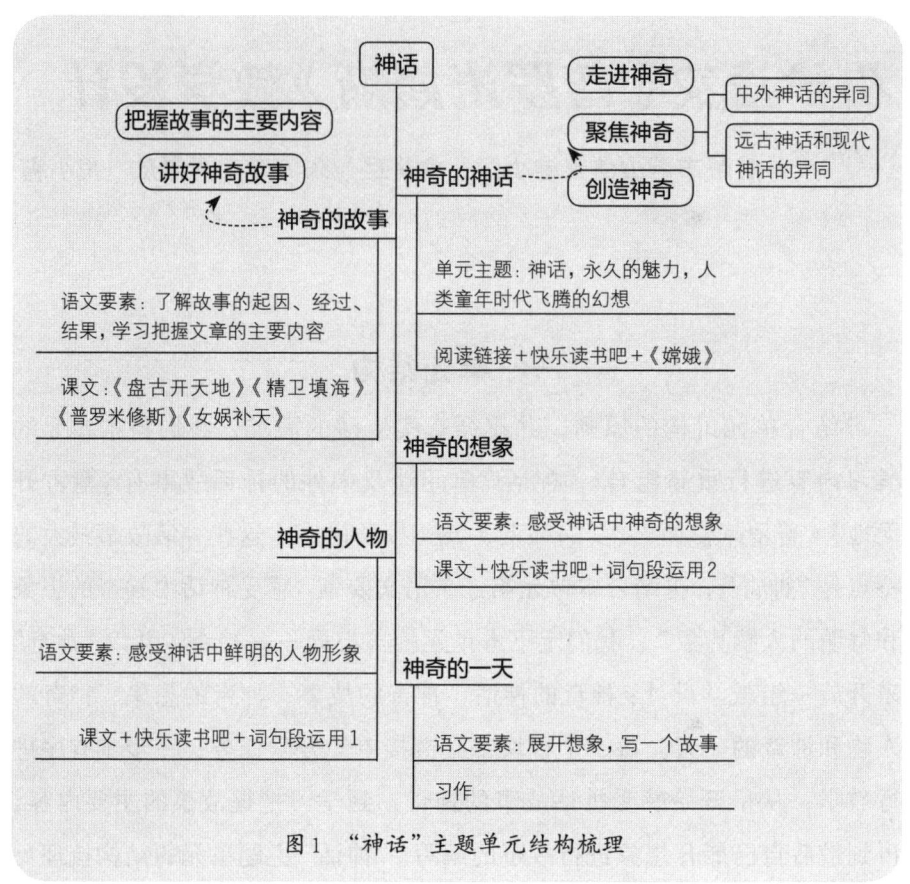

图1 "神话"主题单元结构梳理

始社会文化生活的起源和变化,以他们贫乏的生活经验为基础,借助想象和幻想把自然力和客观世界拟人化的结果。

2. 故事的结构

神话必须是单一的事件,拥有特定场所、特定时间(即使两者都没有说得很明确),并且是在叙述一个特定人物(或神佛)的故事。因此,在记录一个神话故事时,一般按事情发展顺序可以分为起因、经过、结果三个阶段,阅读时分清起因、经过、结果可以帮助我们把握神话故事内容和发展的线索。

3.人物的特点

神话中的人物形象都是神或半人半神。在深入研读文本、不断推进故事情节的过程中，我们不难发现神话中的英雄人物都充满着激扬的斗志、神异的能力和英雄的气概。不论哪一类神话，都熔铸着热烈的情感，塑造了鲜明的形象，表现出丰富的想象力。

三、课时教学设想

(一)明确任务，构建由扶到放的递进学习序列

学习任务是课堂教学的灵魂，学习任务的设计是教学开展的核心，本课任务主要体现了情境性和多样性的特点，最终指向真实的问题解决情境。因此，构建由扶到放的学习任务对于学生而言，能更有效地体现规则课的真实学习效果。

1.聚焦语文要素，设置单元大任务

四年级上册第四单元以"神话"为主题组织单元，这是继三年级上册以"童话"为主题组织单元、三年级下册以"寓言"为主题组织单元之后，第三次以文体形式组织的单元。聚焦语文要素，我们设置了两个单元大任务：一是了解故事的起因、经过、结果，学习把握文章的主要内容；二是感受神话中神奇的想象和鲜明的人物形象。

2.研读教材文本，确定单篇小任务

在单元大任务的引领下，我们从教材出发，确定单篇的小任务，设计课堂学习活动，逐步形成由扶到放的递进式学习任务序列，即概念理解——什么是神话故事；规则形成——如何把握文章的主要内容并能

按照事情发展的顺序讲故事，如何借助关键词和情节感受人物形象并体会神话的神奇；策略选择——如何自主迁移规则解决课外神话阅读的相关学习任务。

（二）基于文体，把握神话故事情节的构筑特点

学习一条新的阅读策略，首先要弄清学习它的前提条件，换一句话说，就是要先学会前提技能。因此，我们在"神话"单元的教学中采用如下教学阶段。

1. 联系旧知，概括神话特点

师生交流学过的神话故事《盘古开天地》和《精卫填海》，区分神话故事和三年级学过的童话故事。学生形成概念：神话故事成型较早，起源于远古人民的口口相传，神话的内容大多和世界（宇宙）的形成、人类的形成及远古人物有关，神话故事的主角都是远古人类、精怪和神等，它的创作都是因对远古人的神化而成。

2. 小组合作，借人物梳脉络

围绕主角普罗米修斯，厘清其他人物与他的关系。简要概括各人物的相关情节，梳理故事脉络，初步感知故事发展顺序，即神话故事情节构筑的规则：起因—经过—结果。

3. 迁移规则，借表格说故事

学生在学会把握故事主要内容的规则后，进行策略的迁移运用，以文带文，按照起因、经过、结果的顺序，将所学的把握故事主要内容的方法运用到课外故事《潘多拉的盒子》，讲好这个神话故事。

（三）立足文本，体会神话故事情节的神奇特点

策略的学习遵循"获得规则—练习转化—反思条件化"的过程，其

分为三个阶段。第一阶段：从课文例子中习得陈述性形态的阅读规则，先出示直面受罚的句子，通过找关键语句，引出第一种规则，即"抓关键语句谈感受"，再从课文第6、7自然段感知普罗米修斯怎样受罚的两个画面的学习中，引出第二种规则，即"抓情节谈感受"，初步感受"神话中鲜明的人物形象"。在这个阶段，学生所获得的是陈述性形态的规则，一般会说不会用。第二阶段，将规则转化为实操步骤，采用小组合作，出示"受罚"和"盗火"两个情节，学生通过策略选择，感受神话中鲜明的人物形象以及情节的神奇。

教师要帮助学生构建阅读神话策略的操作模型，让学生有章可循，并通过反思能明白策略性知识的使用条件，促进策略性知识条件化。我们设计了"盘点人物，感受人物形象"这一教学环节，去梳理、回顾本单元展现人物形象的方法，并为今后神话类文本的学习做出总结。

（四）学评一致，指向任务目标达成

评价能有效地改进教与学，指向学生的学习达成目标。评价的设计应以目标为前提，实现学评一致方能检验规则课学习目标的落地情况。

1.学习任务即学习评价

在两课时的课外拓展和第二课时的课内片段迁移中，学习任务都以不同的维度回归评价主题，学生一边练习和运用规则，一边评价是否达成用策略解决问题的目标。

2.评价标准需服务目标

检验学习目标的达成情况，需制定明确的评价标准。作业练习也体现了评价服务于学习的理念。如实践作业一：制作神话故事卡。通过找起因、经过、结果，助力讲故事，并从这三方面进行作业评价。"最触动你的情节"一栏设计也体现了"抓情节""抓关键词"两种规则是否能有效运用,并检验"感受神话故事神奇"这一目标的达成情况。

本课在"原理""动力""策略"新课型引领下,学生对神话故事有了概念理解,并在理解的基础上,能就特定的神话故事学习情境,使用规则和策略完成练习。

(五)作业设计,促进策略性知识的有效转化

作业不仅是课堂教学的必要延伸,也是教师获取信息反馈、检查教学效果的重要手段,更是激发学生学习主动性的重要途径。

作业1:课前预学,初识人物

学生借助人物信息表这一学习支架,先对文中的4个人物有初步的了解,在原有学习经验的基础上,判断作者在表现人物特点时选取的事例。这个表格在本课的学习中会不断地被完善,学生会二次或多次加工表格,对表格不断加工的过程体现了学习的真正发生。

作业2:课中助学,梳理情节

作业设计从语文要素出发。作业本第4题指向故事起因、经过、结果的顺序,通过句子排序对课文内容进行梳理,这对厘清课文结构起到了很好的支架作用,为学生提供了阅读方法的指导。

作业3:课中拓学,迁移运用

学生的综合能力不可教,能教的是专项技能。本课的最终目标是要求学生能迁移运用阅读策略,这是综合能力的训练。在学生了解神话的概念、习得策略的基础上,教师引导学生展开"头脑风暴"应用于类似的文章中,根据模型进行变式练习《潘多拉的盒子》,促进阅读策略进一步内化、巩固。

作业4:课后延学,实践展示

课后拓展实践作业,是学生在课后利用所掌握的技能进行深入研究的实践类作业。我们设计了"制作神话故事卡""画神话故事的连

环画""比较中外神话故事""神话故事我来演"四个实践性作业。作业内容的扩充、目标的多层次、形式的多样化,让学生可以感受到作业的丰富多彩,学生在更多的选择中充分发挥自身的特长。

四、教学设计过程

第一课时

(一)教学目标

· 读顺众神的名字及难读的字词,正确、流利地朗读课文。

· 通过圈画关键信息,抓住故事的起因、经过、结果,把握文章的主要内容,并能按照事情发展的顺序讲一讲普罗米修斯"盗"火的故事。

· 迁移运用,按照起因、经过、结果的顺序,讲一讲故事《潘多拉的盒子》。

(二)教学过程

1.揭题导入,初知神话内容

(1)谈话导入,揭示课题。

交流学过的神话故事,如《盘古开天地》《精卫填海》,了解学情。

(2)概括神话的特点。

提问:《盘古开天地》和《精卫填海》这些神话故事和三年级学过的童话故事有什么区别?

请学生回答,并出示语文园地"交流平台"。

总结:神话故事成型较早,起源于远古人民的口口相传,神话的内容大多和世界(宇宙)的形成、人类的形成及远古人物有关,神话故事的主角都是远古人类、精怪和神等,它的创作都是因对远古人的神化而成。

过渡:今天我们就要来认识一位古希腊神话故事中的天神——普罗

米修斯。

2. 聚焦人物,梳理结构内容

（1）读顺众神名字,初步感受人物形象。

普罗米修斯"盗"火这个神话故事中有众多的天神出现,名字特别难读。

a. 快速浏览课文,圈出文中众神的名字,认真地读一读。

b. 交流对这些神的初步了解。

（2）梳理人物关系,初步感知故事内容。

四人小组任务一:思考人物之间的关系

a. 这几位天神在《普罗米修斯》中都做了什么事？分别简要概括各个人物的相关情节。

b. 围绕主角普罗米修斯,厘清其他人物与他的关系。

c. 通过画图展示人物关系,以普罗米修斯（主角）为中心,用自己的语言描述人物之间的关系。

d. 交流反馈,完成课堂练习第4题（图2）。

---

4. 按照故事起因、经过、结果的顺序,给下面的句子排序。
（　）大力士赫拉克勒斯射死鹫鹰,砸碎锁链,普罗米修斯获得了自由。
（　）普罗米修斯被锁在高加索山上,风吹雨淋,痛苦不堪,但他没有屈服。
（　）宙斯派凶恶的鹫鹰啄食普罗米修斯的肝脏,周而复始,普罗米修斯所承受的痛苦永远没有尽头。
（　）宙斯大怒,要惩罚普罗米修斯。
（　）普罗米修斯看到人类没有火的悲惨情景,决心冒着生命危险,到天上去"盗"取火种。
（　）火神赫淮斯托斯让普罗米修斯向宙斯承认错误,归还火种,但普罗米修斯依旧坚定自己的信念。

图2 《普罗米修斯》课堂练习第4题

（3）梳理故事脉络,初步感知故事的发展顺序。

四人小组任务二：借助关联词语讲故事

a.学生借助关联词语讲故事。这些事件能不能借助关联词语按起因、经过、结果的顺序连起来呢？

b.四人为一小组，按照表格方式进行概括填写（表1）。

表1　借助关联词按起因、经过、结果讲故事模板

故事人物		
故事情节	起因	
	经过	
	结果	

c.完成课堂练习（图3）。

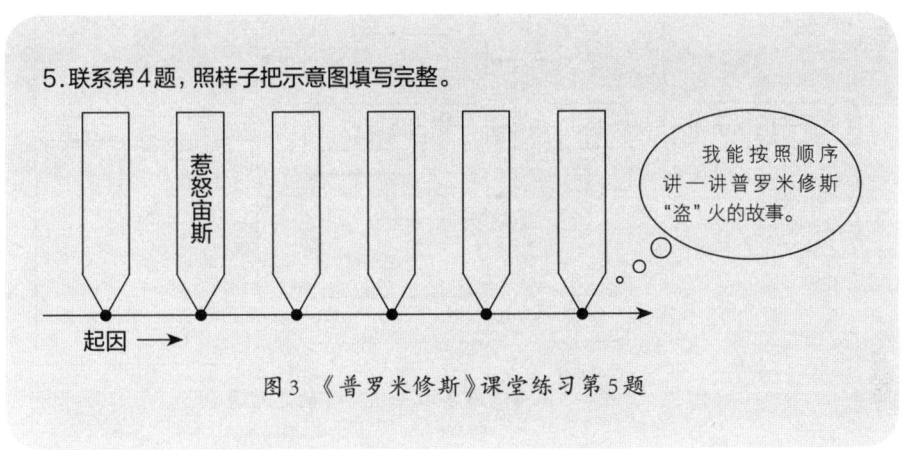

图3　《普罗米修斯》课堂练习第5题

（4）分享汇报，复述故事内容。

a.借助人物，厘清顺序。运用之前画的人物关系图，将故事情节串联起来，引导学生按照起因、经过、结果的顺序概括讲述。

b.运用语句，丰富讲述。在清晰故事脉络的基础上，围绕各个人物，加入文中描写他们的语句，丰富自己的复述。

c.分享讲述、互相点评。

（5）回顾学习所得，总结梳理讲故事内容的方法。

3.迁移运用,拓展课外神话

过渡:普罗米修斯受到了惩罚,而人类又将面临什么样的危机呢?

(1)阅读故事,梳理内容。

借助学习单,梳理故事《潘多拉的盒子》的起因、经过、结果(图4)。

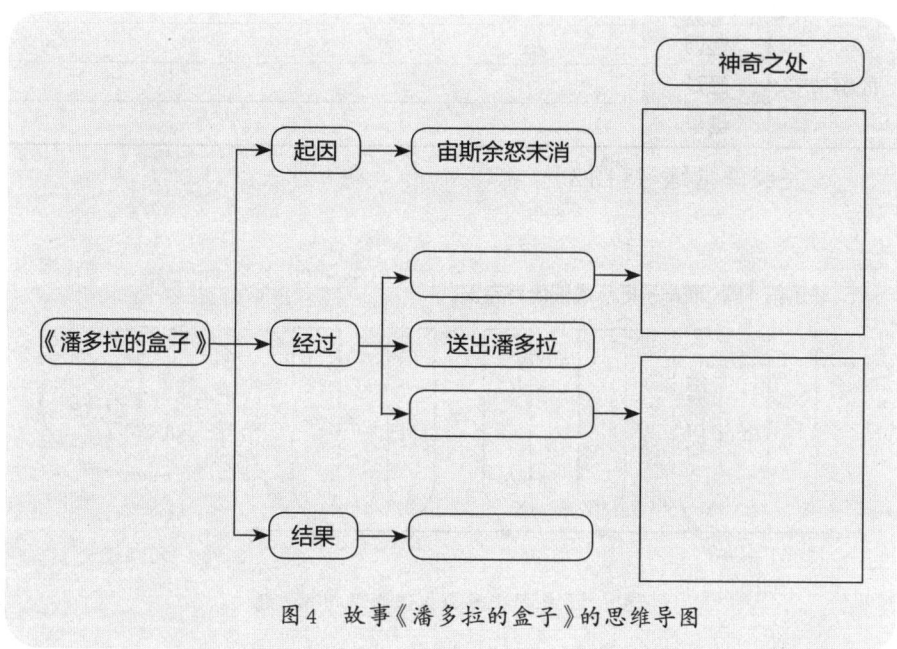

图4 故事《潘多拉的盒子》的思维导图

(2)互讲故事,上台展示。

(3)交流评价,教师小结。

第二课时

(一)教学目标

· 通过阅读课文"盗"火部分内容,感受神话中鲜明的人物形象。

· 通过自主学习、小组合作学习,领悟"抓住情节""抓住关键词"

这两种感受人物形象的方法,感受神话的神奇之处。

• 结合课后阅读链接,了解不同民族关于人类火种的起源介绍,比较神话中的人物形象特点。

(二)教学过程

1.复习导入,明确学习内容

(1)回顾单元学习目标及第一课时的学习内容。

(2)引入学习内容,引导学生关注"神话中鲜明的人物形象"。

2.初步感受,找出关键词句

过渡:普罗米修斯因为不忍人类受苦,不惜冒着生命危险触犯天条,"盗"取火种,给人类带来了幸福。而他也因此触怒了众神之王宙斯,受到了最严厉的惩罚。

任务一:自主学习

(1)提出自主学习任务。

默读课文第6、7自然段,用波浪线画出普罗米修斯受罚的两个画面即"锁之苦""啄之痛",读一读;圈一圈,体会哪些细节深深地刺痛着你的心。

a.感受"锁之苦"(图5)。

普罗米修斯的双手和双脚戴着铁环,被死死地锁在高高的悬崖上。他既不能动弹,也不能睡觉,日夜遭受着风吹雨淋的痛苦。

图5 普罗米修斯感受"锁之苦"

b.感受"啄之痛"(图6)。

狠心的宙斯又派了一只凶恶的鹫鹰,每天站在普罗米修斯的双膝上,用它尖利的嘴巴啄食他的肝脏,白天他的肝脏被吃光了。可是一到晚上,肝脏又重新长了起来,这样普罗米修斯所承受的痛苦永远没有了尽头。

图6 普罗米修斯感受"啄之痛"

(2)学生交流感受。

3.合作探究,研读人物形象

过渡:这两个惨不忍睹的画面,我们不情愿去看,但是我们必须走进去,共同感受普罗米修斯所承受的痛苦。

任务二:四人小组合作学习

(1)布置任务,明确探究点。

学习普罗米修斯"受罚"的两个画面,思考哪个情节最触动你?可以借助下面的句式进行小组讨论:

当我读到＿＿＿＿＿＿这个词语/句子时,我似乎看到了＿＿＿＿＿画面,我不禁想到＿＿＿＿＿＿＿。

(2)汇报交流,聚焦研究点。

a.抓住情节谈感受。

预设1:当我读到普罗米修斯的双手和双脚戴着铁环,被死死地锁在高高的悬崖上。他既不能动弹,也不能睡觉,日夜遭受风吹雨淋的痛苦。这个句子时,我似乎看到了＿＿＿＿＿＿画面,我不禁想到＿＿＿＿＿＿＿＿＿＿。

①提问深入:日复一日,年复一年,普罗米修斯被死死地锁在高加

索山上,还会忍受怎样的苦难?

夏天烈日炎炎,_____。
他被死死地锁在高高的悬崖上。

冬天白雪皑皑,_____。
他被死死地锁在高高的悬崖上。

_____。
他被死死地锁在高高的悬崖上。

②体会形象:面对普罗米修斯被死死地锁在高高的悬崖上,你有什么想对他说的?

预设2:当我读到 <u>狠心的宙斯又派了一只凶恶的鹫鹰,每天站在普罗米修斯的双膝上,用它尖利的嘴巴,啄食他的肝脏。白天,他的肝脏被吃光了,可是一到了晚上,肝脏又重新长了起来。这样,普罗米修斯所承受的痛苦,永远没有了尽头。</u> 这个句子时,我似乎看到了_____画面,我不禁想到_____。

①提问深入:面对这永远没有尽头的啄肝之痛,普罗米修斯在想些什么?你又有什么想对他说的?

②体会形象:在阅读神话故事时,"抓住故事情节,想象画面"是体会人物形象的一种有效方法。

教师小结:这样的惩罚手段特别离奇,残酷至极,这就是神话故事的特点——喜欢借用夸张、离奇的情节来表现人物形象。

b.抓住关键词谈感受。

预设1:当我读到"<u>日夜</u>"这个词语时,我似乎看到了_____画面,我不禁想到_____。

预设2:当我读到"<u>永远</u>"这个词语时,我似乎看到了_____画面,我不禁想到_____。

①提问深入,体会形象:从上面的这些词语中,你读出了一个怎样的普罗米修斯?

②小结方法:惩罚是如此残酷,痛苦是如此漫长。当我们读到这样的"词语"时,我们可以从理解词语的表层意思,去深入分析深层含义,感悟人物品质。

4.迁移运用,拓展课外神话

任务三:四人小组合作学习

(1)布置任务,明确探究点。

过渡:古希腊神话中的普罗米修斯为民"盗"火,受到人们的赞颂。中国古代神话也有鲧为民"窃"息壤的故事。阅读《鲧窃息壤》的故事,思考故事中哪些情节最触动你?可以借助下面的句式进行小组讨论。

当我读到_____这个词语/句子时,我似乎看到了_____画面,我不禁想到_____。

(2)汇报交流,聚焦研究点。

a.抓住情节谈感受。

预设1:当我读到<u>脾气执拗的鲧没有走开,仍不断地请求道:"您对百姓的惩罚已经够严厉的了,现在就饶恕他们,把洪水收回天上吧!"</u>这个句子时,我似乎看到了_____的画面,我不禁想到_____。

预设2:当我读到<u>为了解救天下的百姓,勇敢而又刚毅的鲧,置祖父的严刑酷法而不顾,在一个漆黑的夜晚,趁守卫的天兵不注意,偷得了息壤。</u>这个句子时,我似乎看到了_____的画面,我不禁想到_____。

预设3:当我读到<u>天上的大神鲧看到了这一切,不禁动了哀怜</u>

之心。他觉得祖父对天下百姓的惩罚太残酷了。这个句子时，我似乎看到了_____的画面，我不禁想到_____

_____。

b.抓住关键词谈感受。

预设1：当我读到"愁苦不堪"这个词语时，我似乎看到了_____的画面，我不禁想到_____

_____。

预设2：当我读到"苦思冥想"这个词语时，我似乎看到了_____的画面，我不禁想到_____

_____。

提问深入，体会形象：从中你读出了一个怎样的天神"鲧"的形象？

5.盘点人物，感受人物形象

（1）盘点人物，巩固展现人物形象的方法。

过渡：本单元我们读了这些神奇的故事，盘古、精卫、普罗米修斯这些神话中的人物形象一定给你留下了深刻的印象，我们来回顾一下本单元展现人物形象的主要方法（表2）。

表2 展现人物形象的主要方法

神话人物	人物特点	展现人物形象的主要方法
盘古		
精卫		
普罗米修斯		
……		

（2）引入诗歌，升华情感表达。

过渡：英国诗人雪莱曾为普罗米修斯写过一首赞歌，让我们一起来读一读。

普罗米修斯赞歌

[英]雪莱

是你，让人类拥有幸福
是你，把希望的火种带到人间
你带来的火种不是普通的火种
是充满着希望的火种
即使你知道会触犯天规
即使你知道会受到惩罚
但你依然坚持
坚持给人类带来温暖与幸福
尽管受尽痛苦
风吹雨淋，烈日灼心——
你也从不屈服
你，勇敢，无畏，无私
你拥有一切美好的品质
你就是——普罗米修斯

小学语文《八角楼上》教学设计

杭州市萧山信息港小学　富世媛

一、教材解读

统编版语文二年级下册第六单元围绕主题"革命先辈",编排了《八角楼上》《朱德的扁担》《难忘的泼水节》《刘胡兰》四篇课文,旨在引领学生感受革命领袖和革命先烈的崇高品质,初步渗透革命传统教育。

本单元的语文要素是"借助词句,了解课文内容"。根据单元主题和语文要素,我将单元内容进行重组,在导读课的基础上,尝试用一个课时完成《八角楼上》这篇课文的教学。根据麦卡锡提出的四个阶段来看,"该怎样"阶段是教材走向生活的关键阶段。因此,在实际教学中,我更多地关注"该怎样"的阶段,即关注"说说毛主席是怎样工作的"这一教学目标。

二、教学设想

在教学活动中,学习任务是课堂教学的主要载体,想要目标落地,应围绕任务的核心开展系列化学习活动。以若干个相互关联且层级进阶的子任务促成学习任务的达成,并最终指向核心素养的落地。在新课型的呼唤下,引导学生基于事实概念的理解,习得规则,结合生活实际进行迁移,使教策略和学策略相互融合,并在策略的选择和运用下,直指学生核心素养的提升。

1. 结合主题，创设情境

对于二年级学生来说，认知发展水平还不高，思维还是比较直观、具体。他们还处于形象思维阶段。创造出生动形象的情境，不仅符合学生的认知发展规律，而且特定的情境能激发学生的情感，从而更加投入学习的过程中。

本单元围绕主题"革命先辈"，编排了四篇文章。十月又恰逢国庆，学校组织开展了"我心中的那一抹红"主题教育活动，广播台特别铺设了"讲述我心中的那一抹红"的栏目，并向全校学生招聘小主播。在这一真实的生活情境下，学生对新课的学习充满兴趣。

2. 精准定位，任务驱动

《八角楼上》从课程类型来说首先是概念课，即要体会很多难懂的词语的意思；其次是规则课，也就是在理解词语的基础上，读懂句子，明白毛主席是怎样忘我工作的；再次也是策略课，这集中体现在教会学生借助插图和词语说说毛主席是怎样工作的。如果学生能够将毛主席是怎样工作的讲清楚、讲生动，就是在知识迁移中策略性地解决问题了。

因此，我将学习任务浓缩成一个高度整合的学习项目，融合听、说、读等语文学习活动。以"讲述我心中的那一抹红"这一情境为基础，提出三个任务，引导学生思考。学生在完成学习活动的过程中，形成分析问题、解决问题的能力以及独立探索的学习精神。

3. 概念理解，嵌入全程

概念理解以了解事实为前提，也是规则运用与策略选择的基础。本课主要有两组概念，采用不同的教学方式对概念加以理解与辨析。以"夜幕降临"这个概念为例，在理解此概念时，首先通过元认知复现的方式，借助傍晚太阳落山，天空慢慢变黑这样一个视频，调动学生的生活认知,链接生活经验,对傍晚这一时间形成初步印象。然后引导学生表达对"夜幕降临"的理解。最后,借助"晚上"和"深夜"两个答案的比较,寻找差异点,明确"夜幕降临"的概念,即太阳下山以后,天色渐渐变黑,意味着夜晚的来临。这也就明确了规则,毛主席从傍晚就开始工作了。

在《八角楼上》这一课的教学中,课前预习尝试自主理解概念;课中不同的概念在学习活动中巧妙穿插,帮助理解课文;课堂之后,作业本习题帮助学生积累巩固不同的词语。概念理解贯穿全过程。

4.规则学习,明确主旨

结合概念,在各个学习任务中,学习相关规则,明确规则能为后续学习活动"说说毛主席是怎样工作的"铺设有效路径。梳理文章内容对于二年级的学生是有难度的。学习《八角楼上》时,尽管前期已经布置了前置任务,但对学生来说还是有许多难懂的词句。我有意识地提炼重点词语——夜幕降临和寒冬腊月的深夜,在概念理解的基础上,对学生进行朗读指导,深入学习规则。

关键语句往往能表达一段话或一篇文章的主要意思。利用课后习题,直接清晰地点明关键语句,有效地降低了理解课文内容的难度。并且在规则寻找、规则了解的过程中,明确"毛主席是一个认真忘我工作的人"这一中心思想,将规则内化。基于概念理解和规则习得,学生的讲述就会变得完整且符合规则。

5.策略选择,深度思维

怎样才能说好事迹呢?自信地讲解,声音响亮;借助关键词,说清楚;加上自己的体会把事迹说生动。学生从明白毛主席是怎样工作的低阶思维,走向综合运用的高阶思维。

三、教学目标

- 借助图片等方式认读"楼、争、代"等10个生字,会写"楼、年、代、披、轻、利"6个生字。
- 能正确、流利地朗读课文。
- 运用插图、联系上下文、补充资料等方法理解"灯芯、凝视、沉思、夜幕降临"等关键词的意思。
- 借助关键词句,运用插图,了解课文内容,并尝试说说毛主席是怎样工作的,体会毛主席生活条件艰苦,为中国革命胜利忘我工作的伟大精神。

四、教学过程

1.课前热身

滚动播放前期阅读红色书籍、观看红色影片、查阅名人故事、走访红色基地等照片。

2.导入课题,认识八角楼

(1)出示课题,书空生字"楼",组词。

(2)借助微课,认识八角楼。

3.反馈预习,学习第1自然段

(1)自由朗读课文。

(2)反馈预习单。

(3)学习第1自然段。借助视频,理解"夜幕降临"的意思。

4.借助关键词的理解,学习第2自然段

(1)自由朗读课文第2自然段。

（2）借助人物的动作词"穿、披、写、握、拨"，初步体会毛主席忘我工作的精神。

（3）借助描写"条件艰苦"的关键词"单、薄、寒冬腊月、深夜"，加深体会毛主席忘我工作的精神。

（4）借助"凝视、沉思"等关键词，进一步体会毛主席忘我工作的精神。

5.借助关键词，尝试说说毛主席是怎样工作的

（1）同桌互说。

（2）上台展示，评价。

"三星解说词"评价标准

*我能自信地讲解，声音响亮。
*我能借助关键词，把工作画面说清楚。
*我能加上自己的体会，把工作画面说生动。

6.借助关键词"每当"，体会毛主席日夜忘我工作的精神

（1）根据反馈，出示句子。

> 每当夜幕降临的时候，八角楼上的灯就亮了。

（2）师生合作读。

（3）小结，指导朗读。

（4）再次理解毛主席工作的时间。

7.生字书写

写字：楼、年、夜、披、轻、利。

提示：有4个生字是左右结构的，写的时候要注意高低和宽窄。强调"年""夜"的笔顺和关键笔画位置。

小学语文《盘古开天地》教学设计

杭州市萧山信息港小学　赵怡颖

一、教材解读

统编版语文四年级下册第四单元围绕主题"神话故事",编排了《盘古开天地》《精卫填海》《普罗米修斯》三篇精读课文和《女娲补天》一篇略读课文。这些神话是中国古代神话和古希腊神话中的经典,学生可以从中体会古代劳动人民对自然、世界的独特理解和神奇想象,还能感受故事中鲜明的人物形象。

本单元的语文要素有两点:一是了解故事的起因、经过、结果,学习把握文章的主要内容;二是感受神话中神奇的想象和鲜明的人物形象。其中第二条语文要素是为第七单元"从人物的语言动作等描写中感受人物品质"作铺垫,是"文学阅读与创意表达"任务群中所要求的"通过整体感知、联想想象,感受文学语言和形象的独特魅力,了解文学作品的基本特点"。

二、教学目标

- 通过课前调查、微课学习,了解神话的特点,明确神话的概念。
- 通过图文对照,讲述理由,了解故事的主要内容。
- 通过小组合作等方式,学习课文第1、2自然段,探寻神奇之处,初步感受人物形象。

三、教学设想

1.联系旧知,明晰概念

概念可以通过三种主要途径学习。你可以记住它——它的定义、具体例子或名称。你可以理解它——用自己的话描述和解释它与你所知道的其他事物的关系。或者,你可以在新的(先前未遇到过的)情境中使用它。概念学习的常规策略包括概括、举例和练习。在"神话"这一主题的教学中,我首先从课前的神话故事调查中让学生对看过的神话故事进行共同点概括,引导学生得出神话的部分特点。然后给学生提供微课支架,学生在观看微课时获得之前没有发现的神话特点。随后概括出示神话的定义,并引导学生利用神话的定义对三篇文本进行辨析,找出关键特征。并在其他两篇文本的辨析中,再次明确童话、寓言这两个文体的概念。

2.把握内容,厘清脉络

本单元的语文要素之一是"了解故事的起因、经过、结果,学习把握文章的主要内容",这在第一课时的整体感知环节进行初步落实。学生通过对图片的排序,明确故事发展的先后顺序,引出起因、经过和结果这一概念。学生对排序理由的阐述就是对课文主要内容的理解并概括,在此基础上再次明确神话故事的概念:疑问+困难就是神话故事。

3.聚焦段落,感受神奇

神话故事的重要特点之一是神奇,"感受神话中神奇的想象和鲜明的人物形象"是本单元的另一个语文要素。因此,引导学生找到神奇之处并谈谈感受是一个重要的学习环节。学习活动设置了小组合作学习,以学生为主体,用板贴的形式展现学生的学习成果。在交流反馈中进行归纳、概括，将学生找到的具体的神奇之处概括为形象奇、工具奇等，以期在学生后续阅读其他神话时能关注到这些具有共性的神奇之处。

4. 研读神话，体会形象

有了微观的把握，学生感受到了盘古这位巨人的神奇之处，再增加对上述学习活动的延伸："你感受到了一位怎样的盘古？"，从交流分享中，盘古这位神奇的人物形象逐渐在学生心目中清晰起来。学生从中能体会到神话故事的特点：有神，并且这个神的形象变得具象化。从而又回到本课的重点：明确神话的概念。在课堂小结中，再次强调神话是由"疑问+困难"形成的，神话的概念贯穿课堂的始终，学生一步步深入理解和体会。

四、教学过程

1. 课前调查，激发兴趣

（1）课前调查，找出神话的共同点。

（2）观看短片，初步形成对神话的认知。

2. 感受神奇，明晰概念

（1）谈谈自己对神话故事的感受。

（2）辨析三篇文本，明确神话的概念。

- 找出神话故事，交流讨论理由。
- 深入交流其他两篇故事的体裁。
- 明确神话的判断标准。

学习活动一

默读阅读单中的三篇文章，找一找哪篇是神话，并给出理由。

3.梳理神奇,整体感知

用自己喜欢的方式自由阅读课文,初步感受神话的神奇。

- 上台排序,说说理由。
- 拓展故事,深化概念。

学习活动二

根据课文内容,给图片排序。

4.走进神奇,段落聚焦

（1）交流反馈,感受神奇。

（2）归纳概括,谈谈感受。

（3）朗读句子,想象画面。

学习活动三

- 默读第1、2自然段,画出你认为是神奇意思的句子,圈一圈关键词。
- 小组合作交流,说说你觉得哪里最神奇,把关键词写在词卡上,一张词卡写一个关键词。
- 小组代表发言讨论,其他学生进行补充。

5.形象感悟,课堂小结

（1）交流人物形象。

（2）课堂小结:这节课我们借助图片了解了故事的主要内容,知道了什么是神话故事,也知道了神话故事处处充满着神奇的想象。盘古在沉睡中苏醒,用神力劈开了天地。下节课我们继续来感受盘古顶天立地、化身万物的神奇,并且试着当一当神话故事的传讲人,把这个神话故事以口耳相传的方式流传下去。

小学数学《百分数的认识》教学设计

杭州市萧山信息港小学 李嫣红

一、教学目标

- 体会生活中常见的百分数,明确其具体含义,能正确读写百分数。
- 在分析问题、解决问题的过程中,理解和掌握百分数的概念,知道百分数与分数的区别,沟通知识之间的内在联系。
- 初步感受百分数在统计中的意义,发展应用意识。

二、教学重点

结合具体情境,理解百分数的意义。

三、教学难点

理解百分数表示两个数量之间的倍比关系,能比较和判断。

四、教学过程

(一)创设情境,链接生活

1. 信息讨论,引发冲突

出示:学校举办投篮赛,从7名学生中选5名参加,选哪几人?

预设:学生选出投中次数最多的5个人参加。

提问:确定是这5人吗?有没有不同的想法?

2.补充信息,尝试比较

补充投篮总数信息,再次进行数据比较。

发现:用分数来表示投中次数是投篮总数的几分之几,不能比较出数据的大小,且通分比较麻烦。

(二)探究新知,理解意义

1.解决冲突,引出课题

更换一种记录方式,呈现百分数。学生快速对比,选出5名选手。

对比:看这两张统计表,你更喜欢哪张表呢?为什么?

出示课题:分母不同,不容易比较出大小,而百分数更易比较。在生产生活和统计中经常会用到百分数,这节课我们就一起来学习百分数。

2.了解学情,掌握读写

学生齐读百分数,总结百分数的读法。

示范百分数写法。学生独立练习写百分数。

3.多重表征,初步理解

完成学习单上的任务:用喜欢的方式(如画图或文字描述等)表示小辉的命中率是60%(图1)。

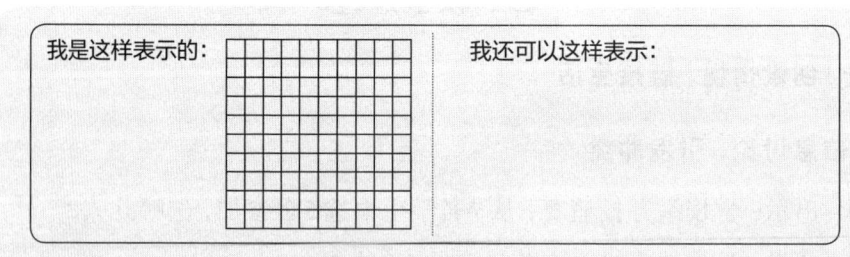

图1 以绘画或文字描述等方式表示60%

预设:方法①图形表征;方法②文字表征;方法③实例表征。

总结:可以用多种方法来表示命中率是60%,不管用什么方法,表示的含义都是相同的,表示投中次数是投球总数的60%。

4. 转换情境,加深理解

提问:生活中你还在哪些地方见到过百分数?

呈现生活中的百分数,说一说其表示的意义。

①剩余电量是总电量的$\frac{57}{100}$;②羊毛质量是总质量的$\frac{65.5}{100}$;③甲车速度是乙车速度的$\frac{200}{100}$。

5. 交流对比,归纳意义

提问:学了这么多百分数,现在你对百分数的意义有了哪些了解?

(1)归纳意义。百分数表示的就是一个数与另一个数之间的关系,也就是一个数是另一个数的百分之几。

(2)沟通百分数与分数、倍比的关系。百分数表示两个量之间的倍比关系,也叫作百分比、百分率。

(3)部分与整体,两个独立量之间的辨析。

(4)百分数和分数的区别与联系。

呈现材料:①一根绳子剪去了$\frac{3}{10}$米;②一根绳子剪去了$\frac{3}{10}$。

提问:这里的两个分数都能转换成百分数吗?

总结:百分数是表示两个数量之间的关系,并不表示具体量。

(三)选择应用,深化理解

选择你认为合适的数填在下面题目的括号里。

99%   100%   55%   119% $\frac{119}{100}$ 311.5%

(1)国庆期间小客车上高速实行免费通行,国庆长假期间小客车高速通行免费率达到(　　)。

（2）据统计，国庆长假期间，半数以上的年轻人选择自驾游，占年轻人出游总数的（　　　）。

（3）国庆期间，小丽一家来到游乐场游玩，儿童1.2米以下免门票。小丽的弟弟刚好免门票，弟弟的身高是（　　　）米。

（4）高速公路上小客车超过了大客车，小客车行驶速度是大货车速度的（　　　）。

（5）某超市举行"欢度国庆"抽奖活动，中奖率接近百分之百。中奖率是（　　　）。

（四）回忆梳理，总结全课

通过这节课的学习，现在你对百分数有了哪些新的理解？还有什么疑问吗？

小学美术《溪涧一角》教学设计

杭州市萧山信息港小学　吴思韵

一、教材分析

围绕国画，本单元编排了《水墨游戏》《水与墨——色彩的秘密》《雨打芭蕉》《溪涧一角》四节课。本单元通过游戏的形式让学生进行国画趣味性的造型练习，感受国画笔墨变化和彩墨交融的特点。对三年级学生来说，以游戏的形式进行国画入门课的学习，可以十分巧妙地与学生年龄特点相结合。本单元也以欣赏艺术家的水墨画和彩墨画入手，再让学生尝试用彩、墨、水在宣纸上进行表现，进一步感受国画笔墨的韵味。

本单元的国画内容是让学生感受彩墨游戏中的偶然现象和意外效果，并尝试用国画表现生活中事物的形态，体验国画的艺术美感，逐渐构建起对国画的艺术认知，但每节课的侧重点不同。《水墨游戏》让学生对国画材料、水墨变化有一个简单的认识；《水与墨——色彩的秘密》让学生对国画颜料中的矿物颜料、植物颜料有进一步的认识；《雨打芭蕉》让学生体验中锋和侧锋，感受墨色的浓淡变化以及水分的运用；《溪涧一角》让学生在玩游戏的同时，体验"破"在国画中的综合运用，感受大自然的美。

《义务教育艺术课程标准（2022年版）》在第二学段（3～5年级）中关于国画的内容要求是：尝试运用毛笔、宣纸等绘画工具和材料，体验笔法（中锋、侧锋）、墨法（焦、浓、重、淡、清）的特点。本单元课程教学，通过梳理学科核心观念"尝试运用中国画表现生活中事物的形态"，明确预期的国画知识技能、理解建构和迁移应用的教学目标，提出关键问题，如本单元的四个基本问题：①国画中水墨的特点是什么？②国画中的颜料有什么神奇之处？③我们学习了国画的技法，就能画出像艺术家一样可以表达情感和事物的国画作品吗？④我画得像不像？不像的话，大家会怎么评价呢？

二、教学设想

（一）结合主题，创设情境

由于三年级的学生之前没有接触过国画工具，也没有系统地学过国画技法，所以他们很难独立完成一幅作品。因此在遵循单元组构的原则下，充分考虑学生的能力水平及未来发展的持续性，我将本单元的学习内容分为若干个知识、能力、情感，并由浅入深、由易及难，分布在《水墨游戏》《水与墨——色彩的秘密》《雨打芭蕉》《溪涧一角》四节课中。四节课强调在"趣味"游戏中学习国画技法，重点从激发学生学习兴趣出发，并在"韵味"中解读国画的审美意趣，最后在"滋味"中体会塑造国画造型的有滋有味。

（1）借助"讲故事""绘本""玩技法""小实验"等小游戏，激起学生对国画的学习兴趣。《水墨游戏》通过创设故事情节，让学生将故事里各种不同外表、脾气的点线面创造出来。《水与墨——色彩的秘密》挑选包含国画内容的绘本，生动的水墨画面抓住学生的眼球，并让学生用石头精灵和花精灵的法宝，帮牦牛长出最漂亮的毛，帮小鸟建造最美的花园。《雨打芭蕉》让学生用毛笔跳出不同的舞姿，并用毛笔下了一场雨。《溪涧一角》让学生通过尝试一个个"破"的小实验,感受"破"后彩墨交融的美感。

（2）跟随大师学习国画,教师为学生分享一些优秀的国画作品,并利用多媒体创设唯美情境,为学生构建出国画学习的浓厚氛围,带领学生领略国画审美的独特韵味和作品背后的思想韵味。《溪涧一角》一课欣赏张大千的山水作品,领略祖国水墨淋漓、彩墨交融的壮丽山河,用水墨来表达自己对祖国山河的热爱。

（3）在生活情境中进行国画创作,体会用彩墨塑造中国画造型的滋味。观察是获取知识的重要步骤,自然与艺术创造有着不可分割的关系,自然是艺术创作的基础,艺术的创作源于生活。同样,国画的创作也遵循其规律。《水墨游戏》让学生观察生活中各种不同年龄段、不同身份、不同脾气的人,再用笔墨创作出代表他们形象的点线面。《水与墨——色彩的秘密》让学生观察牦牛毛的方向、花的造型与色彩,创作出拥有美丽的牦牛和花园。《雨打芭蕉》让学生观察芭蕉的形状、特点等,创作雨打芭蕉的作品。《溪涧一角》让学生观察长着青苔、被水滴拍打着的石头,创作一幅以溪涧一角为表现题材的国画作品。

（二）构建任务驱动

采用任务驱动式的教学方式,即学生在教师的指导和帮助下,以完成一个真实任务为线索,通过任务驱动,学生展开积极的独立探索与团队协作活动。美术是一种语言,是造型艺术,具有人文性和工具性。任务驱动式教学法能有效地帮助学生积极探索,增强知识应用与综合、解决实际问题的能力,提升核心素养。在趣味游戏的情境下,我尝试把"浓淡干湿""中锋侧锋""墨色互破"等内容统整在闯关游戏、绘本故事、小实验等任务中。学生在水、墨、彩交融的世界中感受国画独特的美感。

《溪涧一角》中设立小实验，学生在实验中尝试墨色互破，看看会产生什么特殊效果肌理，体验国画的传统技法"破"，了解"破"在国画中的用途，感受"破"后彩墨交融的美感，在潜移默化中感受国画的肌理美。本课所涉及的技法包含着国画的基本技法，可以说是一节国画的入门课，能为今后不同阶段的国画学习奠定技法认识和情感态度等方面的基础。

三、教学目标

- 在尝试体验中理解彩墨画中墨色互破与彩墨互破的概念。
- 大胆地运用墨色互破和彩墨互破的方法在宣纸上进行创作，表现溪涧一角的感觉，探究彩墨表现方法，提高艺术表现力。
- 充分感受彩墨造型的乐趣，进一步激发学习国画的兴趣。

四、教学重难点

重点：体验破墨法和破色法的表现技法，感受彩墨交融的乐趣。

难点：大胆运用破墨法和破色法，表现自己对溪涧一角的感觉。

五、教学过程

（一）导入：展示实物，揭示课题

1. 欣赏图片，初步审美感知

投屏呈现不同角度的同一个景的拍摄照片（图1）。

提问：这些是什么？

a. 实景　　　　　　b. 局部

图1　溪涧一角

学生归纳：石头和草；流水旁的景；石头、土、草、花、水、果实……

提问：可以用什么词来形容这一景色呀？

2.导入新课，激发兴趣

过渡：你们都有一双发现美的眼睛，也都那么热爱大自然。今天我们就用前几节课学过的毛笔、传统笔墨来表现这优美的大自然之景——溪涧一角。

【设计意图】①同一景不同角度的拍摄，意在让学生有不同构图的意识。教师可以通过提问，让学生有身临其境的思考：如果是我，我用什么角度拍呢？②在教学难点中有一点是让学生表现溪涧一角的感受，所以导入环节要渲染这种炽热的感觉和气氛。③多媒体的可移动、可投屏功能，能让学生观察到小细节：如石头上的小植物、水滴流动等，可以让学生感受到点、色彩原来就是表现自然界中这种斑驳、丰富的肌理。④初步感知溪涧一角的造型和色彩。

（二）讲授新课

1.发现问题

提问：怎么用毛笔画出美景呢？

2. 名作对话，寻找对策

呈现张大千《红日白雪》的全景图和局部细节图，欣赏大师笔下水、墨、色相互交融的世界。

提问：你觉得他的画怎么样？

学生归纳：五颜六色；糊糊的；水灵灵的。

【设计意图】从初步欣赏到深入观察，大师作品细节的放大，可以呈现宣纸肌理的感觉。学生观察这种效果为后面创作阶段作铺垫。

3. 技法探微

（1）教师示范，师生共同归纳方法。

呈现第一个实验——墨色互破，学具为折四格的长条宣纸。

过渡：老师先试"浓破淡"，让浓墨去破坏淡墨。

示范正确过程：一滴淡墨，一滴浓墨（图2）。

提问：老师刚刚是怎么画的？你有没有新发现？

学生归纳：先用淡墨再用浓墨；水很多；在宣纸上渗开来了。

教师总结："破"其实是两种不同的颜色在宣纸上相互碰撞，逐渐消退界限轮廓，产生一种自然的、有层次的特殊肌理效果。

呈现提前准备的错误示范：毛笔比较干（图3）。

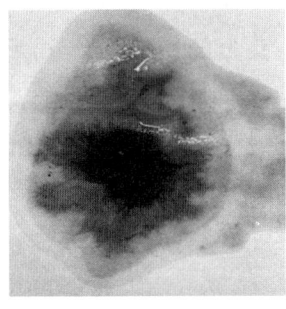 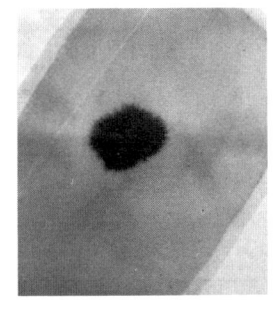

图2 "浓破淡"正确示范　　图3 "浓破淡"错误示范：笔干、水少

提问：这张也是先画淡墨再画浓墨，但为什么会是这样呢？

学生归纳：笔上太干，水少。

总结要求：第一笔画在纸上，第二笔用滴的形式，毛笔上的水分要多（图4）。

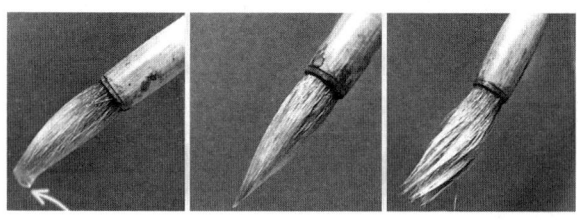

图4　毛笔的水分状态

（2）学生尝试墨色互破。

过渡：今天我们要用毛笔来画一画水灵灵的效果。接下来用两分钟的时间，请大家在纸上的第一个小格子里试试"浓破淡"，再试试"淡破浓"，体验不一样的感觉。

学生尝试墨色互破，教师巡视指导，并及时投屏，展示反馈。

（3）寻找墨色互破效果对应哪一处景。

呈现溪涧一角实景照片。

提问：大多数学生都画出了湿漉漉或水墨交融的感觉，你们觉得刚刚画的墨色互破的效果更适合溪涧一角的哪一处景呢？

学生回答：溪流与石头（图5）。

图5　溪流与石头

(4)学生示范,师生共同归纳方法。

提问:我们用这些方法再来做另一个小实验,用颜色和墨来进行互破。它们会产生什么样的效果呢?我请一位同学来示范,也请其他同学观察、思考彩墨互破与墨色互破有什么相同之处和不同之处。

学生示范彩破墨。教师在学生示范过程中担任解说员,及时引领、总结,对学生处理不够好的地方可以适当提醒。

师生共同寻找与第一次实验的相同之处和不同之处,并归纳。相同之处:用很多水;都渗开了。不同之处:彩破墨的颜色更加丰富。

(5)学生尝试彩墨互破。

过渡:请大家选择一种自己觉得适合溪涧一角的颜色,用两分钟时间,尝试变出丰富多彩的效果!

学生尝试彩墨互破(图6),教师巡视指导,及时投屏,展示反馈。

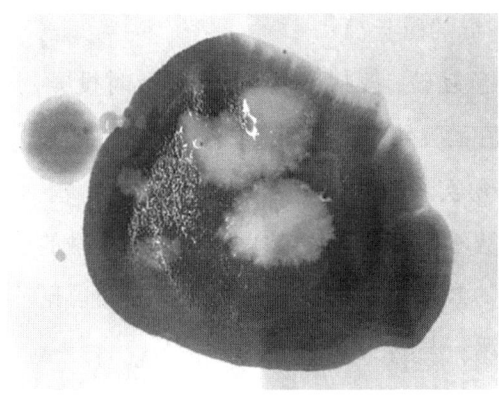

图6 彩墨互破

(6)寻找彩墨互破效果对应哪一处景。

呈现溪涧一角实景照片。

提问:彩墨互破的效果适合画溪涧一角的哪一处景呢?

学生回答:黑色石头上的青苔等植物(图7)。

图7 黑色石头上的青苔等植物

【设计意图】这是本节课的教学重点。教师先以清晰利落的示范,使学生感受到了"破"技法的要领和肌理效果的美感。再请学生练习,在"玩"的基础上,更能帮助学生理性地巩固技法要领,鼓励学生大胆尝试。

4.教师微课示范,总结过程

微课呈现:把刚刚完成的小方块变成一张表现溪涧一角的大画。

教师总结:设想构图,侧锋浓墨勾出石头外轮廓,再画石头表面颜色,运用墨色互破、彩墨互破。

【设计意图】大胆运用破墨法和破色法,表现自己对溪涧一角的感觉,这是本节课的教学难点。通过微课示范、课堂总结,能让学生明白绘画步骤,体会彩墨造型的乐趣,进一步激发学习国画的兴趣。

(三)学生创作,教师巡视指导

提出创作要求:选择一种构图,大胆地运用墨色互破或彩墨互破的方式来表现你对溪涧一角的感觉。注意:①破的时候,笔上湿一点,可以让水滴能滴下来的感觉;②用笔时,一气呵成,不要反复涂;③手和袖子不要触碰画面。

【设计意图】①提醒学生可以选择不同的构图。给学生呈现方法:大小对比、曲直变化等,供学生选择,学生能更加直观地感受不同构图带来的不同视觉感受。②在学生对"破"的技法有一定认识后,大胆完成一张作品,可以提高学生的艺术表现力,充分感受彩墨造型的乐趣。

(四)展示评价

投屏呈现学生作品,以自评、互评、师评相结合的方式评价作品。

【设计意图】通过学生的自评、互评,学生的自主性得到加强,口头表达能力得以提升,也营造了一种同伴之间良好的合作学习氛围。教师的评价能激发学生在后续学习中产生更强烈的欲望。

(五)总结拓展

过渡:大家的画都很美,让我想到:在大海里潜水时看到的景象、在公园里看到的五彩花海(呈现照片)。你有什么感受?你可不可以用今天学习的破墨法来画出这些场景呢?不同题材在国画里可以用同一种方法来表现出不同的感觉。

【设计意图】在拓展环节加入其他类似场景的照片欣赏,让学生感受到同样的技法可以运用到不同内容上,做到知识的迁移,能激起学生对国画的新奇感,让学生对传统艺术树立认同感和文化自豪感。

小学音乐《钟声叮叮当》教学设计

杭州市萧山信息港小学　黄雨珂

一、教材分析

从素养和大概念角度来看，学生通过这个单元的学习，巩固轮唱的演唱形式，能对单声部作品进行二声部的轮唱创作，使合唱知识和合唱技能有循序渐进的提升。

1. 作品文化理解

本单元选自人音版音乐三年级上册第七单元，单元主题为"钟声"。钟声能唤起人们无限的遐想。本单元的四首音乐作品都是围绕"钟声"这一主题而选编的中外不同风格的乐曲，即《美丽的黄昏》《钟声叮叮当》《灵隐钟声》《维也纳的音乐钟》。通过演唱、对比聆听，学生能感受不同意境的"钟声"效果，积累音乐经验，提高审美情趣，树立多元、平等的文化价值观。

其中，《钟声叮叮当》是一首短小精悍、旋律优美的澳大利亚民歌。八六拍，大调式。歌词"叮叮当"模拟了悠扬的钟声，仿佛使人聆听到美妙的钟声在空中回荡。全曲只有两个乐句，基本节奏型相同，每个乐句都有一个四度的音程跳进。歌曲的合唱声部反复地运用了 do 和 sol 作为衬托，犹如一首美妙动听的钟声交响曲在耳边久久回响。

2. 音高认知联系

在本册第二单元与第四单元中，学生已经掌握自然音阶中的 do、

re、mi、sol、la五个音。本课在识读乐谱上安排了4（fa）、7（si）、高音（do）三个音的学习，这也是本册认识自然音阶序列的最后三个音。相对于其他几个音，学生在唱准4（fa）、7（si）音上有一定的困难。因此，本课两首演唱歌曲《美丽的黄昏》《钟声叮叮当》以及欣赏曲《灵隐钟声》中都包含这两个音的学习，让学生在具体的音乐作品中认识和唱准这两个音，提高演唱技能。

3.演唱形式联系

本单元在《美丽的黄昏》一课中加入"轮唱"的知识点。关于"轮唱"知识的呈现，是在二年级下册《两只老虎》轮唱实践的基础上，本课才正式进入轮唱知识的学习，歌曲《钟声叮叮当》是采用固定低音为二声部的合唱曲。本课还结合乐曲《维也纳的音乐钟》设计了简单的二声部练习曲，这些能为三年级下册学习"合唱"知识点奠定基础，能使学生逐渐过渡齐唱—轮唱—合唱的学习。

本单元的结构梳理见图1。

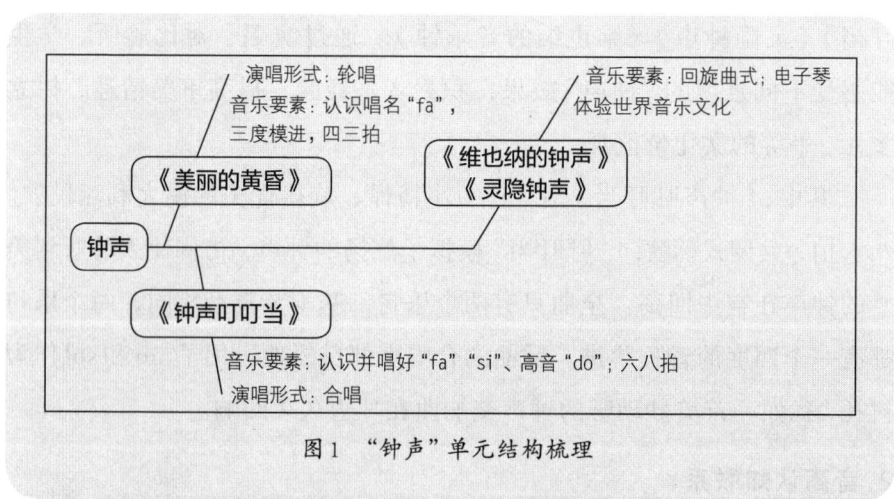

图1 "钟声"单元结构梳理

二、教学设想

根据麦卡锡"为什么""是什么""该怎样"三阶段理论,教师应站在素养的角度进行教学,由教授专家结论转向培养专家思维,让学生像专家一样思考。素养导向的课堂将大概念迁移到真实的情境中去解决问题,在单元教学中落实大概念,引导学生持续思考。

1.情境预设,贯穿始终

单元设计充分考虑三年级学生的身心发展规律和听觉审美活动的特征,为学生创设了"寻钟"情境,精心设计有整体性的活动,寻找钟声—歌唱钟声—表现钟声—留恋钟声,强调单元主线,落实教学目标。在课堂中创造学生主动参与的环境,关注每一位学生在情境中的听、唱、奏、演、创,突出学生是学习的主体,让全体学生都积极参与音乐活动,乐于表现自己。

2.动静结合,落实技能

从音乐本体出发,本单元设计多种多样且动静结合的教学活动,不仅让学生与音乐融为一体,获得参与音乐的满足感,更让学生深入感受音乐及其要素中的旋律、音高、乐句、和声,能用歌声感受轮唱与合唱的魅力,建立起聆听化记忆。本单元不仅能提高学生的歌唱、乐器演奏、综合表演的技能,还能让学生走向认知与情感和谐统一的轨道。

3.拓展延伸,丰富聆听

音乐课中的拓展活动能为学生创设一种可以听、视、感、触的,与音乐为友的环境、氛围。本单元在每课时最后设计合理的拓展活动,学生在律动、演奏、歌唱、表演、创作等实践活动中主动参与表现音乐,体验创作的乐趣。这既是对本单元重难点的复习巩固,又延伸课堂教学的内涵,改善教与学、课内与拓展的关系,使每位学生在玩中学、在乐中学,提升音乐实践能力和创造力。

三、教学目标

· 初步了解合唱表现形式,在合唱的形式下用圆润而富有弹性的声音演唱《钟声叮叮当》。

· 认识"4"(fa)、"7"(si)、高音(do)三个音,并在歌曲与实践中唱准这三个音。

· 通过对比探究,体验《钟声叮叮当》第一乐句与第二乐句的旋律联系。

四、教学过程

(一)寻找钟声

1.唱好"do"和低音"sol"

师:伴着你们的歌声,我们来到小屋门前,这时传来了一段音乐钟声,竖起你的小耳朵,在心里唱,我们一起来找一找,方块中缺少的是什么音?(运用图2的钢片琴)

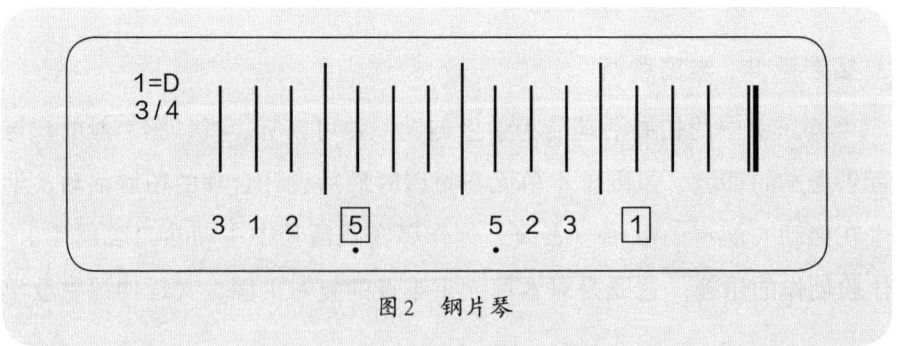

图2　钢片琴

2.二声部初体验

(1)运用柯尔文手势,引导学生歌唱旋律。

(2)出示音谱(图3),第二遍演唱,教师用钢片琴为学生配上二声部。(弹do、sol)

```
1=D 3/4
3  1  2  |5. - -  |1  2  3  |1  -  -  |
3  2  1  |5. - -  |5. 2  3  |1  -  -  |
1  -  -  |1. -  -  |1. -  -  |1. -  -  |
```
图3 旋律音谱

【设计意图】通过歌唱的实践经验,能获得音乐知识的持久价值。合唱的艺术价值和教化价值是无法估量的,而听是学习音乐的必要手段。因此,教师运用奥尔夫乐器——钢片琴,模仿生活中熟悉的钟声旋律,营造氛围,创设情境,让学生身临其境地感受聆听,并通过柯尔文手势,在游戏中提升学生的音高记忆。教师加入第二声部,学生初步体验二声部音响效果,为接下来的合唱学习做好铺垫。

3.听想练习,模仿钟声

(1)教师用钢片琴敲击"do"和低音"sol"(图4),学生进行听想。在六八拍律动中,教师用"bum"音唱"do"、低音"sol",学生进行模仿进而边唱边律动。律动可以利用身体的高低来表示音的高低走向。

```
1=D 6/8
|1̇· 1·|1̇· 1·|1̇· 1·|5̣· 5̣·|5̣· 5̣·|5̣· 5̣·|5̣· 5̣·|1 0 0 :||
```
图4 "do""sol"音谱

（2）学生保持上面的旋律，边唱边律动，教师加入钢片琴伴奏。

（3）学生继续保持唱谱旋律，带入"叮当"歌词，教师唱《钟声叮叮当》的第一声部，同时展示动态图谱。

师：做得很棒，每个同学都在六八拍的律动中唱准了每个音。今天我带来一首歌唱作品，邀请你们与我合作完成，请你们继续演唱刚才的旋律。

【设计意图】学生初次聆听《钟声叮叮当》，同时成为歌曲中的一部分（第二声部），带给学生音乐归属感。

（二）歌唱钟声

1.聆听范唱，了解合唱的概念

师：我们合作得不错，请大家安静聆听，你能听出这首歌曲的演唱形式吗？

师：这种演唱形式叫作合唱。刚才大家一共听到了几条旋律在一起演唱呢？我们把这首乐曲的两条旋律分别叫作"第一声部"和"第二声部"。在合唱歌曲中会出现两个或两个以上的声部，它们各自按本声部的曲调同时演唱一首歌曲。我们可以感受到，即使这两条旋律并不相同，但声音上却是高度和谐的。它音色丰满、旋律多样，所以能唱好合唱作品也是一件不容易的事。

2.跟随袋鼠脚步，分解乐音

师：今天学习的这首合唱作品来自澳大利亚，叫作《钟声叮叮当》。袋鼠伴着你们的铃铛声，悠闲地走着，瞧！这是它的行走路线（图5），让我们跟随它的脚步来唱一唱。

图5 袋鼠音符脚步1

3. 补充袋鼠脚步,学唱fa、si

师:袋鼠感觉走得不够尽兴。听,它又带来了什么音符脚步呢(图6)?

图6 袋鼠音符脚步2

师:原来是fa和si。请一起来做一做它的手势。

4. 运用柯尔文手势,唱好第一乐句和"do"

师:fa、si已经成为我们的好伙伴,相信大家能够用手势,来唱好这个乐句。

5. 对比动态图谱,寻找旋律的规律

师:请一边聆听,一边跟着袋鼠的音符脚步(图7),你能发现这一

声部的两个乐句有什么特点吗?

图7 袋鼠音符脚步3

师:我们可以感受到,一、二两个乐句的旋律走向是一致的,只是音高上第二乐句比第一乐句低一些。

6.画旋律线,感知旋律走向

师:你们能根据自己的想象,以线条的形式将这种旋律的变化与对应关系画出来吗(图8)?让我们一起来聆听全曲。

图8 旋律走向

【设计意图】用澳大利亚代表性动物袋鼠引导学生聆听澳大利亚歌曲《钟声叮叮当》,符合本曲的文化背景。将音高具象化,运用动态图谱能更好地带动学生唱准音高。

（三）表现钟声

1. 唱好高声部，生生互相评

师：请跟随钢琴，边画旋律线，边唱一唱袋鼠的音符脚步。

师：你们唱得真投入，老师也想来唱一唱。请仔细听，我和你们唱的区别在哪里？

2. 二声部合唱，钟声叮叮当

师生合作：师唱低声部，生唱高声部。

分组合作：分成两大组，分别唱高声部、低声部。

律动合作：学生编创本声部动作，并进行合唱。

（四）留恋钟声

师：这首澳大利亚民歌结构短小、旋律优美，"叮叮当"的歌词模拟了悠扬的钟声，仿佛让我们聆听到美妙的钟声在空中回荡。澳大利亚有很多世界著名的大教堂，其中，圣玛丽亚大教堂就是澳大利亚规模最大、最古老的教堂。听！圣玛丽亚大教堂悠扬的钟声已经响起，唱诗班的孩子们开始演唱了，请你听听这次他们用了怎样的演唱形式呢？（播放《剪羊毛》）

【设计意图】此环节是在学习歌曲的基础上，通过聆听，能够区分合唱与齐唱，鼓励学生积极参与音乐实践活动，感受澳大利亚的民风民俗。

小学数学《探秘圆周率》教学设计*

浙江省东阳市外国语小学 郭 春

一、教材分析

《探秘圆周率》是北师大版小学数学第11册中向小学生介绍有关人类探究圆周率历史的内容。

数学史是小学数学教材中很容易激起学生思维共鸣的学习内容。结合数学概念、定理、法则等内容,以不同的方式适时地向学生介绍有关数学研究史上的趣闻逸事,不仅可以开阔学生的学习视野,激发学生的学习兴趣,也有助于促进他们在初知相关内容研究的思维方式方法的同时,更深地理解和掌握与之相关的数学知识。

为更好地把握和处理教材中有关圆周率探究的数学史料内容,我对北师大版小学数学全部12册教材中有关数学史的知识进行了梳理,将相关内容的主题分为数学家解决问题的故事(如胡夫金字塔、金冠之谜)、相关数学知识史料(如小数的历史、分数的历史)、数学的思想方法(如"筛法"史料)、经典数学问题(如"鸡兔同笼"问题)、数学名题(如哥德巴赫猜想)和其他文化六大类。其中"其他文化"侧重介绍数学发展与社会生活的关系,如数学和音乐、绘画、建筑、天文、计算机、商业等生活领域的联系。通过对北师大版小学数学12册教材的统计分析,我发现教材中数学史料的呈现方式大多是在完成了数学概念、法则等教学内容之

---

* 本文中的点评由杭州师范大学经亨颐教育学院马兰教授撰写。

后进行简单介绍或说明的。同时，随着学生学习年级的提高，教材中数学史料的内容容量相应增加，史料的内容难度也随之加深。

"圆周率的历史"是北师大版小学数学六年级上册第一单元的内容。在学生通过多种探索活动认识了圆、知道了圆的周长与直径的关系、引出圆周率之后，教材向学生提供了圆周率推算的史料。和教材中其他史料在内容呈现方式上进行相比，我发现教材对"圆周率的历史"特别偏爱，大篇幅内容介绍了圆周率的探究史，不仅详细介绍了阿基米德、刘徽、祖冲之对圆周率的探索，还介绍了现代计算机的出现对圆周率所做出的贡献，可以说已经把人类历史上有关圆周率数值的探究历程从古到今、极为浓缩而完整地呈现在教材中了，并介绍了其中蕴含的数学思想方法以及人类科学技术（计算机）发展对数学研究的影响。在此基础上，我查阅了其他若干版本的小学数学教材，可以归纳为：现行的小学数学教材，不仅很重视圆周率的教学，而且在补充了有关圆周率推算史料的基础上，还融合了极限的数学思想方法。基于上述教材分析，我对有关《探秘圆周率》内容的教学形成了一个基本的认识，即这不是一个单纯地让学生熟知数学史上有关圆周率研究故事的学习内容，而是一个能够对学生理解和掌握圆周长、圆的直径的相互关系并在此基础上深入理解圆周率概念的学习内容，它可以对学生的数学思维方式产生有意义的影响。为此，我将本节课立意为：创设探究圆周率的学习情境，将学生带入具体的数学探究过程中，促进学生由浅入深地探寻数学的精髓，感受其中蕴含的数学思想方法，感受科学探究的乐趣和精神。

［点评：就某一具体学习内容的教学而言，教材分析和学情分析共同构成了教师教学设计的起始环节，离开了基于课程标准的教材分析，学情分析就会处于茫然之地，教学目标就会陷于盲目之境。

在教学实践中，教师常常会不经意地把教材分析当成了教材介绍：

粗略地说说相关主题在教材中是如何呈现的。比如,《探秘圆周率》的教材分析,有教师可能会这么写:"'圆周率的历史'是北师大版小学数学六年级上册第一单元的内容,它是一个引导学生通过多种探索活动认识圆、探究圆的周长与直径的关系,并引出圆周率的数学史内容的学习材料。"很显然,这样的叙述并不具备教材分析的特质。教材分析,必须以课程标准为依据,对即将开始的新学习内容进行相互之间关系的解析,说说这一学习材料和以往的或后续的学习内容之间的相互关系:它们之间是逐步深入的,还是相互并列的?是为后续某一内容奠定基础的,还是对以往某一学习内容的进一步拓展和深化?同时还应该适时参考、比较相同主题、不同版本的教材在编排上的共同点和差异,以思考教学中如何更好地选择和处理学习素材以及呈现相关学习内容。

郭老师的教材分析从纵向梳理相似学习内容、横向比较相同学习材料的角度对本节课的学习素材进行了思考。在他的分析中,不仅有对北师大版小学数学教材中全部数学史内容的纵览,还将其分为了六大类内容,明确了《探秘圆周率》的学习材料属于数学知识史料的内容,学习内容在教材中占据一定篇幅,和其他数学史料知识的学习材料相比显得很是厚实。同时,郭老师还对教材进行了横向比较。如此这般纵横解析,就从一个广阔的视野把握了学习材料,为如何处理学习内容、安排学习活动提供了明确的教学思路:有关圆周率的数学史料不是一个看故事般的学习辅料,而是有关"圆"的知识学习中一个相当重要的学习内容。]

二、学情分析

学生对于圆周率有哪些了解?心中又存有哪些疑惑?为有效设计课堂教学活动,我在要求学生预学、观看视频、查阅资料的同时,编制了预学卡片(图1),对全班32位学生进行了前测,前测结果见表1。

前测数据显示，93.8%的学生已经知道了圆周率是周长和直径的比值，62.5%的学生已经听说过古人关于圆周率的成就并且知道割圆术，但81.2%的学生对于割圆术蕴含的数学思想方法并不是很了解，对圆周率的熟悉程度也只停留在公式计算的层面，并没有进行更深入的思考。近一半的学生想了解和圆周率数值有关的问题，如圆周率的数值是怎么得到的？人类为什么几千年来一直在研究它？圆周率在社会发展和生活中有什么用处？

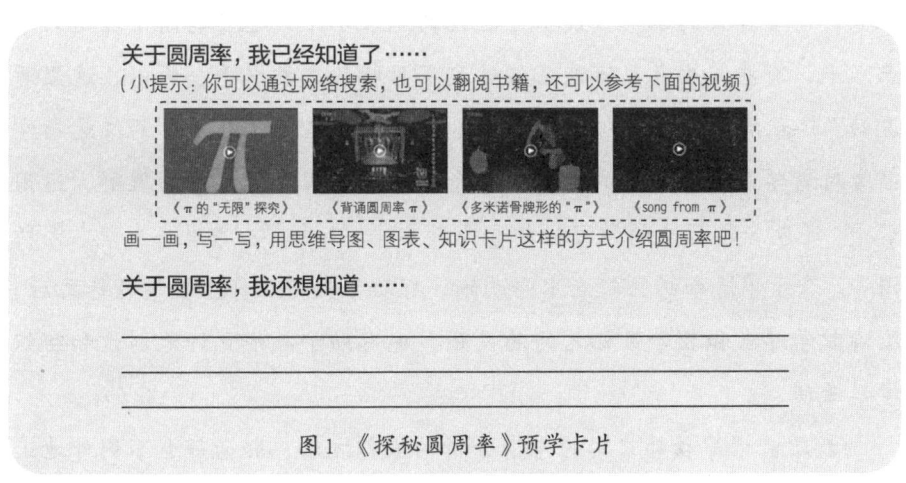

图1 《探秘圆周率》预学卡片

表1 预学卡片学习结果相关数据

我已经知道	圆周率的公式	30（93.8%）	我还想知道	怎么算圆周率	20（62.5%）
	圆周率的历史以及割圆术	20（62.5%）		怎么用圆周率	15（46.9%）
	割圆术蕴含的思想方法	6（18.8%）		为什么要一直研究圆周率	20（62.5%）
	圆周率的作用	5（15.6%）		圆周率为什么算不尽	15（46.9%）

基于上述教材分析和学情分析，我把这节课定为跨学科主题的探究课——从学生已有的知识和兴趣出发，让他们在连续的活动中综合运

用数学、科学、信息技术的知识，经历一系列的圆周率数值发现的过程，探究圆周率的奥秘，感受科学探究的乐趣和数学思维的严谨。

[点评：学情分析的目的在于了解学习者对特定新学习材料的真实把握水平，换句话说，学情分析旨在了解学习者真实的学习起点处在何等层次的水平上。一般而言，在一个新学习主题开始之前，教师心中往往会有一个理论的学习者起点水平，即"学生已经掌握了……的知识和技能……"，但这个学习起点水平往往是教师心中理想的学习起点水平，学生真实的水平可能低于理论的起点水平，也可能高于理论的起点水平，有些学生甚至可能已经达到了目标状态的水平。所以，这里所说的"起点水平"，指的是学习者真实的学习起点水平，它不仅是指学习者对新学习主题相关的知识在概念、原理、程序等方面的理解、运用水平，还包含学习者的学习兴趣和态度水平，如想学、喜欢、厌烦、无所谓等。基于学情分析的起点水平明晰，有助于教师在确立教学目标之后，厘清教学起点和教学目标之间的差距，也有助于教师更好地创设和组织学习活动。

教学前测是教师常用的学情分析的操作方法，郭老师也不例外地采用了这一方式。前测的优点在于，可以了解学生是否已经具备了学习本主题应有的知识基础和目标知识。

通过前测发现，半数以上的学生已经知道圆周率的公式和研究历史，也知道人们是通过割圆术的方法来研究圆周率的，但是他们并不知晓其中蕴含的数学思维方法，也不理解"算不尽"的圆周率人们为什么还要不停地"算"下去，研究它能有什么用。这就为确立教学目标提供了依据。如此确立的教学目标，才可能将所谓"教学必须从学出发""教是为了实现不教"等理念在真实的教学实践中得以落实。]

三、教学目标

• 了解圆周率的历史,知道圆周率。理解圆周长、圆的直径之间的相互关系。

• 运用不同学科知识得到圆周率的数值,感受化曲为直和极限的数学思想方法。

• 通过获取圆周率数值的小组活动,体会合作的重要性,愿意与同伴合作完成学习活动。

• 感受科学探究的乐趣和数学思维的严谨。

[点评:教学目标是教师在教学活动开始之前确立的、在教学活动结束时必须实现的、通过现有技术手段可以测量的学习目标。教学目标是教师制定的,但教学目标是否实现的行为主体是学生。因此,在教学目标的陈述中,教师心中应该不断追问:这是一节课或一个单元结束时,我希望学生做到的吗?根据他们现有的学习起点水平,他们能做到吗?这就意味着,教师在陈述教学目标时,首先不能把自己在课堂教学中将要做些什么作为教学目标予以陈述,其次应当用行为动词陈述教学目标。

分析郭老师的四条教学目标可见,他没有把自己在课堂教学中的教学组织或指导行为列入教学目标,比如:"培养学生……能力""指导学生开展……活动""激发学生的……兴趣"等。之所以强调教学目标的行为主体必须是也只能是学生,是因为如果我们把教师的教学活动行为和过程作为教学目标加以陈述,它是否意味着,只要教师在课堂教学中做了某件事、组织了某项活动,教学目标就必然实现了呢?显然,这是一厢情愿的理想化自己的教学,也是教学中只有"教"而缺失"学"的一种表现。

此外,在郭老师编制的教学目标中,目标陈述用了"了解""理解"

"运用""感受""体会"等不同的动词,这些动词有些是可见的行为动词(如"了解"),有些则是描述心理活动的动词(如"感受""体会")。所谓"可见"意味着我们可以从学生"能否做……"来判断他们是否达到了目标水平,如学生如果"了解"了圆周率的历史,那么他们就应该能够说出一些圆周率研究发展中的历史事件(故事)。而那些描述心理活动的动词,则需要教师心中明确:这些词的真实含义是什么?它需要学生做些什么?如"学生能体会合作的重要性",那怎样才算是体会到了呢?

通过分析学情,教师明确了学生的学习起点;通过陈述目标,教师明确了教学活动结束时,自己将带领学生到达哪里。从起点水平到目标水平之间的差距,就是教学活动得以开展的意义。这个差距不仅指知识水平的差距,还包含认知方式、情感态度、社会交往等诸多方面的差距,正因为此,教学目标也就涉及学习者素养水平的全面提升和发展。]

四、教学过程

(一)引入揭题

播放以圆周率的数值创作而成的钢琴曲视频。

师:怎么样,好听吗?

生:好听。

师:你知道这首乐曲是用什么谱写出来的吗?

生:圆周率。

师:是的,它是用圆周率的数值谱写出来的一首美妙的钢琴曲。

师:圆周率不仅旋律优美还很神秘,今天就让我们一起走进圆周率的世界。

［点评：如果我们把一节课的教学活动过程分为若干环节的话，那么"导入"常常是其中的第一步。一般而言，好的导入环节应当有几个基本要素：吸引学生注意、唤起原有认知、告知学习目标。教学伊始，教师以音乐家弹奏根据圆周率数值谱写的钢琴曲为引子，不仅形式新颖，且切合学习主题，是一个不错的选择。但如果我们结合学情分析部分的前测卡又会发现，这个内容学生在教学活动开始之前的"前测"中就已经接触并了解了，如此这般，这个学习内容对学生就不再是一个新刺激了。很显然，如果能更换一个新内容会更恰当。或者，可以考虑在前测单中不呈现这首钢琴曲，而改为在课堂教学的起始环节呈现，也许更能吸引学生的注意。］

师：课前通过预学，同学们已经对圆周率进行了探究。我们已经知道了什么？

生：圆周率是一个无限不循环小数。

生：圆周率＝周长÷直径，也就是周长和直径的比值。

生：圆周率的用途是用于检测计算机的性能。

生：圆周率在计算球体积、圆面积上有非常重要的作用。

师：通过研究，我们知道了圆周率π等于周长除以直径，还知道了它的数值是3.1415926……而且是一个无限不循环小数！那同学们还想知道什么呢？有没有你特别感兴趣的问题？

生：数学中什么和圆周率有关？

生：人们为什么要去计算圆周率？

生：有没有关于圆周率的纪念日？

师：有听说过吗？3月14日就是它的纪念日，我们把它定为圆周率日。

生：我们知道周长除以直径就是圆周率，圆周率是一个无限不循环小数，那么周长和直径其中一个也肯定是无限不循环小数，我们知道圆周率已经可以算到很多位了，那么它是怎么算出来的呢？

师：这是一个很好的问题！我也和大家一样好奇，圆周率的这个数值是怎么得到的？为什么人们要一直研究它？有什么用？接下去我们就带着问题一起来进行一个特别有挑战性的活动：探秘圆周率。

［点评：以师生对话的方式，告知学生本节课的学习目标，简洁、清晰。教学目标，对教师而言是教的目标，对学生来说则是学的目标。课堂教学中，以寥寥数语指导学生明确本节课要解决的主要问题，知道这节课结束后自己应该能够学会什么，对学生课堂上的注意选择、信息整合都是有益无害的。］

（二）探秘圆周率

1.明确任务

师：上节课我们已经找到了一些圆（呼啦圈、硬币、作业纸上的圆）的直径。这节课，我们就用这些材料来探秘圆周率。想一想，你准备怎样研究呢？需要老师给你们提供哪些工具呢？有什么好方法呢？

生：需要一根绳子，绕过来，再量，知道周长和直径就可以得到圆周率了。

生：如果测量硬币只要一把尺子就可以，一端做个记号，转一圈就可以得到周长了。

师：他想做些什么？还有不一样的吗？

生：我觉得卷尺也可以。

师：还有不一样的吗？

生：呼啦圈上沾上墨水，滚一圈也可以测量出来。

生：我们可以用割圆法来找到圆大概的周长。

（学生在预学、查阅资料中初知了割圆的方法，有部分学生已经了解了割圆术，知道可以用正多边形的周长来代替圆的周长。）

师：看来大家都有自己的想法，下面一起来看看可以用到的材料、工具和活动要求（图2）。

师：我们的必选项，每个小组都要用细绳、直尺、卷尺等工具，通过测量来得到呼啦圈和硬币的周长，从而得到圆周率。

师：刚才也有同学提到了割圆的方法，如果感兴趣，你也可以在这个作业纸的可选项的圆上画一画、写一写，看看能否得到圆周率。

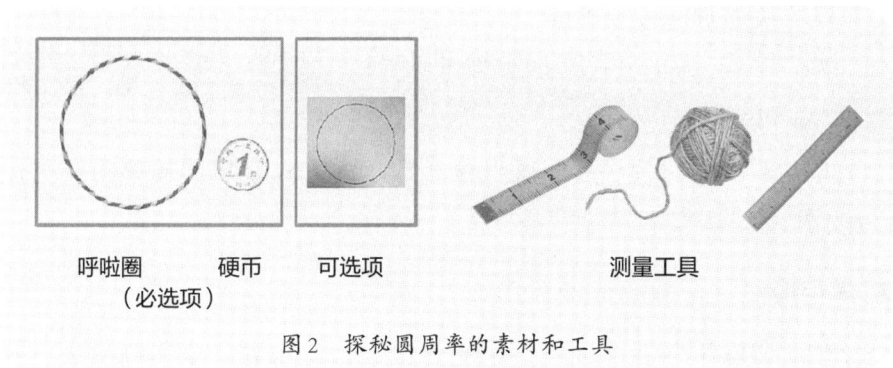

呼啦圈　　硬币　　可选项　　　　　测量工具
（必选项）

图2　探秘圆周率的素材和工具

师：把你们得到的数据，记录到电脑上，就会自动生成圆周率（表2）。

表2　探秘圆周率的数据记录

呼啦圈			一元硬币			圆形纸片		
周长	直径	圆周率	周长	直径	圆周率	周长	直径	圆周率

续表

呼啦圈			一元硬币			圆形纸片		
周长	直径	圆周率	周长	直径	圆周率	周长	直径	圆周率

师：大家想一想，你们完成一个必选项和可选项可能需要多长时间？

生：15分钟。

师：长了一点，给大家10分钟可以吗？

生：可以。

师：下面我们就一起用既科学又数学的方式开启圆周率的探秘任务吧！

2.学生操作

（1）收集各小组作品。（绕绳法、滚圆法、用卷尺直接测量法、割圆法。）

（2）数据收集。（学生将得到的圆周长的数值输入表2中。此时，电脑根据所得数据会自动生成圆周率数据。）

3.任务反馈

（1）展示作品。

（2）作品整体反馈。

师：我们一起来看看同学们都用了哪些既科学又数学的方法来探究圆周率的。我收集到了五种不同的方法，是不是和你们的方法差不多？（图3）

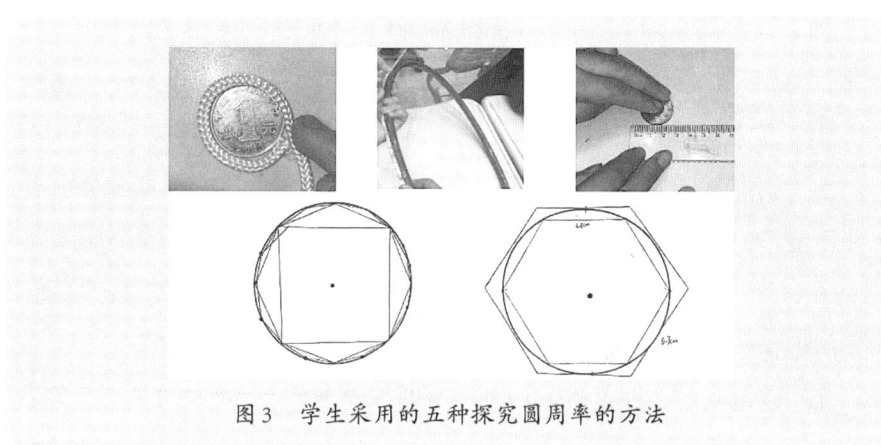

图3 学生采用的五种探究圆周率的方法

师：我们先来看上面这三种方法，你看懂了哪一种？

生：我看懂第三种，它是用滚的方法，先把硬币放在0那里，然后开始滚，再回到0就是圆的周长。

师：谁听懂了？

生：先在硬币边缘标一个点，再滚一圈就是周长了。

师：它是用滚动的方法把硬币的周长变成了一条直直的线，然后进行测量。有没有哪些方法和它是差不多的？

生：用绳子的两种方法是差不多的，它们都是把两个圆的周长转化成一条线来进行测量的。

师：谁和他的想法是差不多的？

生：圆的周长是弯曲的，不好测量，所以绕一圈展开，转化成一条直直的线再进行测量。

师：你们听懂了吗？这三种方法都是把圆的周长转化成一条直直的线来测量的，这种方法在数学上叫作化曲为直。请把你们的发现记录到黑板上。

（学生板书：化曲为直）

师：下面的两种方法呢，你能看懂吗？谁来当当小老师，给大家推荐。

师：有请第一位小老师。

生：我们来看第4个作品，它在圆中画一个正方形，然后画4个点，再和正方形的4个点连起来，变成8边形，再画8个点，变成16边形，再继续画变成32边形，这些线段越来越接近圆的周长，这样就可以得到圆周长的近似值了。

师：讲得真好，好像没有问题，那谁听懂了？

生：首先在圆内做一个内接正方形，这样就得到了一个近似于圆的图形，但是相差太远了，所以再把它变成16边形、32边形，重复这样的动作，我们就可以得到一个非常接近圆周长的图形，得出它的周长就得到了圆周长的近似值。

师：很棒，现在你变成小老师了，有人想提问，你可以请他来提问。

生：我想问问小老师，这种方法是一定要在圆内画一个正方形吗？只标点可以吗？

生：可以，这样可以减少实验的误差，并且更准确。

师：掌声鼓励一下。我特别喜欢你们这种思维碰撞的感觉，在你们的交流当中我明白了，原来这种方法是用正多边形的周长来慢慢地接近圆的周长，从而得到圆周长的近似值。请小老师用一个词语把你的发现记录到黑板上。

（学生板书：切）

师：下面请第二位小老师。

生：第5个作品和第4个作品差不多，只不过是在外面也这样切了，这样内接正六边形比圆的周长小，这个外切正六边形比圆的周长要大，所以圆的周长就在这两个正多边形的周长之间，确定了一个范围，就会更精确。

师：还有问题吗？

生：外面这个六边形是叫切吗？

生：如果这条线和这个圆碰到的话就是切。

生：其实这个可以叫作切，因为它是圆这个点的切线，所以叫外切。

生：虽然这个方法可以确定范围，但具体数值是怎么求出来的呢？是把这两个数值相加再平均吗？

生：这些六边形可以继续分割，再平均是可以的。

生：求平均是可以的，虽然是一个范围，但是已经非常逼近了。

师：他们都提到了一个词语"逼近"。请你写到黑板上。

（学生板书：逼近）

师：其实，这两种方法都是通过切割，用正多边形的周长去无限地逼近圆的周长，来找到圆周长的近似值。

[点评：如此众多的方法逐一呈现，教师在一旁点拨，学生充当小老师，互问互答，教学活动由传统的教师讲解、学生听讲的单向交流，变成了生生互动的全方位交流，学习的过程就这么"活起来了""动起来了"。尤其值得一提的是，"化曲为直""切""逼近"这些数学的术语、思维方式，所有这一切都不是出自教师之口，而是在互动中由学生自己概括并板书出来。很显然，这样的教学活动，真正体现了当今的学习理念，即：学习是个体主动、积极地信息加工过程，是个体积极地选择新信息、组织新信息并将新信息整合到原有的知识体系之中的活动过程。]

4. 数据对比

师：下面我们一起来观察每一组的数据（表3），比较这些数据和我们收集到的3.1415926……有没有发现什么问题？

表3　各组学生输入周长后的数据记录

呼啦圈			一元硬币			圆形纸片		
周长	直径	圆周率	周长	直径	圆周率	周长	直径	圆周率
172	52	3.307692	8.4	2.5	3.36	31.4	10	3.14
168	52	3.230769	9	2.5	3.6	31.6	10	3.16
175	52	3.365385	9.2	2.5	3.68	31.9	10	3.19
169	52	3.25	8	2.5	3.2	32	10	3.2
170	52	3.269231	8.5	2.5	3.4	32	10	3.2
171	52	3.288462	8.2	2.5	3.28	31.4	10	3.14
165	52	3.173077	9.5	2.5	3.8	31.4	10	3.16
166	52	3.192308	9.3	2.5	3.72	32	10	3.2

生：每个小组测出来的数值都有差距。

师：这么多小组，为什么每组算出来的圆周率都不一样呢？

生：圆周率是一个无限不循环小数，是求不出来的。

生：测量的时候有误差，所以每个组量出来的数据都不一样。

生：我也觉得有误差，所有小组虽然数据不一样，比较精准的那几组还是可以的。

师：是的，测量工具和实际操作会影响圆周率的数值。

师：那我们刚才用的这些方法得到的圆周率，如果想让它更接近3.1415926……，你会提出什么建议呢？

生：第一种方法绳子不太好，绳子有伸缩性，如果我们拉长了，数据就会变。

师：好办法，换个绳子。

生：滚硬币也不太好，需要很小心，如果不小心碰一下就会有误差。

师：那你有办法吗？谁有办法？

生：我们可以把尺子换成齿轮，把硬币换成齿轮，齿轮和齿轮相互滚动就可以得到周长了。

生：我觉得如果持续不断地割圆，确实可以得到非常精确的值，但问题是我们没有这么多的时间和精力去割。

师：同学们的建议非常好，也就是说只要圆足够大，工具足够精确，我们有足够的耐心，然后不断努力，不断地去割圆，就可以越来越接近圆的周长。

师：刚才同学们最多割成了几边形？还能继续分割吗？

师：下面我们就一起利用现代计算机技术来体验割圆术。

5.利用现代计算机技术进行分割

师：谁来当一当割圆大使？其他同学来当小指挥，边指挥边观察周长和圆周率的数值，过程中可以随时发表自己的意见和看法。

（生操作）

师：到这个数值（3.1415926……）了没有？现在呢？还能继续分吗？几边形了？

生：18边。

师：有没有到3.1415926……这个数值？

生：还没有，继续。

师：到了吗？

生：还没有。

师：加快。

生：有点接近了。

师：再加速，一起呼唤你们想要得到的数字，到了吗？

师：停一会，有什么感觉？

生：我发现已经和圆差不多了。

生：我发现边数越多越接近圆周长，然后数值的变化越来越小，越来越慢了。

师：那我们继续，到3.1415926……了吗？

生：到了。

师：大家觉得容易吗？什么感觉？

生：割了好久啊。

生：如果用手画，手要报废了。

师：可是你是否知道，这个数值最早在什么时候已经出现了？

生：晋朝。

师：是的，在古代，几千年前，就已经得到它了。

师：我们今天这么多人，用这么多不同的方法，甚至使用电脑技术才勉强得到它，古人又是怎么做到的？下面就让我们跟随历史的脚步，走进圆周率的世界。观看的过程中看看有没有和我们刚才差不多的方法。

6.借助微课，回顾历史

播放从古至今人类对圆周率探究的微视频。

师：大家觉得古人厉害吗？你有什么想说的？

生：我佩服他们，我们分割32边形已经很累了。

生：我觉得祖冲之在当时研究手段那么落后的情况下能得到这个数值真的非常伟大。

师：刚才在用计算机割圆的时候，我们发现圆周率的数值每多一位，就需要分割得越细，看来真的很不容易。

师：为什么他们要这样坚持不懈地研究呢？你有什么想说的？

生：我觉得这是一种对知识的渴望和对未知领域的探索。

生：我记得有一个布丰实验，通过投针也能得到圆周率，或许这也是一种原因吧。

生：其实如果 π 被算尽的话，这个世界上就不再有圆了，圆就只是一个多边形而已，我们研究圆周率也是为了找出圆真正的秘密。

师：你是个哲学家啊！

(三) 概括与拓展

师：圆周率真是深不可测。在后续的学习中，我们将继续学习有关圆的知识。我们会学习圆的周长、圆的面积、圆柱、圆锥等，它们都和今天探秘的圆周率有关系。圆周率在数学、物理、科学等领域都有着非常高的地位。最后我们一起来观看一个小视频，一起看看圆周率神秘面纱背后的探究过程。

播放《人类为什么一直研究圆周率》的微视频。

师：看了这些，你想要对圆周率说些什么呢？

生：你好神奇！

师：请你写到黑板上。

（学生板书：神奇）

生：用途很大。几千年来有很多人对它进行不断的研究，有的甚至付出自己宝贵的青春，为后人奠定了基础。

师：请你用两个字概括一下。

生：圆周率是一个非常严肃的数字。我可以这么说吗？不断精确，追求真理。

师：也请你把这两个字留到黑板上。

（学生板书：严肃）

师：希望大家以后能够像今天这样，不断地去寻找世界未知的奥秘。

[点评：教学设计案《探秘圆周率》的一个显著特点是，全体学生在教师创设的活动情境中，像"祖冲之"们一般地经历了一番前人不懈追求、发现真理的活动过程，并从中感知了人类的科学发展史就是在一代又一代人的创造性探寻中一步一步地向前推进的。学生通过活动可以感受到，正是因为先人们的艰辛付出，才有了科学技术飞速发展、曙光灿烂的今天。当前，义务教育新课程标准要求教师在课堂上大力发展学生的"学科实践"能力，就是要让学生能够形成像科学家那样认识问题、发现问题和解决问题的能力。可以认为，本节课的教学在这方面做出了一些有意思的尝试和努力。]

小学音乐《春天举行音乐会》教学设计

杭州市保俶塔实验学校　陈洗亚

一、教材分析

《春天举行音乐会》是人音版音乐三年级下册第四课《春天的歌》中的歌曲。从音乐本体进行挖掘，作品用拟人化的创作手法，把春天的景象比作音乐家，抓住春风、春雨、春雷、春水、春笋等音乐形象，用象声词编织了一首春天交响曲。歌曲运用八分休止符、旋律、顿音记号等表现要素，展现了春天生机勃勃、大地复苏的场景。

《春天举行音乐会》需要完成的主要学习任务是歌表演，是之前所学的《只怕不抵抗》《顽皮的杜鹃》《嘀哩嘀哩》等歌表演能力的进阶，任务类型是歌表演中的造型表现。

本课运用任务驱动教学，主要通过准备—建构—应用三个阶段展开学习过程。本课由三个不同类型的学习任务组成。总体来说，这个课例属于策略课，而概念、规则学习蕴含其中。学习任务群紧密地围绕核心概念展开教学：任务一是设计春天的静态画报（运用高低、前后、堆成等技法），任务二是设计春天的动态画报（理解音乐表现性要素和肢体表现的联系），任务三是展示成果（运用策略、选择方法、规则等），三个任务呈现的是进阶关系，指向策略的理解和运用。

二、教学目标

- 在歌表演任务学习中,感受春天之美,激发对大自然及传统文化的热爱之情。(审美感知、文化理解)
- 能用富有弹性的声音、欢快活泼的情绪演唱歌曲,并能根据歌曲中的角色、典型节奏、旋律走向、力度变化等表现要素进行歌表演创作思路的迁移,丰富音乐创造力、表现力。(创意表现)
- 在歌表演学习任务中,小组合作创作画报、GIF图、动态相册,建立与他人充分交流、密切合作的写作能力和艺术表现力。(创意表现)

三、评价标准

(一)评价任务

学校电视台向学生征集《春天举行音乐会》的动态画报(歌表演),请学生根据节奏、旋律、力度,设计一个吸引人的动态画报(歌表演),在校园的LED屏幕上展示。

具体要求:选择春天的一个角色,根据角色的特点和音乐特点,运用高低、前后、对称等规则,小组合作共同设计表演。

角色:春风、春雨、春雷、春水、春笋。

(二)评价要求

1.表现力(40%)

☆☆☆根据音乐和角色特点,创编富有美感的动作,熟练运用高低、前后、对称等技法,充分体现角色特点。

☆☆基本符合音乐和角色的特征,能运用高低、前后、对称等技法,但美感欠缺。

☆不会运用高低、前后、对称等技法，未能抓住音乐的特点。

2.创造力（30%）

☆☆☆具有独创性，富有创意，给人惊喜。

☆☆能够通过借鉴改编表现角色。

☆未能体现创意。

3.协作力（30%）

☆☆☆小组合作佳，能够大胆展现。

☆☆小组合作较好，表演比较大方，默契体现略有欠缺。

☆不会合作，表现欠大方，协作不够默契。

四、教学过程

（一）准备：创设情境，界定问题

1.暖身活动+即兴表演

（1）教师语言引导。好雨知时节，当春乃发生。一棵棵小草从酣梦中醒来，它们破土而出，悄悄地探出了绿绿的脑袋，它舒展了一下蜷曲的身体。微风拂来，小草在微风的吹拂下晃动着，有的向前、有的向后、有的向左、有的向右，在微风中随风摇摆。它们越长越高。

（2）学生即兴表演。

2.创设情境+明晰路径

（1）教师明确任务。学校电视台向同学们征集《春天举行音乐会》的动态画报，请大家小组合作设计一个吸引人的动态画报，我们将拍摄成视频，展示在校园的LED屏幕上。

（2）师生共同讨论完成路径：静态造型—动态造型—整体表现。

【设计意图】通过创设联系生活的视频表演任务，给定小演员的角色，界定问题，明确任务，调动学生的元认知，激发学习内驱，为造型表现这一能力的实现做好教学准备。

(二)建构：分解引导，搭建支架

1.复习歌曲，寻找角色

（1）复习演唱《春天举行音乐会》，并提问：歌曲中一共藏着几张画报？它们的声音特点是怎样的？

（2）师生共同归纳特征。

①一共由6个乐句组成。

②特点：春风柔柔的、春雨轻轻的、春雷响亮的、春水流动的。

2.教师示范，归纳特征

（1）教师示范春雨动作，学生猜一猜。

（2）提问：有什么办法让大家一眼就认出你扮演的音乐家角色？

（3）师生共同归纳方法：表演的时候要根据角色的特点，让大家一眼就能认出。

（板书：角色鲜明）

3.尝试个人角色造型

（1）学生尝试选择春风、春雨、春雷、春水、春笋中的一种角色，进行造型表现。

（2）共同评价，是否设计出形象鲜明的造型表现。

4.尝试小组合作，进行静态造型表现

（1）布置任务。

①小组合作，根据角色创作春天的静态画报。

②运用高低、前后、对称等技法，进行音乐形象塑造。

> **任务一：设计春天的静态画报**
> 环节目标：理解造型表现中鲜明的角色特点，能吸引观众。
> 关键问题：根据节目组的需要，小组合作设计春天的静态画报。
> 内容标准：• 能根据歌曲找出角色。
> 　　　　　• 能根据春天的角色，设计富有美感的动作造型。

（2）展示并共同评价，根据意见，修改小组作品。

5. 运用节奏语言，进行动作表现

（1）教师示范"春雨"旋律（图1），学生发现音乐和造型之间的关系。

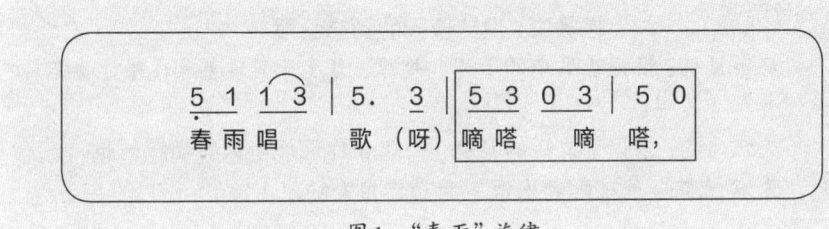

图1 "春雨"旋律

（2）师生交流，归纳方法。根据音乐中的节奏特点塑造造型表现。

（3）迁移应用：根据音乐中八分休止符的特点，设计"春风"的动态造型。

6. 运用旋律，进行动作表现

（1）观察描写"春雷"的句子（图2），发现旋律特点。

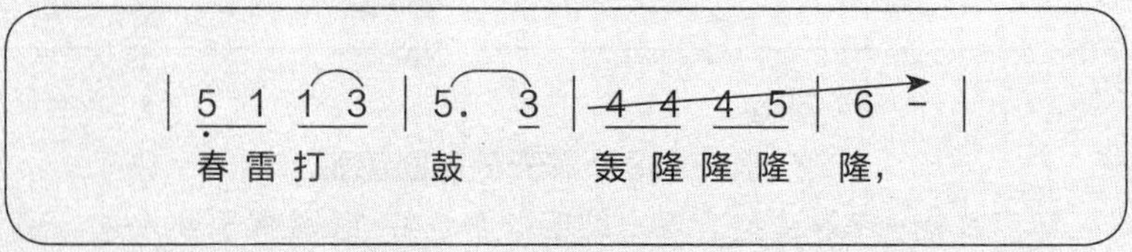

图2 "春雷"旋律

（2）迁移应用：根据"春水"的旋律走向，设计动态造型。

7. 尝试小组合作，进行动态造型表现

（1）布置任务。

①小组合作，根据音乐的特点，创作春天的动态画报。

②运用高低、前后、对称等技法，进行音乐形象塑造。

③根据音乐中的节奏、旋律、力度等表现特点，进行动作设计。

任务二：设计春天的动态画报

环节目标：根据音乐中的节奏、旋律、力度等表现要素，进行动作表现并具有美感。

关键问题：根据节目组的需要，小组合作设计春天的动态画报。

内容标准：
- 能理解音乐语言和动作相关联。
- 能比较分析歌曲中典型乐句的音乐特征。
- 能运用舞蹈语汇编创春天的动态画报。

（2）展示并共同评价，根据意见，修改小组作品。

【设计意图】"用造型表现来丰富歌曲的表现力（歌表演）"是本课设计的核心目标，这一目标是在学生的实践中建构起来的，经历了准备（示范）—建构（技法）—运用（实践）三个环节，并在两个进阶的任务解决中实现对核心目标的理解。

(三)应用：任务情境，实现迁移

1.布置任务

> **任务三：设计春天画册的综合表现**
>
> 环节目标：综合运用造型的方式来丰富歌曲的表现力。
>
> 关键问题：根据节目组的需要，小组合作完成春天的画册（造型表现）。
>
> 内容标准：
> - 能根据角色完成动作造型。
> - 能运用高低、大小、远近、动静等技法，设计本组的造型表现。
> - 能运用表情、动作、创意等要素，丰富音乐表现。

2.欣赏作品，师生交流

提问：一个吸引人的作品是怎样的？

追问：除了动作设计，还要注意什么？合作中要注意什么？怎样的作品能更加吸引人？

3.共同讨论标准

好的造型表现需要表情和动作统一、有美感、分工协作、有创意等。

4.合作表现

全班合作表现及评价，并根据表现进行迭代改进。

【设计意图】综合任务设计是进一步的实践应用，把学生原有的知识、技能、经验以及本课建立的能力进行综合运用，通过选择、重组、整合和创造完成综合表现，实现知识的迁移。

(四)总结与拓展

通过本课的学习,学生总结对造型表现的理解,教师布置实践任务,拓展即兴律动《四季童趣》。